城市轨道交通接触网

主　编◎苗　斌　刘立超
副主编◎韩晓峰　杨智刚

西南交通大学出版社
·成都·

图书在版编目（CIP）数据

城市轨道交通接触网 / 苗斌，刘立超主编. -- 成都：西南交通大学出版社，2023.11
ISBN 978-7-5643-9617-6

Ⅰ. ①城… Ⅱ. ①苗… ②刘… Ⅲ. ①城市铁路 – 接触网 – 高等职业教育 – 教材 Ⅳ. ①U239.5

中国国家版本馆 CIP 数据核字（2023）第 225571 号

Chengshi Guidao Jiaotong Jiechuwang
城市轨道交通接触网

主　编 / 苗　斌　刘立超	责任编辑 / 黄淑文
	封面设计 / 原谋书装

西南交通大学出版社出版发行
（四川省成都市金牛区二环路北一段 111 号西南交通大学创新大厦 21 楼　610031）
营销部电话：028-87600564　　028-87600533
网址：http://www.xnjdcbs.com
印刷：四川玖艺呈现印刷有限公司

成品尺寸　185 mm×260 mm
印张　18　　字数　450 千
版次　2023 年 11 月第 1 版　　印次　2023 年 11 月第 1 次

书号　ISBN 978-7-5643-9617-6
定价　59.00 元

课件咨询电话：028-81435775
图书如有印装质量问题　本社负责退换
版权所有　盗版必究　举报电话：028-87600562

前 言
PREFACE

本书从城市轨道交通接触网检修工岗位需求入手，按以技能为主线、以城轨交通接触网相关知识为支撑的编写思路，将技能知识融入到理论知识学习中，并辅以课程思政素材，让学生在学习技能的同时，培养社会主义核心价值观和大国工匠精神。

本书以岗位工作任务为载体，遵循高等职业教育的规律，由易至难地设计课程的任务模块。在每一个任务模块中，可以扫描二维码以现场实操视频、动画等融媒体的形式展现理论及技能知识，并设计了学习性和实践性的工作任务，达到"学中做、做中学"的效果。

本书共分为 5 个项目，28 个任务，内容包括城市轨道交通接触网的发展历程及岗位描述（2 个任务）、柔性接触网的检修与维护（13 个任务）、刚性接触网的检修与维护（9 个任务）、接触轨的检修与维护（2 个任务）和城市轨道交通接触网检修一次标准化作业（2 个任务）。

本书由西安铁路职业技术学院苗斌担任第一主编，编写了项目二的任务四至任务十；中国铁路呼和浩特局集团有限公司高级工程师刘立超担任第二主编，编写了项目一、项目二的任务一至任务三；西安铁路职业技术学院韩晓峰担任第一副主编，编写了项目二的任务十一至任务十三、项目三的任务一至任务三；西安市轨道交通集团有限公司运营分公司杨智刚担任第二副主编，编写了项目三的任务四至任务九；西安铁路职业技术学院吴晓凤编写了项目四；西安铁路职业技术学院杜鹏飞编写了项目五的任务一；西安铁路职业技术学院姚仑哲编写了项目五的任务二。全书由西安铁路职业技术学院苗斌统稿。

在本书的编写过程中，得到了西安铁路职业技术学院方彦教授、西安市轨道交通集团有限公司运营分公司王蒲民高级技师的大力支持和帮助，在此表示衷心的感谢。

由于编者水平有限以及现场设备更新很快，书中难免存在不足之处，恳请读者批评指正。

作　者
2023 年 11 月

目录
CONTENTS

项目一　走进接触网 …………………………………………………………………… 001
　　任务一　接触网的前世今生 ……………………………………………………… 002
　　任务二　走进接触网工的世界 …………………………………………………… 009

项目二　柔性接触网的检修与维护 ………………………………………………… 018
　　任务一　认知城市轨道交通柔性接触网 ………………………………………… 019
　　任务二　支柱及基础的维护 ……………………………………………………… 024
　　任务三　拉线制作与安装 ………………………………………………………… 035
　　任务四　支持装置的检修与维护 ………………………………………………… 043
　　任务五　定位装置的检修与维护 ………………………………………………… 057
　　任务六　接触悬挂的检修与维护 ………………………………………………… 068
　　任务七　补偿装置检修与维护 …………………………………………………… 096
　　任务八　中心锚结的检修与维护 ………………………………………………… 116
　　任务九　锚段关节的检修与维护 ………………………………………………… 124
　　任务十　线岔的检修与维护 ……………………………………………………… 131
　　任务十一　分段绝缘器的检修与维护 …………………………………………… 140
　　任务十二　隔离开关的检修与维护 ……………………………………………… 155
　　任务十三　电连接的检修与维护 ………………………………………………… 165

项目三　刚性接触网的检修与维护 ………………………………………………… 175
　　任务一　认识刚性接触网 ………………………………………………………… 176
　　任务二　支持定位装置的检修与维护 …………………………………………… 181
　　任务三　汇流排的检修与维护 …………………………………………………… 191
　　任务四　刚性中心锚结的检修与维护 …………………………………………… 198
　　任务五　刚性锚段关节的检修与维护 …………………………………………… 204
　　任务六　贯通式刚柔过渡检修与维护 …………………………………………… 211
　　任务七　刚性线岔的检修与维护 ………………………………………………… 218
　　任务八　膨胀接头的检修与维护 ………………………………………………… 224
　　任务九　刚性分段绝缘器检修与维护 …………………………………………… 231

项目四　接触轨的检修与维护 ………………………………………………… 240
　　任务一　地铁接触轨概述 ……………………………………………………… 241
　　任务二　接触轨设备检修与维护 ……………………………………………… 247
项目五　城市轨道交通接触网检修一次标准化作业 ……………………… 266
　　任务一　工作票的填写与审批 ………………………………………………… 267
　　任务二　如何进行一次标准化作业 …………………………………………… 276
参考文献 ……………………………………………………………………………… 282

项目一　走进接触网

知识目标

1. 了解城市轨道交通接触网的发展历史；
2. 了解接触网工的岗位职责。

技能目标

1. 能够说出我国城市轨道交通接触网的发展历程和目前的主要特点；
2. 能够清楚接触网工岗位的职责及特点。

素质目标（德育目标）

1. 培养学生的民族自豪感和行业自信；
2. 培养学生吃苦耐劳、乐于奉献和精益求精的工匠精神。

项目任务

1. 了解接触网的前世今生；
2. 走进接触网工的世界。

任务一　接触网的前世今生

★ 知识学习

一、城市轨道交通的发展历程

1863年，世界上第一条地铁在英国伦敦建成通车，它标志着城市快速轨道交通在世界上诞生。

1965年7月1日，北京的第一条地铁开工建设，1969年10月1日第一条地铁线路建成通车，北京因此成为中国第一个拥有地铁的城市。

新中国成立之初，北京常住人口还不到300万人，机动车也仅有5 000多辆，人们出行多是步行或乘人力车，连乘公共汽车的人都是少数。从当时的交通状况看，筹建地铁是一个相当"奢侈"的决定。

促成北京地铁的一个重要原因，是中国领导人看到了苏联地铁的战备功用。1941年德军大举进犯莫斯科，刚刚建成6年的莫斯科地铁，不但成了莫斯科市民躲避战火的掩体，更成为苏军的战时指挥部。

当时，不仅中国老百姓对地铁一无所知，就连国内的工程技术人员也知之甚少。在专业技术人员严重匮乏的情况下，1953年11月，中共北京市委就改建与扩建北京市规划草案向中央的报告中提出："对于地下铁道的建设问题，请中央考虑可否指定专门机构并聘请苏联专家，着手勘探研究。"

不久，苏联地下铁道专家组来京，在京半年期间，拟定了北京地下铁道远景规划方案，对一期工程的线路选择、埋设深度、隧道结构等问题进行了研究，为中国地铁建设提供了技术支持。在苏联专家的帮助下，制定了地铁建设的初步方案。

北京地下铁道建设原本定于1961年7月1日开工，但因受三年困难时期的影响，被迫暂缓开工。直到1965年7月1日，北京地下铁道一期工程才正式举行开工典礼，中国地铁建设迈出了令国人振奋的一步。

中国地铁虽然起步晚，但发展快。截至2022年12月31日，中国内地累计有55个城市投运城市轨道交通线路超过一万千米，达到10 291.95 km。在10 291.95 km城市轨道交通运营线路中共有9种制式，其中，地铁8 012.85 km，占比77.85%。对于大部分城市，拥有地铁仍是奢侈的，毕竟1 km地铁的造价在7亿元左右，但这恰恰反映了中国改革开放以来经济建设得到了巨大的发展。2018年，国务院更新了地铁建设申报标准：申报建设地铁的城市一般公共财政预算收入应在300亿元以上，地区生产总值在3 000亿元以上，市区常住人口在300万人以上。引导轻轨有序发展，申报建设轻轨的城市，一般公共财政预算收入应在150亿元以上，地区生产总值在1 500亿元以上，市区常住人口在150万人以上。拟建地铁、轻轨线路初期客运强度分别不低于每日每千米0.7万人次、0.4万人次，远期客流规模分别不低于单向高峰每小时3万人次、1万人次。按照这个标准，仍然有15个城市、1 700 km地铁线路获得批准，总投资达到6 200亿元，这充分说明中国具有雄厚的经济实力。

二、城市轨道交通供电系统组成

城市轨道交通供电系统由外部电源供电系统、主降压变电站、牵引供电系统、动力照明供电系统和电力监控系统组成,如图 1.1.1 所示。

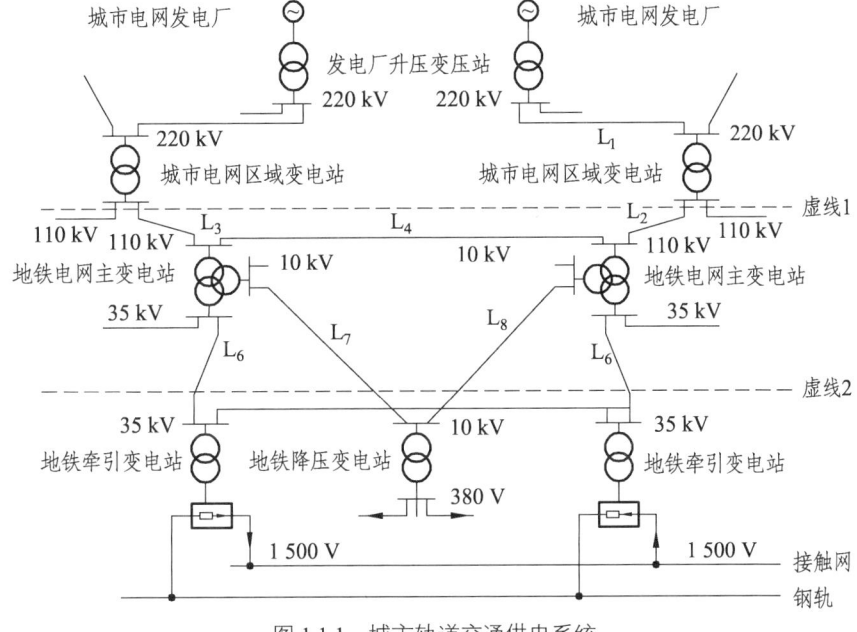

图 1.1.1　城市轨道交通供电系统

(一)外部电源供电系统

城市轨道交通的外部供电电源一般取自城市电网,通过城市电网一次电力系统和轨道交通供电系统实现输送或变换,最后以适当的电流形式(直流或交流电)和电压等级供给用电设备,如图 1.1.2 所示。

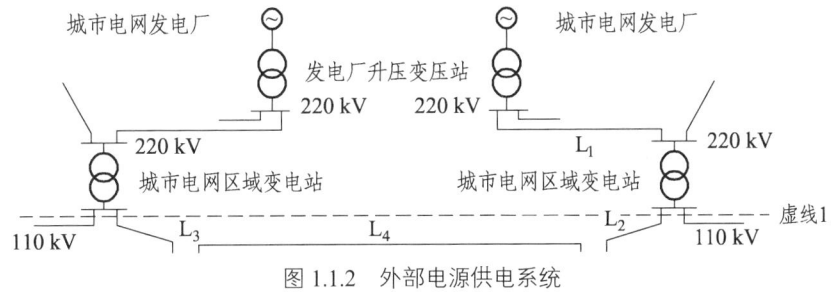

图 1.1.2　外部电源供电系统

城市电网一次电力系统由国家电力部门建造与管理,包括发电厂(站)、传输线路及区域变电所。

① 发电厂(站):分为火力、水力、核动力等各种能源发电厂(站)。

② 传输线路:需升压为超高电压(110 kV 或 220 kV),通过三相传输线输送到区域变电所。

③ 区域变电所:将超高压电能降压为所需电压等级(如 10 kV 或 35 kV),再经过三相输电线输送到本区域内的牵引变电所和降压变电所,并再降压为所需的电压等级(如 1 500 V 或 380 V 等)。

城市轨道交通是一个重要的用电部门,按规定须由两路独立的电源供电,当其中任何一路电源发生故障时,另一路应能保证一级负荷的全部用电需求。因此,城市轨道牵引变电所的电源进线来自两个区域变电所或来自一个区域变电所的两路独立电源,当一路电源失压时,另一路电源自动切入,使轨道交通系统能获得不间断的电源。

城市轨道交通系统的外部电源方案,根据城市电网构成的不同特点,可采用集中式、分散式、混合式等不同形式。究竟采用何种方式,应通过计算确定需要负荷之后,根据城市轨道交通路网规划、城市电网构成特点、工程实际情况综合分析确定。

集中式供电:在城市轨道交通沿线,根据用电容量和线路长短,建设专用的主变电所,这种由主变电所构成的供电方案,称为集中式供电。

分散式供电:不设主变电所,而直接由城市电网区域变电所的 35(33)kV 或 10 kV 中压输电线直接向城市轨道交通沿线设置的牵引变电所、降压变电所供电并形成环网。

混合式供电:将前两种供电方式结合起来,一般以集中式供电为主,个别地段引入城市电网电源作为集中式供电的补充,使供电系统更加完善和可靠。

(二)主降压变电所

主降压变电所是指采用集中供电方式时,接受城市电网 110 kV 及以上电压等级的电源,经其降压后以中压(35 kV 或 10 kV)供给牵引变电所和降压变电所的一种地铁变电所,是专为城市轨道交通系统提供能源的枢纽,如图 1.1.3 所示。

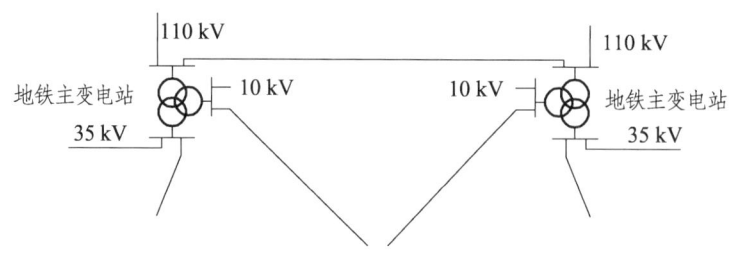

图 1.1.3　城市轨道交通主降压变电站

(三)牵引供电系统

电能从牵引变电所经馈电线、接触网输送给电动列车,再从电动列车经钢轨、回流线流回牵引变电所。牵引负荷为一级负荷,规定由两路独立的电源双边供电,当任何一路电源发生故障中断供电时,另一路应能保证一级负荷的全部用电,如图 1.1.4 所示。

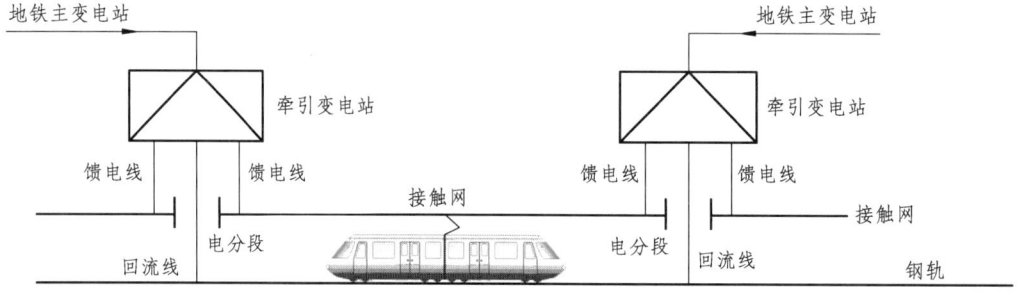

图 1.1.4　牵引供电系统

（四）动力照明供电系统

动力照明供电系统由降压变电所及动力照明组成，如图 1.1.5 所示。每个车站应设降压变电所，若地下车站负荷较大，一般设于站台两端，其中一端可以和牵引变电所合建成混合变电所；若地面车站负荷较小，可设一个降压变电所。

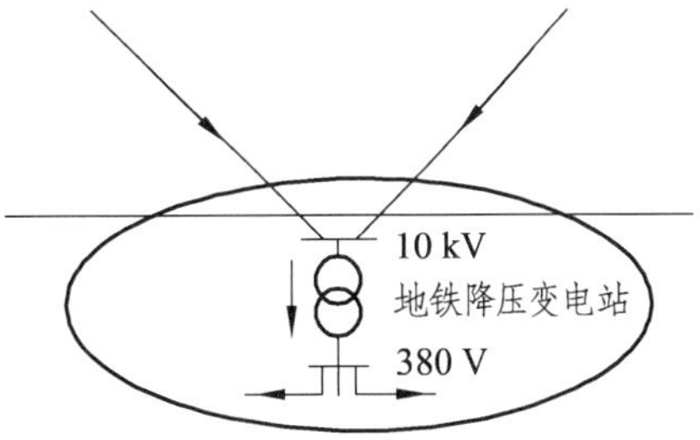

图 1.1.5　动力照明供电系统

（五）电力监控系统

电力监控系统（简称 SCADA 系统）实现在控制中心（OCC）对供电系统的主变电所、牵引变电所和降压变电所的供电设备等的运行状态进行集中管理和调度、实施控制和数据采集。除利用"四遥"（遥控、遥信、遥测、遥调）功能监控供电系统设备的运行情况，及时掌握和处理供电系统的各种事故、报警事件功能外，利用该系统的后台工作站还可以对系统进行数据归档和统计报表功能，以便更好地管理供电系统。

三、接触网

（一）牵引网与接触网

城市轨道交通系统的牵引网是沿线路敷设的专为电动车辆供给电源的装置，是轨道交通供电系统中电动车组供电的直接环节，它由两部分组成，正极接触网供电，负极走行轨回流。牵引网包括接触网、钢轨回路（包括大地）、馈电线和回流线等，馈电线是连接牵引变电所和接触网的导线，把牵引变电所电能变换成牵引制式用电能并馈送给接触网。

接触网是一种悬挂在轨道上方沿轨道敷设的、与铁路顶轨保持一定距离的输电网。通过电动车组的受电弓（或受流器）和接触网的滑动接触，牵引电能就由接触网进入电动车组，驱动牵引电动机使列车运行。接触网可分为接触轨和架空接触网两种类型。接触轨的主要优点是：使用寿命长，维修量小，在地面对城市景观没有影响，适应于电压较低的制式。接触网的主要优点是：安全性较好，适应于电压较高的制式。

接触轨和接触网两种供电方式，目前在世界上许多国家同时并存，到底用哪种方式要根据城市自身的特点决定。

（二）接触网的类型

接触网分为架空式接触网和接触轨（也称第三轨）式接触网。接触轨式接触网仅用于地铁与封闭的城市铁路和轻轨，架空式接触网除此还可用于铁路干线、城市地面和工矿电力机车电力牵引线路。

1. 架空式接触网

架空式接触网是架设在走行轨道上部的接触网，由电动列车顶部伸出的受电弓与之接触取得电能。架空式接触网用于城市地面以及地下、铁路干线、工矿的电力牵引线路。一般，牵引网电压较高时，为了安全和保证一定的绝缘距离，宜采用高架式接触网。架空式接触网可分为地面架空式（柔性）和隧道架空式（刚性）两种，分别如图 1.1.6 和 1.1.7 所示。

图 1.1.6　地面架空式（柔性）接触网　　　图 1.1.7　隧道架空式（刚性）接触网

2. 接触轨

接触轨是沿走行轨道一侧平行铺设的附加第三轨，故又称第三轨，如图 1.1.8 所示。在净空受到限制的线路和电压等级较低时，多采用接触轨式接触网。

接触轨授电方式最早在伦敦城市轨道采用。接触轨由于构造简单，安装方便，可维修性好，对隧道建筑结构等净空要求低，授流性能满足 DC750 V 供电的需要，因而在标准电压 DC750 V 供电系统中得到广泛的应用。接触轨系统允许电压波动范围为 DC750～900 V。第三轨接触网的

图 1.1.8　接触轨（第三轨）

电压根据 IEC 标准为 DC600 V 和 DC750 V，北京地铁采用了 750 V 的接触轨供电方式。但也有国家采用较高电压，如西班牙巴塞罗那地铁就采用了 DC1 500 V 和 1 200 V。

接触轨可以有三种布置方式，即上磨式、下磨式以及侧磨式。

（三）接触网应满足的要求

① 由于接触网在工作中无备用网，因而要求接触网强度高且安全可靠；

② 要求在各种气候条件下均应授流良好；

③ 因接触网部件更换困难，因此要求接触网性能好、运行寿命长；

④ 因其维修是利用行车中的间隔时间进行的，故要求结构轻巧，零部件互换性强，便于施工、维护和抢修；

⑤ 因接触网无法避开腐蚀强、污秽严重等异常环境，因而应采用耐腐蚀和防污秽技术措施；

⑥ 因采用与受电器摩擦接触的受流方式，因此要求接触网有较均匀的弹性，接触线等部位要有良好的耐磨性。

四、学习资料

城市轨道交通供电系统组成　　　　城市轨道交通接触网组成

★ 任务单：城市轨道交通供电系统认知

项 目	任务清单内容
任务情境	参观某地铁车辆段
任务目标	1. 了解城市轨道交通供电系统组成； 2. 了解城市轨道交通接触网的主要形式
任务问题	1. 城市轨道交通供电系统由哪几个系统构成？ 2. 绘制城市轨道交通供电系统示意图。 3. 在城市轨道交通供电系统示意图中标注各构成部分的名称。 4. 接触网和牵引网的概念和区别。 5. 接触网的主要类型有哪些？它们的特点是什么？
任务实施要求	1. 实地观察； 2. 小组讨论； 3. 小组制作思维导图
任务完成效果	1. 小组分工清晰合理； 2. 思维导图逻辑正确； 3. 问题回答正确
任务完成耗时	1 h
实施人员	全体学生
任务点评	小组互评、教师点评

★ 活页笔记：城市轨道交通供电系统认知

项　目	内　　容
学习笔记	重点： 难点： 学习收获：
任务问题答案	
任务完成过程	（由学生描述具体的作业分工和作业过程中任务完成的步骤）
任务完成 实际耗时	
任务完成 实际效果	

任务二　走进接触网工的世界

★ 知识学习

一、城市轨道交通接触网检修工岗位简介

城市轨道交通接触网检修工是从事城市轨道交通接触网设备安装调试、操作保养和检测维修的人员。

该岗位的主要工作内容如下：
（1）识读图纸等技术资料；
（2）准备安装工器具；
（3）进行接触网周期维护；
（4）进行设备检修；
（5）分析接触线异常磨耗并提出改善办法；
（6）进行人员调配和组织施工。

烈日下最美的"蜘蛛侠"

二、接触网工的晋升之路

本职业共设 5 个等级，分别为：初级（国家职业资格五级）、中级（国家职业资格四级）、高级（国家职业资格三级）、技师（国家职业资格二级）、高级技师（国家职业资格一级）。其所需技能分别如表 1.2.1 ~ 表 1.2.5 所示。

全国技术能手代云华的成长历程

表 1.2.1　初级技能

职业技能	工作内容	技能要求	相关知识
一、支柱与基础作业	（一）标画杆号、参数牌	1. 能登杆作业； 2. 能使用"丁"字尺、水平尺测量红线及参数	1. 接触网高空作业一般规定； 2. 防止铁路车辆伤害的有关规定； 3. 有关技术参数含义及标画要求
	（二）开挖基坑	1. 能确定基坑限界及坑形尺寸； 2. 能开挖基坑并做好防护工作	1. 基坑开挖质量要求； 2. 基坑开挖的安全要求
二、支撑、定位装置安装检修	（一）组装腕臂	1. 能读懂支柱装配图； 2. 能识别并选用接触网常用零部件； 3. 能根据给定尺寸在地面完成腕臂组装	1. 接触网图形符号； 2. 接触网常用零件型号、规格、用途、使用方法； 3. 螺栓紧固标准
	（二）清扫绝缘子	1. 能登高作业； 2. 能清扫各式绝缘子	1. 防感应电的一般知识； 2. 绝缘子的一般知识及其清扫方法和要求

续表

职业技能	工作内容	技能要求	相关知识
三、接触悬挂安装检修	(一)辅助地面作业	1. 能搬运工具、材料; 2. 能推扶车梯	1.《接触网安全工作规程》中有关推扶车梯的规定; 2. 搬运工具材料的要求; 3. 线路及轨道电路的有关知识
	(二)制作吊弦	1. 能制作环节吊弦; 2. 能制作软横跨直吊弦	1. 吊弦的类型; 2. 环节吊弦制作工艺标准; 3. 软横跨直吊弦制作工艺标准
四、作业防护	(一)验电、接/撤地线	1. 能验电; 2. 能按程序接/撤地线	1.《接触网安全工作规程》中有关验电接地的规定; 2. 验电器材的使用方法及注意事项
	(二)显示机车降/升弓及停车信号	1. 能昼间显示降/升弓手信号; 2. 能利用白灯在夜间显示降/升弓信号; 3. 能设置降/升弓标志牌; 4. 能显示停车手信号	1.《铁路技术管理规程》中有关显示和设置降/升弓标志的规定; 2. 显示停车信号的有关规定

表1.2.2 中级技能

职业技能	工作内容	技能要求	相关知识
一、支柱与基础作业	(一)整正支柱	1. 能整正混凝土支柱; 2. 能整正钢支柱	1. 整杆器的使用方法; 2. 各种支柱整正标准; 3. 车辆限界及行车防护知识
	(二)回填基坑	1. 能安装横卧板; 2. 能进行回填和夯实	横卧板安装的技术标准及回填知识
二、支撑、定位装置安装检修	(一)预制软横跨	能根据参数在地面上预制软横跨	软横跨节点类型、用途及零部件组成
	(二)装配简单支柱	1. 能测量、计算中间支柱装配参数并选用零部件; 2. 能完成各种中间支柱的预制和安装; 3. 能进行支撑装置、定位装置的初步调整	1. 平面图、装配图、零件图的知识; 2. 各种螺栓紧固标准
三、接触悬挂装置安装检修	(一)制作安装线索接头、回头及锚固	1. 能制作各种线索回头和接头; 2. 能安装耐张线夹、终端线夹和锚固线夹	1. 回头制作标准及各种接续、终端线夹技术标准; 2. 各种受力工具的用途、使用方法及其安全要求; 3. 螺栓紧固标准
	(二)调整接触悬挂	1. 能调整中心锚结、吊弦、锚段关节、线岔、电连接; 2. 能调整拉出值、导线高度、结构高度、定位坡度	1.《接触网安全工作规程》及《接触网运行检修规程》中有关接触悬挂调整的规定; 2. 调整接触悬挂装置有关量具、工具使用要求
	(三)检调补偿装置	1. 能使用下锚补偿曲线确定a、b值; 2. 能检调补偿装置	1. 补偿装置安装、检修工艺及标准; 2. 滑轮组传动比知识

续表

职业技能	工作内容	技能要求	相关知识
三、接触悬挂装置安装检修	（四）检调分段、分相绝缘器	1. 能检调分段绝缘器； 2. 能检调分相绝缘器； 3. 能设置和维护分相标志	1. 分段绝缘器及分相绝缘器作用、结构、原理、检修工艺及技术标准； 2. 检调分段绝缘器及分相绝缘器有关工具、量具的使用要求及螺栓紧固标准
四、接触网设备安装检修	（一）操作、检调隔离开关、避雷器及接地线装置	1. 能操作、检调隔离开关； 2. 能检调维护避雷器、接地线设施	1. 倒闸作业的一般规定； 2. 绝缘靴、绝缘手套的试验周期和标准； 3. 高电压防雷及接触网接地知识； 4. 避雷器结构及检调要求
	（二）维护吸流变压器及附加悬挂	1. 能对吸流变压器外部进行检查维护； 2. 能按程序撤除、投入吸流变压器； 3. 能维护附加悬挂	1. 吸回装置工作原理及吸流变压器维护标准； 2. 《接触网运行检修规程》中有关吸流变压器撤除、投入的规定
五、测量及巡视	（一）测量几何参数	1. 能测量计算接触线和承力索位置、定位坡度及补偿器 a、b 值； 2. 能测量计算线岔、锚段关节、分段绝缘器、分相绝缘器有关参数； 3. 能测量接触线磨耗； 4. 能测量计算承力索及附加导线弛度； 5. 能填写各种测量记录	1. 接触网各种参数标准、测量计算方法； 2. 测量工具使用方法及注意事项； 3. 带电测量的安全注意事项
	（二）测量接地电阻、绝缘电阻	1. 能使用接地电阻测试仪测量接地电阻； 2. 能使用兆欧表测量绝缘电阻	1. 接地电阻测试仪、兆欧表使用方法； 2. 接触网设备接地电阻的标准； 3. 被测品的绝缘电阻标准
	（三）巡视设备	1. 能进行设备巡视； 2. 能填写巡视记录	《接触网安全工作规程》中有关巡视的规定
	（四）填写施工及检修记录	1. 能填写工程日志、施工记录； 2. 能填写检修记录	《铁路电力牵引供电施工规范》《接触网运行检修规程》中有关记录填写的规定
六、作业防护	（一）能要/消作业命令及行车防护	1. 能要/消接触网作业命令； 2. 能完成坐台、现场行车防护	1. 列车运行基本知识； 2. 作业区防护规定及信号联锁、闭塞知识； 3. 《接触网安全工作规程》中有关要/销作业命令的规定
	（二）监护验电接地、倒闸作业及远离作业	1. 能监护验电、接地； 2. 能监护倒闸作业； 3. 能监护远离作业	1. 接触网标准化作业程序； 2. 《接触网安全工作规程》中有关监护作业的规定

表 1.2.3　高级技能

职业技能	工作内容	技能要求	相关知识
一、支柱与基础作业	（一）基坑定位测量	1. 能进行支柱杆位测量； 2. 能进行桥、隧埋入杆件的测量； 3. 能进行下锚拉线坑位测量	1. 线路测量的有关知识； 2. 接触网平面布置图知识； 3. 经纬仪使用方法； 4.《铁路电力牵引供电施工规范》中有关下部工程施工的规定
	（二）浇制混凝土基础	1. 能制作安装模型板； 2. 能进行混凝土基础浇制及养护； 3. 能进行隧道内放样、打孔、浇注	1. 基础的类型； 2. 基础施工的程序、标准和注意事项； 3. 搅拌机械、振动棒的使用方法和安全注意事项
	（三）组织立杆作业	1. 能组织人工立杆抢修铁塔； 2. 能组织机械立杆	1. 立杆作业的方法及安全知识； 2. 起重作业的方法及安全知识
二、支撑、定位装置安装检修	（一）装配复杂支柱	1. 能测量计算中心柱、转换柱、道岔定位柱和双线路腕臂柱的零部件安装参数并选用零部件； 2. 能绘制支柱装配图； 3. 能根据参数进行装配	1. 绘制平面图、装配图的知识； 2. 零部件安装技术标准
	（二）组织安装软横跨	能组织安装软横跨	1. 软横跨安装工艺及技术标准； 2. 行车防护、轨道电路有关知识
	（三）细调软横跨	能组织细调软横跨	1. 细调软横跨的方法及要求； 2. 软横跨技术标准
三、接触悬挂装置安装检修	（一）组织安装接触悬挂装置	能组织安装接触悬挂、中心锚结、吊弦、锚段关节、线岔、电连接	1. 接触悬挂装置安装工艺及技术标准； 2. 安装接触悬挂装置的有关工具、量具的使用要求
	（二）组织更换接触网悬挂装置	能组织更换接触悬挂、中心锚结、吊弦、锚段关节、线岔、电连接	1. 更换接触悬挂装置的方法及要求； 2. 接触网有关技术标准
	（三）安装、更换补偿装置及下锚拉线	1. 能测量、预制、安装补偿装置； 2. 能更换补偿装置； 3. 能测量、预制、安装下锚拉线	1. 补偿装置、下锚拉线安装工艺及技术标准； 2.《接触网安全工作规程》中有关远离作业的规定
	（四）安装、更换分段绝缘器及分相绝缘器	1. 能测量、预制分段、分相绝缘器； 2. 能安装、更换、调整分段绝缘器、分相绝缘器	1. 分段绝缘器及分相绝缘器作用、结构、原理、安装工艺及技术标准； 2. 安装分段绝缘器及分相绝缘器机具、工具和量具的使用要求及螺栓紧固标准
四、接触网设备安装检修	（一）安装、更换隔离开关	1. 能预配隔离开关及操作机构； 2. 能安装、更换隔离开关	隔离开关结构原理及安装要求、安全注意事项
	（二）安装、更换避雷器	能安装、更换避雷器	避雷器结构原理、安装要求及安全注意事项
五、技术管理	（一）分析接触网运行状态	能根据监测、检修结果分析接触网运行状态	1.《接触网运行检修规程》《铁路电力牵引供电施工规范》中有关接触网技术标准及运行管理的规定； 2. 质量管理常用分析方法
	（二）制订整改措施	能制订设备缺陷整改措施	

续表

职业技能	工作内容	技能要求	相关知识
六、故障抢修	（一）制订接触网拆除及配合起复方案	能制订列车起复时接触网拆除、恢复配合方案	《接触网事故抢修规则》《铁路行车组织规则》中有关配合事故抢修救援的规定
	（二）指挥故障抢修	1. 能组织故障抢修； 2. 能收集故障有关信息并能分析判定； 3. 能对故障原因进行初步分析	1. 抢修作业的程序及安全注意事项； 2. 受电弓取流及机车牵引有关知识
七、组织施工（检修）及验交	（一）签发工作票	能签发接触网停电、带电、远离作业工作票	1. 接触网平面图、供电分段示意图识图知识； 2. "天窗"作业有关规定； 3. 《接触网安全工作规程》中有关签发工作票的规定
	（二）组织接触网检修作业	1. 能组织接触网停电、带电、远离作业； 2. 能组织复杂设备的安装、更换、检调	1. 接触网检修、安装工艺和标准； 2. 《接触网安全工作规程》中有关对工作领导人的要求

表 1.2.4　技师技能

职业技能	工作内容	技能要求	相关知识
一、支柱与基础作业	（一）交桩测量	1. 能进行线路中线复测； 2. 能进行线路标高复测	1. 交桩测量的有关方法； 2. 线路测量的有关知识； 3. 水准仪、经纬仪使用方法，中线、标高复测方法
	（二）复杂地段基础施工处理	能实行桥涵、沙坑等复杂地段的施工处理	复杂地段的施工处理方法及要求
二、支撑、定位装置安装检修	（一）测量软横跨参数	1. 能使用水准仪、经纬仪； 2. 能测量软横跨结构参数	1. 水准仪、经纬仪使用方法； 2. 测量软横跨结构参数的方法
	（二）计算软横跨	1. 能计算软横跨分段长度； 2. 能绘制软横跨预制草图	软横跨的计算方法
三、组织施工（检修）及验交	（一）安装硬横跨	1. 能指挥组装硬横跨； 2. 能组织安装硬横跨	1. 硬横跨安装工艺及技术标准； 2. 起重作业的有关规定
	（二）架设接触线、承力索、附加导线	能组织架设接触线、承力索及附加导线	1. 接触网平面布置图识图知识； 2. 张力曲线、弛度曲线、下锚补偿安装曲线知识； 3. 接触线、承力索及附加导线架线工艺及安全注意事项； 4. 工程列车使用要求及注意事项
	（三）更换接触线、承力索、附加导线	能组织更换接触线、承力索及附加导线	更换接触线、承力索及附加导线的工艺及安全注意事项
	（四）安装、更换吸流变压器	1. 能组织安装吸流变压器； 2. 能组织更换吸流变压器	1. 吸流变压器、隔离开关、避雷器工作原理及安装工艺标准； 2. 安装、更换吸流变压器的安全注意事项
	（五）预制安装吸流变压器各部位引线	能预制、安装吸流变压器各部位引线	预制安装各部位引线的方法及要求

续表

职业技能	工作内容	技能要求	相关知识
四、技术管理	(一)绘制接触网竣工平面图(草图)	能根据平面设计图、施工记录、设计变更通知书、竣工文件等资料绘制接触网竣工平面图(草图)	绘制接触网竣工平面图有关知识
	(二)编制和改进接触网施工、检修工艺	1. 能分析接触网结构、零部件、工具存在的不足并提出改进建议; 2. 能编制、改进接触网施工、检修工艺	1. 接触网结构受力分析方法; 2. 弓网关系知识; 3. 编制接触网施工、检修工艺的技术和安全知识; 4. 接触网及其零部件经常发生的问题及处理方法
	(三)撰写技术总结	能撰写技术总结	技术总结的内容和写作方法
五、故障抢修	(一)制定抢修预案	1. 能查找分析各种故障原因并提出解决措施; 2. 能制订故障抢修预案	1. 设备运行及故障信息; 2. 制订故障抢修预案的要求
	(二)处理复杂故障	能处理接触网各种故障	接触网各种故障的发生原因及处理方法
六、培训指导	(一)技术培训	1. 能对中、高级接触网工进行安全、技术培训; 2. 能编写培训讲义	1. 培训教学的基本方法; 2. 培训计划编制方法; 3. 牵引供电新技术、新工艺、新材料、新设备有关知识
	(二)专业指导	1. 能对中、高级接触网工进行安全、技术指导; 2. 能在作业中应用、推广新技术、新工艺、新材料、新设备	

表 1.2.5 高级技师技能

职业技能	工作内容	技能要求	相关知识
一、组织施工(检修)及验交	(一)组织区段接触网施工	1. 能编制接触网大型施工组织方案,并能估计工时、计算材料用量; 2. 能安排人员和配备施工机械; 3. 能组织接触网各部工程施工; 4. 能根据发现的缺陷提出处理方案	1. 接触网施工工艺、技术标准和安全知识; 2. 接触网冷滑试验、送电开通的知识和安全注意事项; 3. 行车有关知识
	(二)组织接触网工程验交	1. 能确定并完成接触网验工项目; 2. 能完成竣工文件和资料的交接; 3. 能完成工程技术总结	1. 接触网工程开通送电程序及要求; 2. 竣工验收交接程序及要求; 3. 工程技术总结编制知识
二、技术管理	(一)组织开展技术攻关活动	1. 能针对接触网存在的问题组织开展技术攻关; 2. 能提出接触网设计、运行管理改进建议	1. 接触网设计基本知识; 2. 国内、国外接触网先进技术动态; 3. 技术攻关相关知识
	(二)指导编制和审定接触网施工、检修工艺	1. 能指导编制和审定接触网检修工艺; 2. 能指导编制和审定接触网施工工艺	1. 技术和质量管理知识; 2. 编制和审定接触网施工、检修工艺的方法; 3. 检修、施工经常发生的问题及处理方法
	(三)撰写技术论文	能撰写技术论文	技术论文的内容和写作方法

续表

职业技能	工作内容	技能要求	相关知识
三、培训指导	（一）技术培训	1. 能对技师及以下接触网工进行安全、技术培训； 2. 能进行新技术、新工艺、新材料、新设备的应用培训	1. 培训讲义的编写方法； 2. 计算机常用办公软件的使用方法； 3. 培训指导的要点、方法和注意事项
	（二）专业指导	能对技师及以下接触网工进行业务技术指导	

★ 思政链接

地铁接触网守护者——杭港地铁接触网工应玉婷及其工班团队

杭州每天有几十万市民和游客通过地铁出行，而在大家平安出行的背后，有很多并不为人所知的工作需要在半夜里进行。这些工作人员默默地守护着乘客们的安全，确保了地铁的正常运营。

26岁的应玉婷，是杭港地铁的一名接触网工，因为入行早，大家都叫她"婷姐"。"婷姐"是目前接触网工中的一名旗帜型人物，所谓"巾帼不让须眉，不爱红装爱武装"，同事们说到婷姐，都是非常佩服的。杭港地铁接触网工廉锡华说："在我们工班，我们干什么，婷姐就干什么，平常有的时候，婷姐都扛两组地线，一组地线就好几十斤重"。

有人问应玉婷，"一个女孩子，为什么要干这个工种，难道不累吗？"她回答："当然也有累的时候，因为很多时候都是在晚上作业，年轻嘛，吃点苦是好的。"

接触网的检修，一般要持续到凌晨3、4点钟，每次巡查范围平均6、7千米，这份工作的辛苦可想而知。要是遇到特殊天气，比如霜降，工作量会因为天气恶劣而更大。不过，婷姐说，越是天气不好，越是要认真，因为自己的工作关系到所有乘客的安全。

同时，接触网工也是经常需要进行高空作业的，作为一个女孩子，婷姐不害怕吗？

应玉婷："第一次高空作业还是有点怕，但是如果做好安全措施就是安全的，不会有危险性的。"高空作业主要进行沿线的检修、检查，比如零部件是不是紧固、设备状态是否良好，等等。

检查的工作看起来简单，但其实细致且复杂，一个定位零件上就有好多个螺母，每一个都要紧一遍，而且有的部件要用平衡尺确保平衡，有的部件需要用绝缘纸擦拭干净。有的零件特别高，爬上去，还要换好几次安全带的固定点。

当然，婷姐也不是一个人在战斗，她所在的A班有15个人，整个作业过程也需要大家一起配合才能完成。夜间工作的所有接触网工，有4个班组63人，外人看起来的辛苦工作，他们早已习以为常。正是因为有了这么一群暗夜里的地铁接触网守卫者，我们的城市交通才能快速稳定地运行，我们的生活才能如此井然有序。

★ 任务单：城市轨道交通接触网工岗位认知

项　目	任务清单内容
任务情境	想象一下，如果自己是一名接触网工，你的生活会是怎样的？
任务目标	1. 了解城市轨道交通接触网工的岗位职责； 2. 了解城市轨道交通接触网工的日常工作状态； 3. 了解城市轨道交通接触网工的晋升之路
任务问题	1. 城市轨道交通接触网工的岗位职责； 2. 城市轨道交通接触网工的岗位工作特点； 3. 你如何规划自己的职业生涯？
任务实施要求	方案一：自己上网，寻找一些接触网工的故事，以具体素材回答任务问题。 方案二：采访一个接触网工，录制一段视频
任务完成效果	1. 体现艰苦奋斗、乐于奉献、精益求精和自主创新的精神。 2. 视频格式为高清 MP4
任务完成耗时	1 天
实施人员	全体学生
任务点评	小组互评、教师点评

★ 活页笔记：城市轨道交通接触网工岗位认知

项　目	内　容
学习笔记	重点： 难点： 学习收获：
任务问题答案	
任务完成过程	（由学生描述具体的作业分工和作业过程中任务完成的步骤）
任务完成实际耗时	
任务完成实际效果	

项目二 柔性接触网的检修与维护

知识目标

1. 掌握城市轨道交通柔性接触网的结构组成；
2. 掌握城市轨道交通柔性接触网检修与维护的内容、方法和工艺要求。

技能目标

1. 能够在现场认识各设备及说出其作用；
2. 能够熟练使用各种检修工器具；
3. 能够熟练进行柔性接触网的检修和维护。

素质目标（德育目标）

1. 培养学生的专业自强、团队自驱和诚实自律的品格；
2. 培养学生吃苦耐劳、乐于奉献、精益求精和创新自主的工匠精神。

项目任务

1. 认知城市轨道交通柔性接触网；
2. 支柱及基础维护；
3. 拉线制作与安装；
4. 支持装置的检修与维护；
5. 定位装置的检修与维护；
6. 接触悬挂的检修与维护；
7. 补偿装置的检修与维护；
8. 中心锚结的检修与维护；
9. 锚段关节的检修与维护；
10. 线岔的检修与维护；
11. 分段绝缘器的检修与维护；
12. 隔离开关的检修与维护；
13. 电连接线的检修与维护。

任务一 认知城市轨道交通柔性接触网

★ 知识学习

一、柔性接触网系统结构

柔性接触网系统由基础及支柱、支持装置、定位装置、接触悬挂、隔离开关及分段绝缘器、接地保护系统、防雷系统等部分组成,如图2.1.2所示。接触悬挂包括承力索、接触线、吊弦以及连接零件、电连接、补偿装置、锚段及锚段关节、中心锚结等部分。

图 2.1.1 柔性接触网系统

国内城市轨道交通从20世纪90年代初开始在上海地铁采用架空柔性悬挂接触网,其结构特点如下:

① 支柱形式演变:等径圆柱→H形钢柱→锥形钢支柱;
② 软横跨、门形架;
③ 双承双导或单承双导;
④ 棘轮补偿装置;
⑤ 设备:新型隔离开关、分段绝缘器。

二、柔性接触网系统功能

接触网系统的功能主要是安全可靠地向列车提供电能,并满足对地绝缘的要求。

1. 电分段及电连接

在有牵引变电所的车站,接触网在牵引变电所侧的正线上设电分段;正线间的渡线、折返线,正线与车辆段、停车线之间设电分段;车辆段、停车场入库端设置电分段。

2. 承力索

承力索的主要功能是通过吊弦将接触线悬吊，承受接触线的重量，减少接触线的弛度。

3. 接触线

接触线的功能是保证质量良好的向机车供电。由于它与受电弓直接接触，经常处于摩擦状态，因此不但要求其具有良好的导电性能，还应具有足够的机械强度和耐磨性。

4. 吊　弦

吊弦的功用是将接触线悬吊在承力索上，通过吊弦，调整接触线的弛度并改善授流质量。

5. 中心锚结

在锚段的中部设置中心锚结，中心锚结主要的功能是：缩小事故范围，当该锚段接触线或者承力索发生断线时，防止整个锚段陷入瘫痪，减少事故抢修工作量。采用全补偿下锚时，防止下锚补偿器向一侧滑动。

6. 锚段及锚段关节

接触网每隔一定距离应设计成在机械上互相独立的分段，称为锚段。

柔性接触网锚段两端的承力索及接触线分别拉出在支柱上下锚。每个锚段两端设补偿下锚；当锚段长度较短时，一端设硬锚，另一端设补偿下锚。

设置锚段的作用是缩小事故范围、缩小因检修而停电的范围、设置电分段、安装补偿下锚装置等。

相邻两个锚段互相衔接的部分称锚段关节，锚段关节处两工作支接触线的水平投影是平行的，机车通过时，保证受电弓能够从一个锚段平滑地过渡到另一锚段。

7. 隔离开关及分段绝缘器

根据供电分区的划分，分别设置接触网上网隔离开关、联络隔离开关及分段绝缘器。

上网隔离开关的功能是将变电所的电能转给接触网；在不同供电分区之间设置联络隔离开关，保证不同供电分区之间电源相互备用，一个供电分区故障时保证接触网不断电；分段绝缘器的功能是保证不同供电分区之间电气断开，满足不同分区的停电检修。

8. 接地保护

接地保护系统是采用架空地线与变电所的接地母线排连接，当接触网系统发生短路时，使保护系统动作，从而对接触网设备进行可靠的保护。

9. 防雷系统

接触网通过避雷线及避雷器防雷，根据防雷的需要对不同地点采用不同措施，使接触网设备及变电所设备得到可靠的保护。

★ 思政链接

宝成线上的空中飞侠

20 世纪 70 年代初，随着宝成线（宝鸡—成都）电气化铁路分段开通，一项新工作——接触网维修随之诞生。接触网维修是高空高压作业，作业难度大，而单线运行，停电维修会影响运营能力。应着当时"男女都一样"的时代背景和女同志有耐力、胆大细心的优点,1974年3月8日,略阳供电段"三八女子带电作业班"正式成立,当时成员30多名,平均年龄22岁。图2.1.2所示为"三八女子带电作业班"空中作业的情形。

图2.1.2 "三八女子带电作业班"空中作业情形
(西安铁路局集团公司党委宣传部供图)

由于高空作业的工作特性,女子带电班的成员们必须控制体重,需要控制饮食和睡眠。当时的技术指导员为她们制定了"魔鬼式的训练法"。每天带领成员4点多起床跑步,跑完步开始学习《技规》《安规》及事故案例。早饭后,进行单手剪铁线比赛,做吊弦、抬铁塔及换导线、承力索、腕臂的训练。单手一下剪断直径4.0 mm的铁线是基本功。有的组员剪不断,借助腿的力量,训练一天下来,手上起泡,腿上青紫一片,大家没有一个叫苦。晚上,大家又聚在一起总结工作,到深夜一两点睡觉都是常事。

女子带电作业班正是凭着不畏艰险、不怕吃苦的奉献精神,练就了过硬的业务技术,在技能比赛中胜过了男职工。1977年,女子带电作业班获得陕西省和西安铁路局的先进集体称号,并与西北国棉一厂细纱车间乙班四组的"赵梦桃小组"结为姐妹组,成为全国"工业学大庆"先进集体。

1979年,段党委考虑到女子带电作业班的成员年龄都大了,都要结婚生子,所以相继将她们调到变电所等部门工作。同年9月"三八女子带电作业班"分编完毕解散。

追忆往事,她们在电气化铁路发展中,书写了连续5年带电作业无人身事故的辉煌历史。如今,当年的女子班成员都已退休,她们仍然怀念着那些不畏艰险、不怕吃苦、不抱怨、乐于奉献的日子。

2018年1月27日,宝成铁路入选首批"中国工业遗产保护名录",这座中国铁路发展的里程碑上镌刻着一代代铁路人的"芳华"。

"三八女子带电作业班"检修的就是柔性接触网,地铁的柔性接触网在结构上与铁路接触网基本相同,只是线路较短、电流制式为直流、没有电分相等。

★ **任务单：城市轨道交通柔性接触网认知**

项　目	任务清单内容
任务情境	进行一次柔性接触网巡视，指出相应部位的名称和作用
任务目标	掌握城市轨道交通柔性接触网系统组成
任务问题	1. 城市轨道交通柔性接触网由哪几部分构成？ 2. 简述柔性接触网的系统功能
任务实施要求	1. 实地观察； 2. 小组讨论； 3. 小组制作思维导图
任务完成效果	1. 思维导图逻辑正确； 2. 问题回答正确
任务完成耗时	2 h
实施人员	全体学生
任务点评	小组互评、教师提问点评

★ 活页笔记：城市轨道交通柔性接触网认知

项目	内容
学习笔记	重点： 难点： 学习收获：
任务问题答案	
任务完成过程	（由学生描述具体的作业分工和作业过程中任务完成的步骤）
任务完成实际耗时	
任务完成实际效果	

任务二　支柱及基础的维护

★ 知识学习

一、支柱的检修与维护

架空接触网支柱的检修周期为 12 个月，主要的工作内容是检查支柱限界情况、检查支柱状况、检查支柱受力后的倾斜情况。

（一）支柱与基础的作用

按照一定尺寸间隔，沿轨道一侧竖列的一根根杆子，称为接触网支柱。

支柱与基础用以承受接触悬挂、支持和定位装置的全部负荷，并将接触悬挂固定在规定的位置和高度上。我国接触网中采用预应力钢筋混凝土支柱和钢柱，基础是对钢支柱而言的，即钢支柱固定在钢筋混凝土制成的基础上，由基础承受支柱传给的全部负荷，并保证支柱的稳定性。预应力钢筋混凝土支柱与基础制成一个整体，下端直接埋入地下。

（二）支柱的类型

1. 按材料分类

支柱按材料分为预应力钢筋混凝土支柱和钢柱。按照外形，预应力钢筋混凝土支柱又分为矩形横腹杆式（图 2.2.1）、环形等径支柱（图 2.2.2）、锥形支柱（图 2.2.3）；钢柱又分为等径圆柱（图 2.2.4）、H 形支柱（图 2.2.5）、桁架式支柱（图 2.2.6）。

预应力钢筋混凝土支柱的优点是减少了金属材料的使用量，成本较低，使用寿命长；缺点是比较笨重，碰撞后容易损伤钢筋。

钢柱的优缺点是重量轻、容量大，耐碰撞，运输及安装方便；缺点是用钢量大、造价高、耐腐蚀能力差，需要定期进行除锈、涂漆防腐，且维修不便。

图 2.2.1　矩形横腹杆式支柱

图 2.2.2　环形等径支柱

图 2.2.3 锥形支柱

图 2.2.4 等径圆柱

图 2.2.5 H 形支柱

图 2.2.6 桁架式支柱

2. 按用途分类

支柱按用途分为中间支柱、锚柱、转换柱、中心支柱、定位柱、软硬横跨支柱和道岔柱，如图 2.2.7 所示。

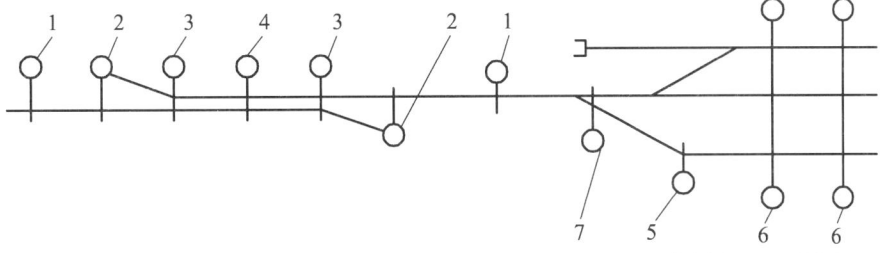

1—中间支柱；2—锚柱；3—转换支柱；4—中心支柱；5—定位柱；6—软横跨支柱；7—道岔柱。

图 2.2.7 支柱按用途分类及一般安设图

1）中间支柱

中间支柱在区间和站场上广泛使用，布置在两相邻锚段关节之间，支持一支接触悬挂，它承受一支工作支接触悬挂的重力及风作用于悬挂上的水平分力，中间支柱所承受的力矩比较小，如图 2.2.8 所示。

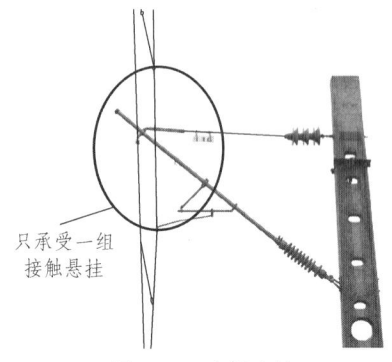

图 2.2.8　中间支柱

2）中心支柱

在四跨锚段关节处，位于两根转换支柱中间的那根支柱称为中心支柱。它同时承受两组工作支接触悬挂的重力和水平力，两工作支接触线在此柱定位点处呈水平状，且使两支接触线线间距离符合技术要求，如图 2.2.9 所示。

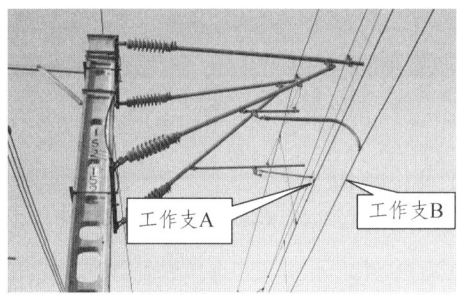

图 2.2.9　中心支柱

3）锚柱

在接触网锚段关节处或其他接触网下锚的地方需设锚柱，锚柱承受两个方向的负荷，在垂直线路方向起中间支柱的作用，在顺线路方向，承受接触悬挂下锚的全部拉力。锚柱分为带下锚拉线和不带下锚拉线两种，分腿式钢柱用作锚柱时可不带拉线，其余锚柱用作下锚时均带拉线，如图 2.2.10 所示。

图 2.2.10　锚柱

4）转换支柱

转换支柱位于锚段关节处的两根锚柱之间。它同时支持两支接触悬挂，其中一支为工作支，另一支为下锚支（简称非支），电力机车受电弓在两转换支柱间进行两个锚段线索的转换。它要承受接触悬挂下锚支和工作支线索的重力和水平力，如图2.2.11所示。

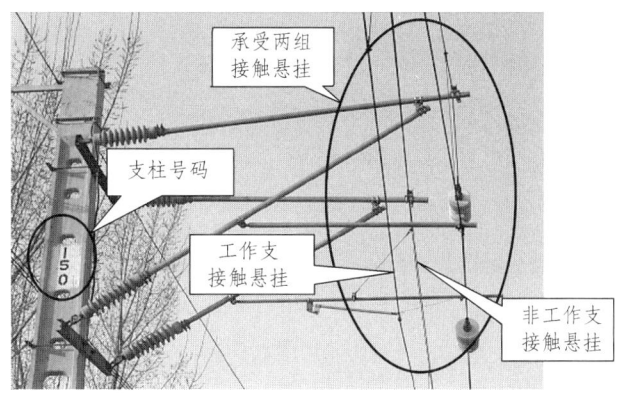

图 2.2.11　转换支柱

5）软横跨支柱

软横跨支柱一般用于跨越多股道的站场上，由于受力较大，多选用容量较大的支柱，跨越5股道及以下的软横跨支柱可用钢筋混凝土支柱，5股道以上软横跨则采用钢柱，如图2.2.12所示。

图 2.2.12　软横跨支柱

6）硬横跨支柱

硬横跨亦称为硬横梁，多用于全补偿链型悬挂的站场上，一般是为固定承力索中心锚结绳而设立的。在某些特殊地段，如站场伸入高架桥梁上时，用双线路腕臂支柱或软横跨都不方便时，可考虑采用硬横跨。硬横跨支柱为钢柱，如图2.2.13所示。

7）道岔支柱

在站场两端道岔处，为使接触线线岔符合技术要求所规定的位置，该处往往需设立道岔支柱，如图2.2.14所示。

图 2.2.13　硬横跨支柱

图 2.2.14　道岔支柱

（三）支柱符号的表示方法

$$H\frac{38}{8.7+2.6}$$

式中：H——钢筋混凝土支柱；
　　　38——垂直线路方向支柱容量（kN·m）；
　　　8.7——支柱地面以上部分长度（m）；
　　　2.6——支柱埋入地下部分深度（m）。

$$H\frac{48-250}{8.7+3.0}$$

式中：48——垂直线路方向支柱容量（kN·m）；
　　　250——顺线路方向支柱容量（kN·m）。
　　其余符号意义同前。

$$G\frac{250-250}{15}$$

式中：G——钢柱；

250——横线路方向能承受的力矩（kN·m）；

250——顺线路方向能承受的力矩（kN·m）；

15——支柱高度（m）。

（四）支柱的检查

① 支柱无锈蚀、变形、裂纹、开焊，镀锌层无脱落现象。支柱本体存在锈蚀、镀锌层脱落时，须打磨除锈后喷涂自喷漆防腐，出现明显变形、大面积开焊及裂纹时须更换支柱。

② 支柱直立及倾斜情况无明显变化。出现明显倾斜且影响设备运行时，须校正或重新立柱。

（五）支柱侧面限界测量

1. 侧面限界概念

接触网支柱的侧面限界是指支柱靠线路一侧在轨面水平面内由接触网支柱内侧缘至线路中心线的距离。设置侧面限界是为了确保行车的安全。

2. 测量方法和步骤

测量支柱侧面限界所需工器具为 DJJ-8 激光测量仪；作业人员为 2 人，1 人测量，1 人记录。作业步骤如下：

（1）将 DJJ-8 激光测量仪主机（见图 2.2.15）装好电池后放置在测量架（见图 2.2.16）上，并通过测量架上的旋钮将主机锁紧，如图 2.2.17 所示。

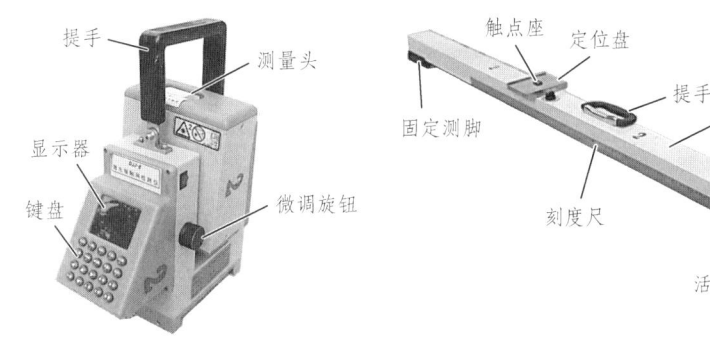

图 2.2.15　DJJ-8 激光测量仪主机　　图 2.2.16　DJJ-8 激光测量仪测量架

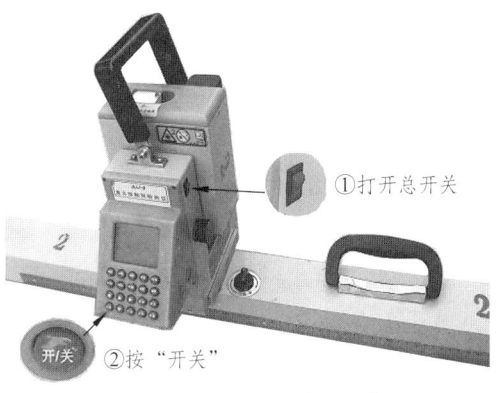

图 2.2.17　DJJ-8 激光测量仪

（2）测量架放置于待测目标旁边的轨面上，拨动测量架右端的轨距手柄，使测量架两端的固定测脚和活动测脚都紧靠钢轨内侧。保持测量架与钢轨垂直。（**注意：DJJ-8 激光测量仪的任何一项测量功能都必须按照此项"测量仪放置标准"放置！**）

（3）打开电源开关后，按下键盘上"开/关"按钮，显示屏出现"请向右旋转主机"，根据提示用手轻轻向右旋转主机头（禁止快速旋转），直至显示屏上出现视频图像，即表示仪器进入正常测量状态，可以开始测量。（注意：开机后，如果在 3 min 之内没有任何操作，仪器会自动关机，在这种状态下，只要按"开/关"键，即可进入正常测量状态。测量时如果出现定机或屏幕蓝屏，请关掉电源后重新开机。仪器不用时，请关闭电源开关，以便节省电能保护仪器。）

（4）正常测量状态下，将测量头瞄准支柱上的红线（见图 2.2.18），此时可以按下"长光"键打开长光方便瞄准。瞄准后按下键盘上的"红线"键，即可在显示屏上显示结果。

图 2.2.18　轨面红线

（5）读数并记录，如图 2.2.19 所示。

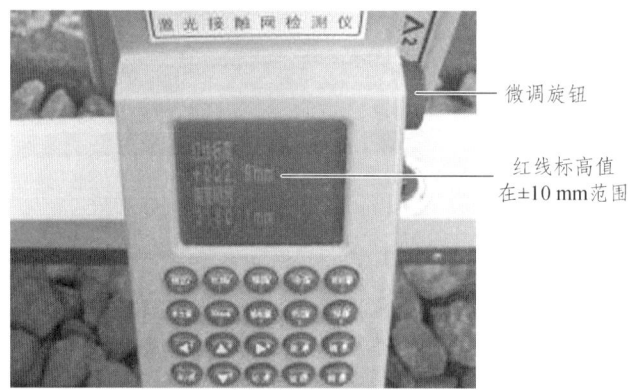

图 2.2.19　测量显示

读数：红线标高高于基准轨面 2.9 mm，侧面限界为 3 160.1 mm（提示：测量仪所测结果的单位均为 mm。测量时，红线标高显示的值必须在 $-10 \sim +10$ mm 范围内，所得的侧面限界值才较接近标准值；若红线标高值不在此范围内，可通过微调旋钮来调整。）

二、基础的检修与维护

（一）基础的定义及作用

基础是埋入地下使支柱稳定的部分。对于混凝土支柱，埋入地下的部分即为基础；对于钢支柱，则用混凝土浇注基础。

基础使支柱稳定，不倾覆、不歪斜、不下沉。

（二）支柱基础的分类

支柱基础按外形分类，有工字形基础、锥形基础、单阶形基础、多阶形基础，如图 2.2.20 所示。

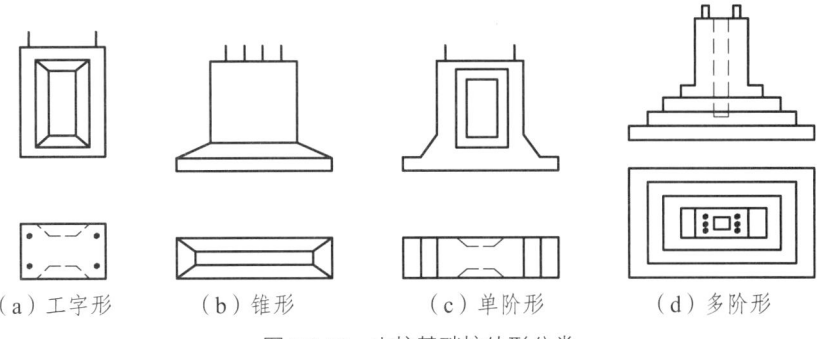

图 2.2.20　支柱基础按外形分类

支柱基础按支柱类型及支柱容量分类,有扩大基础(单阶或多阶)、棱柱形基础、带横卧板的棱柱形基础(钢筋混凝土支柱),如图 2.2.21 所示。

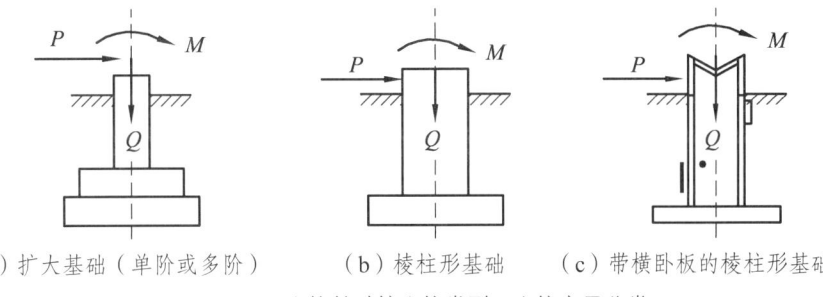

图 2.2.21　支柱基础按支柱类型及支柱容量分类

(三)支柱基础检查

(1)检查基础帽是否完整,有无破损、裂纹。出现裂纹破损时,首先检查基础及支柱状态,看支柱有无倾斜。检查无异常后对基础帽进行修补。

(2)检查基础周围有无塌陷、积水及杂物。基础周围存在塌陷时应及时填补,存在积水及杂物影响基础状态时应及时清除。

(3)检查基础与基坑之间有无缝隙。

存在裂缝可能是基础或者基础周围地质沉降、支柱基础整体倾斜等造成,严重时须重新打基础立支柱。

三、学习资料

资源名称	二维码
支柱类型与参数	
支柱侧面限界测量	

★ **思政链接**

接触网工——空中蜘蛛侠

"接触网是沿隧道、轨道上方架设,通过与列车车顶上的受电弓密切相连来给列车提供动力的输电线路。"趁记者采访间隙,韦富植一边大口喝水一边向记者介绍。接触网一旦发生故障,就无法向列车供电,轻则导致运营中断,重则引发危及乘客安全的事故。接触网工面临着高空、高压、高危的风险,因此有人将接触网工比喻为"蜘蛛侠"。

23岁的韦富植来自广西壮族自治区河池市都安瑶族自治县。别看韦富植年纪小,毕业于北京铁路电气化学校的他已经上班3年了。

由于长期在烈日下暴晒,韦富植明显比同龄人黑得多,看上去也比实际年龄大一些。记者问起他的感受,他开玩笑说:"没事,习惯就好了,就是不知道回家的时候,家人还能不能认出我。"

随着气温逐渐攀升,记者站在桥面上感觉脚底越来越烫,鞋底似乎要熔化,在这样的高温天气下作业,对体力和意志力都是极大的考验。韦富植身上的"黄马甲"湿透又风干了好几次,背后全是片片"云彩"。"一上午不知道喝了多少水,一次厕所也没上,水分都被蒸发了。"韦富植小声对记者说。

在进入铁路系统工作之前,身为95后的韦富植对工作充满憧憬。"当时一想到能够攀爬到接触网支柱的顶端,可以登高望远,就觉得很兴奋。"韦富植说。

但是,韦富植的憧憬在上桥工作的第一天就被现实击得粉碎。作为接触网工,韦富植要攀爬到桥面上方8 m多高的接触网支柱上,并且要把自己"挂"在上面工作。"算上桥的高度,离地面的距离大概有30 m。人在空中被风一吹感觉随时都有可能掉下来。"韦富植说,他至今忘不了第一次在桥上施工时那种恐慌。

"接触网的钢柱攀爬难度很大,受力面积小,很容易造成习惯性打滑。"韦富植说,有一段时间他对攀爬钢柱产生了莫名的恐惧。经过半年多的刻苦训练和细心琢磨,韦富植终于掌握了H形钢柱的脚扣攀爬技术。

"接触网工还会面临施工时容易眩晕、工具掉落等问题。"韦富植说,不过,现在这些对他来说已经不成问题。"手艺是练出来的,技术是干出来的,工作是配合出来的。要想技术好就要勤练,没有十年功,哪有台上荣。但接触网检修可不是一个人干得了的活,我们是一个整体。"

顶着炎炎烈日,韦富植和他的工友们有条不紊地安装着支柱,在他们身后,一个个支柱渐渐连成一条线,向远处不断延伸。

★ 任务单：支柱与基础维护

项 目	任务清单内容
任务情境	接触网演练场的定期巡视检查开始了，同学们，现在需要对每一根支柱及其基础进行检查，并测量其侧面限界
任务目标	1. 检查每一根支柱及其基础的状态并记录； 2. 测量每一根支柱的侧面限界并记录
任务问题	1. 判断演练场中支柱的类型； 2. 分析预应力钢筋混凝土支柱和钢柱的优缺点； 3. 简述侧面限界的概念和作用
任务实施要求	1. 安全帽佩戴正确； 2. 激光测量仪轻拿轻放，每个小组有专人负责； 3. 按照操作说明正确操作激光测量仪； 4. 分小组进行支柱侧面限界测量并记录，数据要求准确无误
任务完成效果	1. 能够正确判断支柱类型，根据支柱型号说出其特点； 2. 能够熟练使用激光测量仪测量支柱侧面限界； 3. 能够熟练进行支柱及其基础的检查
任务完成耗时	2 h
实施人员	全体学生
任务点评	小组互评、教师点评

★ 活页笔记：支柱与基础维护

项　目	内　　容
学习笔记	重点： 难点： 学习收获：
任务问题答案	
任务完成过程	（由学生描述具体的作业分工和作业过程中任务完成的步骤）
任务完成 实际耗时	
任务完成 实际效果	

任务三　拉线制作与安装

★　知识学习

一、拉线的作用及分类

拉线的作用有两点：

① 稳固支柱；

② 平衡支柱上所承受的导线、避雷线的张力和水平风力。

拉线可分为以下几类：

① 普通拉线；

② V形拉线；

③ 水平拉线；

④ 共同拉线；

⑤ 背拉线。

接触网拉线的结构

拉线制作与安装

二、拉线的制作与安装

（一）劳动组织（表2.3.1）

表2.3.1　拉线制作与安装的劳动组织

序号	项目	单位	数量	备注
1	施工负责人	人	1	
2	作业人员	人	2	
3	防护	人	1	

（二）工器具（表2.3.2）

表2.3.2　拉线制作与安装的工器具

序号	名称	规格或型号	单位	数量	备注
1	皮尺	10~15 m	把	1	
2	大剪子		把	1	
3	记号笔		把	1	
4	手锤	1~1.25 kg	把	1	
5	棕绳	φ10 mm	m	10	
6	紧线器		套	1	
7	电工工具		套/人	2~3	
8	安全带		套	1	
9	脚扣		套	2	

（三）材料准备（表 2.3.3）

表 2.3.3　拉线制作与安装的材料

序号	名称	规格或型号	单位	数量	备注
1	铁丝	10 号或 12 号	m	若干	
2	钢绞线	GJ-35	m	若干	
3	线夹（平垫、螺帽齐全）	NUT-2 型	个	1	
4	线夹（平垫、螺帽齐）	LX-2	个	1	

（四）操作工艺流程（图 2.3.1）

图 2.3.1　拉线制作与安装的操作工艺流程

（五）作业步骤

1. 测　量

（1）1 人带上 15 m 皮尺攀到锚柱上部，扎好安全带。自己抓住皮尺端部，另一端放下去，给地面配合的人。

（2）2 人配合进行测量，上面的人将皮尺端部起始点按在承力索拉线安装预留位置中点，下面的人拉紧皮尺，使皮尺到拉线锚杆呈一条直线，并将锚杆上安装承力索拉线的短双环杆抬起来与皮尺并行。读出皮尺在双环杆上边环内上缘的读数并做记录。

（3）用相同方法测出接触线拉线长度数据。

（4）计算拉线裁料长度：

承力索拉线裁料长度 = 承力索拉线实测 + 0.9 m

接触线拉线裁料长度 = 接触线拉线实测数 + 0.9 m

2. 制　作

（1）按照裁料长度进行下料。注意：采取防止钢绞线散股的措施，下料时，应对钢绞线剪裁处用铁丝进行绑扎。

（2）按回头制作工艺，用 LX-2 型双耳楔形线夹制作拉线的上把（用 NUT-2 型线夹制作下把，方法相同），制作步骤和技术标准如图 2.3.2～图 2.3.7 所示。

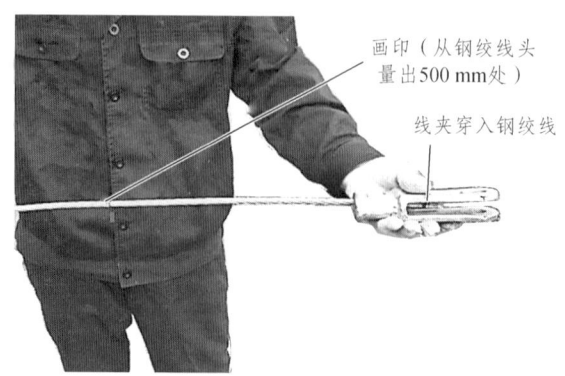

图 2.3.2　上把回头制作（1）

左脚踩住主线,右手拉住线头,左手控制钢绞线画印处进行弯曲(将钢绞线线尾及主线弯成张开的开口销模样),如图 2.3.3 所示。

图 2.3.3　上把回头制作(2)

尾线头穿入线夹凸肚,如图 2.3.4 所示。

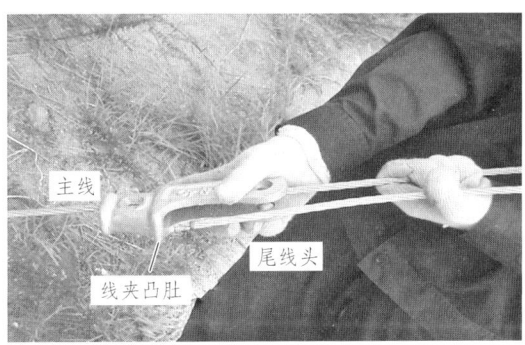

图 2.3.4　上把回头制作(3)

放入楔子并拉紧,用木槌敲打,如图 2.3.5 所示。

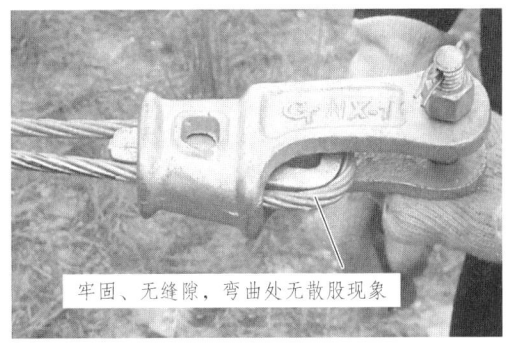

图 2.3.5　上把回头制作(4)

绑扎拉线,如图 2.3.6 和图 2.3.7 所示。

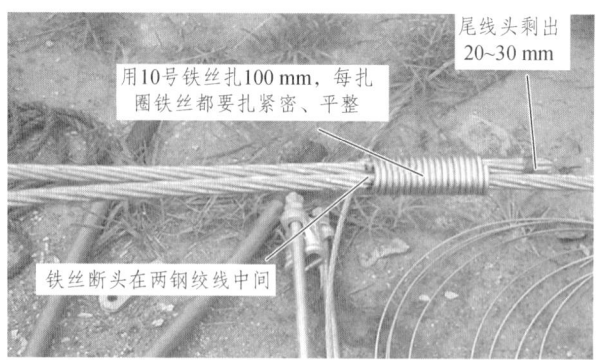

图 2.3.6 上把回头制作（5）

图 2.3.7 上把回头制作（6）

3. 安　装

（1）上杆前先检查杆根及杆身，检查登杆工具、安全带及吊绳，如图 2.3.8 所示。

图 2.3.8 登杆前检查

（2）登杆动作安全熟练，上下杆要匀步攀登、直上直下正确安装螺栓和销钉、凸肚朝下，如图 2.3.9 和图 2.3.10 所示。

（3）在拉线距双环杆端部约 1 m 的地方安装紧线器，紧线器的尾线与锚杆环相连接。

（4）打开拉线 NUT 型线夹的 U 形螺栓，将 U 形线夹穿入短的一支双环杆内。

把楔型线夹的两个孔与 U 形螺栓对准，紧紧线器，直到能带上螺母，安装完成后如图 2.3.11 所示。最后，卸除紧线器，拉线安装完毕。

图 2.3.9　登杆安装拉线上把

图 2.3.11　拉线下把安装图

图 2.3.10　拉线上把安装完成

（六）拉线的技术标准

① 拉线回头长度为 500 mm，回头与本线用 φ1.6 ~ 2.0 mm 绑线密扎 100 mm，允许误差 ±10 mm，端部留头 20 ~ 30 mm。

② 揻弯时，回头部分的钢绞线不应散股，拉线本线要贴靠楔形线夹的直边侧。

③ 拉线角钢应与支柱密贴，拉线应绷紧；两条线时，松紧程度应一致。锚板双环杆应与拉线成一条直线。

④ NUT 型线夹安装完毕后，其螺帽外露螺栓长度不得大于全部螺纹长度的 1/3，也不得小于 20 mm。一般外露螺栓长度为 20 ~ 50 mm。

三、下锚拉线及基础的检查

（1）检查下锚拉线相对位置：在任何情况下严禁侵入限界，该项主要是施工验收阶段重点检查部位，运营时若发生侵入限界情况，应及时绑扎固定或者重新定位制作下锚拉线基础。

（2）检查下锚拉线及基础状态：各连接件应齐全，无缺销钉及螺帽现象；拉线外观不得有断股、松股、锈蚀现象；拉线回头应绑扎平整、牢固；双拉线应受力均匀。基础周围应无塌陷、积水和杂物，无破损和裂纹。

（3）零部件缺损须及时更替。拉线有断股、松股、锈蚀时，应重新制作拉线并下锚，更换拉线时不得将支柱拉线负载长时间卸载。

（4）检查下锚拉线杆状态：UT 型耐张线夹螺栓外露长度不应小于 20 mm，最大不大于全长的 1/2。

★ 思政链接

匠心筑梦、大道至简——陈伟劳模创新工作室

中铁武汉电气化局广州分公司"陈伟劳模创新工作室"于 2016 年 8 月 15 日在湛江东海岛项目部正式挂牌成立。"陈伟劳模创新工作室"前身为职工创新工作室，成立于 2010 年 9 月，是一个具有优良传统和强劲创新能力的团队，也是一个高产创新队伍。工作室自成立以来，在参建乌兹别克海外工程、厦深客专、沪昆高铁、海南西环等国家重点工程建设中，针对现场的需求和不同的技术标准，研发出 200 km/h 客专铁路定位预配流水线平台、350 km/h 高铁腕臂预配流水线平台、限位吊弦预配平台、移动式隧道作业平台、拉线制作一体机（见图 2.3.12）等 20 余项新型实用的接触网施工机具及设备。其中 4 项成果取得国家实用性发明专利，8 项成果获企业科技创新奖。在集团公司历年来举办的科技创新成果发布会上囊括了一、二、三等奖共计 9 项成果，先后为企业节约了 3 776 037 元的成本。研发的各项技术在多条高铁得到成功应用。

（1）创新背景：拉线制作中尺寸不容易控制，制作的质量、工艺取决于操作人员熟练的程度，且标准会随着劳动强度的增大而降低，拉线弯弧不密贴就不符合施工标准。线夹收紧时，采用锤敲的办法收紧，敲击上下线夹，会损伤镀锌层，并且工作强度较大，人员很容易被弹伤。

图 2.3.12 拉线制作一体机

（2）技术原理：拉线通过弯曲模具成型。收紧本线与楔形线夹密贴，机械手缠绕钢丝使之成型，行程及速度和安全均由电路控制。至此，一套拉线从弯曲、收紧到缠绕流程完成。

（3）成果效益：拉线制作机实现了四项控制——相同的线夹 R 值控制密贴度、绑线力矩值可控、行程开关精确控制绑线长度、红外侵限装置保障人员安全，从而达到全线拉线回头尺寸统一、绑线长度一致、NX 线夹螺纹外露一致。此技术可在电力行业推广使用。

★ 任务单：拉线的制作及安装

项 目	任务清单内容
任务情境	在接触网日常巡视时，发现一根接触线的拉线出现了松弛，且拉线有散股和断股现象，需要对拉线进行更换
任务目标	1. 检查拉线的缺陷； 2. 预制一根拉线，并替换出现问题的拉线
任务问题	1. 拉线的作用和分类； 2. 拉线的结构； 3. 拉线的技术要点； 4. 拉线安装时的安全注意事项
任务实施要求	1. 小组分工明确； 2. 作业前做好裁料工器具的准备； 3. 作业前进行安全预想并制订预防措施； 4. 作业过程中严格按照标准流程进行，穿戴好安全工器具； 5. 作业完成后，作业现场清理干净，工器具及剩余材料按规定入库
任务完成效果	1. 按照规定填写工作票； 2. 拉线制作及安装符合标准要求
任务完成耗时	1 h
实施人员	全体学生
任务点评	小组互评、教师点评

★ 活页笔记：拉线的制作及安装

项　目	内　　　容
学习笔记	重点： 难点： 学习收获：
任务问题答案	
任务完成过程	（由学生描述具体的作业分工和作业过程中任务完成的步骤）
任务完成 实际耗时	
任务完成 实际效果	

任务四 支持装置的检修与维护

★ 知识学习

一、支持装置的作用和组成

支持装置是用以支持接触悬挂,并将其负荷传给支柱或其他悬挂的全部设备,根据接触网所在区间、站场和大型建筑物而有所不同。支持装置包括腕臂、水平拉杆、悬式绝缘子串、棒式绝缘子及其他建筑物上的特殊支持设备。

（一）绝缘子

绝缘子是接触悬挂的主要部件之一,用于接触悬挂对地保持电气绝缘。绝缘子在接触悬挂中,不仅起着电气绝缘的作用,而且还承受着一定的机械负荷。因此要求绝缘子不但要有一定的电气绝缘性能,还要有一定的机械强度。目前在接触网常用的绝缘子有：悬式绝缘子、棒式绝缘子和针式绝缘子。

① 悬式绝缘子由钢帽、杵头、耳环、瓷体三部分组成,钢帽和杵头（耳环）间夹着瓷体,如图 2.4.1 所示。悬式绝缘子多用于线索下锚、水平拉杆、软横跨、隧道内、馈线、锚段关节等处。

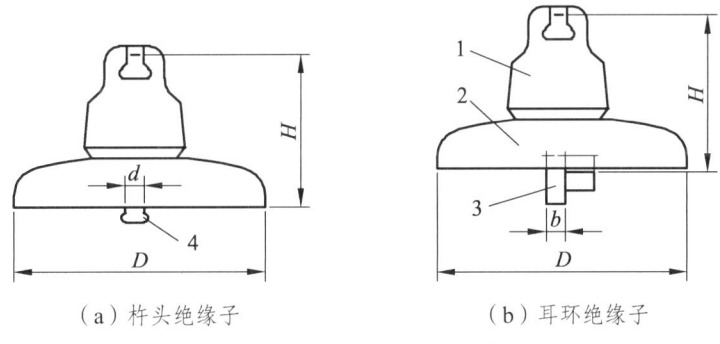

（a）杵头绝缘子　　　　　　（b）耳环绝缘子

1—钢帽；2—瓷体；3—耳环；4—杵头。

图 2.4.1　悬式绝缘子

② 棒式结缘子如图 2.4.2 所示,它一般用在承受压力和弯矩的场合上,如腕臂、压管及隧道定位和隧道悬挂等地方。

图 2.4.2　棒式绝缘子

③ 针式结缘子如图 2.4.3 所示，它多用于回流线、保护线及跳线处，承受线索不同方向的负荷，将线索固定，并对地起电气绝缘作用。

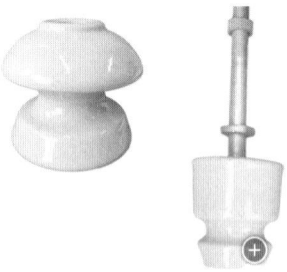

图 2.4.3　针式绝缘子

（二）腕臂支持方式

腕臂安装在支柱上部，一般使用圆形钢管或用槽钢、角钢加工制成，用以支持接触悬挂并起传递负荷的作用。

对腕臂的要求是具有足够的机械强度，结构尽量简单、轻巧，易于施工安装和维修更换。腕臂的选用应保证技术要求并力求经济合理。

腕臂的长度与其所跨越线路股道的数目、接触悬挂的结构高度、支柱侧面限界和支柱所在位置（即支柱设在直线上还是设在曲线区段，是在曲线内侧还是在曲线外侧）等因素有关。腕臂跨越股道数目越多，接触悬挂结构高度越高；支柱侧面限界越大，则腕臂就应长大些。

腕臂应配合拉杆或压管使用，至于何种情况下采用拉杆或压管，则应根据支柱装配情况视臂是受拉还是受压而确定。拉杆只能承受拉力，压管则应承受压力，但也可承受较小的拉力。若难以判断是受拉还是受压，则可选用压管。

1. 绝缘腕臂

由于腕臂与水平拉杆均通过绝缘子对地绝缘，故称为绝缘腕臂。

绝缘腕臂是用圆形热镀锌钢管加工而成，其根部通过棒式绝缘子与安设在支柱上的腕臂底座相连，顶端经套管绞环、调节板、水平拉杆（或压管）并通过悬式绝缘子串（或棒式绝缘子）固定在支柱顶部水平拉杆底座处。当水平拉杆受压时采用水平压管，悬式绝缘子改为棒式绝缘子。

腕臂按结构可分为带拉杆的水平腕臂（图 2.4.4）、带斜撑的平腕臂（图 2.4.5）、带拉杆的斜腕臂（图 2.4.6）、带压管的斜腕臂（图 2.4.7）等。

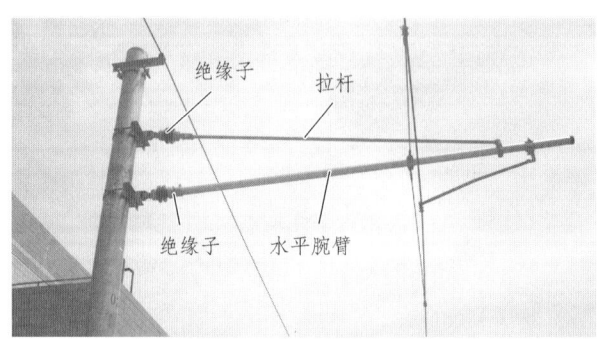

图 2.4.4　带拉杆的水平腕臂

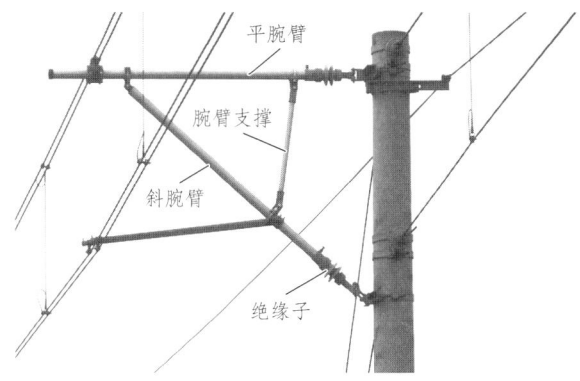

图 2.4.5 带斜撑的平腕臂

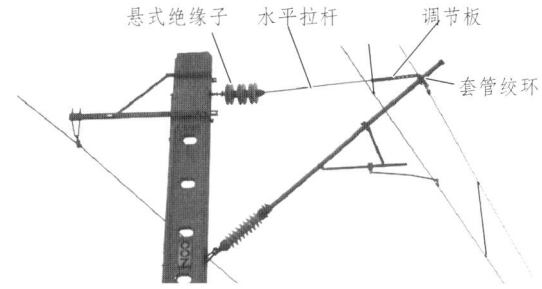

图 2.4.6 带拉杆的斜腕臂

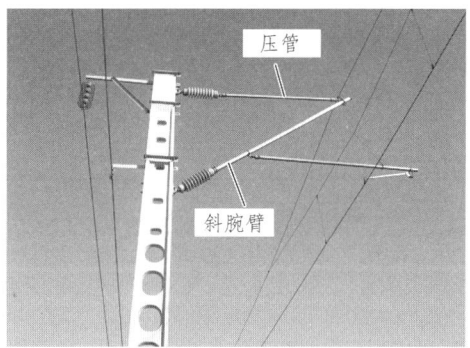

图 2.4.7 带压管的斜腕臂

2. 非绝缘腕臂

非绝缘腕臂的腕臂和支柱间不绝缘，如图 2.4.8 所示。

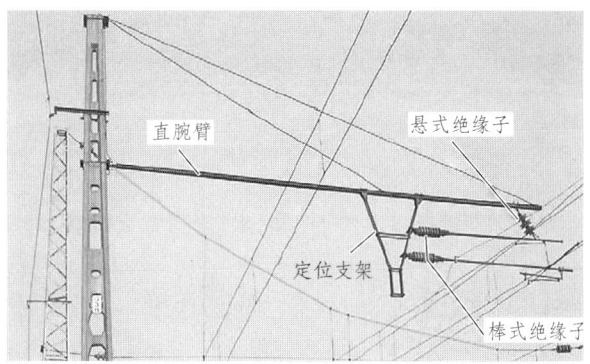

图 2.4.8 非绝缘腕臂

（三）腕臂支柱装配

腕臂支柱装配包括腕臂的预配计算、腕臂的预配和腕臂的安装。

1. 腕臂的预配计算

基于直角三角形计算各边长，应用基本的勾股定理和相似三角形确定平腕臂、单耳腕臂（斜腕臂）的长度，以及套管双耳和定位环位置等。通过腕臂预配计算，可以最大限度减少现场调整量，有效节约施工成本，大大加快施工进度，保证施工的质量，增强接触网整体外观的美观性。

2. 腕臂预配

根据接触网设计平面图确定的安装图号，在保证接触线高度、结构高度及拉出值的情况下，预留必要的调整范围，在腕臂安装上支柱前，在地面对其进行组装。

腕臂装配中几个主要参数如下：

① 接触线高度。

接触线高度是指接触线与轨平面间的垂直距离，它有最高高度和最低高度之分。接触线最高高度是指接触线在最大负弛度下，接触线与两轨顶面连线的垂直距离。从弓网几何关系讲，接触线最高高度取决于牵引机车的车顶高度和受电弓的最大有效工作高度；从运营角度讲，接触线最高高度取决于线路的运营性质。接触线最低高度是指接触线在最大正弛度下，接触线与两轨顶线的垂直距离。从弓网几何关系讲，接触线最低高度取决于机车车顶高度和受电弓的最小有效工作高度；从运营角度讲，接触线最低高度取决于线路运营性质，客货混运线路或货运线路主要取决于运输货物的几何尺寸、最小安全绝缘间隙、列车上下振动幅度。

② 结构高度。

结构高度是指接触线定位点处，承力索与接触线间的垂直距离。因定位点接触线高度是一个随温度变化而变化的量，因而结构高度不是一个常数，设计所指结构高度是指接触线无弛度时的值。

确定一个技术经济合理的结构高度应考虑以下因素：最短吊弦长度；悬挂类型；便于运营维护。

③ 支柱侧面限界。

支柱侧面限界是指轨平面处，支柱内缘至线路中心的距离，一般用 CX 表示。它取决于线路等级、线路参数、维修作业机械、运输货物形式等。

④ 平腕臂及斜腕臂长度。

3. 腕臂安装

腕臂安装属于小组作业，需 7 人，其中杆上 2 人（1 人在腕臂底座处，另 1 人在平腕臂底座处），3 人拉绳起吊，2 人拉辅助晃绳。腕臂事先预配好，在现场整体吊装，具体操作方法如下：

① 2 人上杆，分别检查支柱上、下底座是否安装牢固，然后安装底座并在平腕臂底座处挂开口滑轮和棕绳。

② 地面人员检查腕臂零件是否安装牢固，特别是套管双耳应紧固，否则在挂上负载后会出现滑移的严重事故。

③ 将平腕臂与腕臂在棒式绝缘子处进行临时固定。用棕绳将平腕臂与腕臂拉起，受力部分为棒式绝缘子端。起吊中要用辅助绳将悬式绝缘子拉离支柱，防止绝缘子瓷体刮碰柱体造成损坏。

④ 腕臂整体起吊后，先连接腕臂底座双耳连接器处的销钉。然后松开平腕臂与腕臂在棒式绝缘子处的临时固定，地面人员紧绳将平腕臂继续上吊，腕臂底座处作业人员将腕臂推离支柱。最后平腕臂底座处作业人员接好平腕臂棒式绝缘子，连接平腕臂底座双耳连接器处的销钉，即安装完毕。腕臂安装及绳套系法如图 2.4.9 所示。

⑤ 检查腕臂安装牢固后，卸去滑轮和棕绳，填写工程记录，撤离现场。

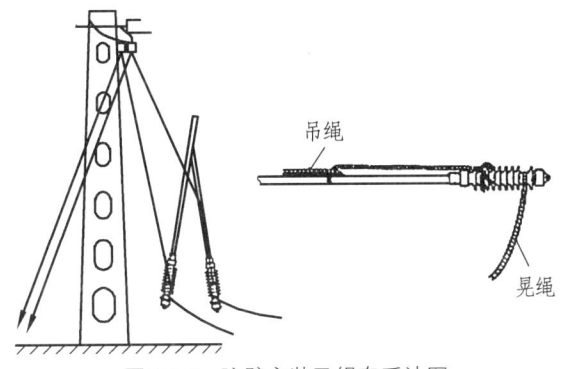

图 2.4.9　腕臂安装及绳套系法图

（四）腕臂的检修

1. 劳动组织及使用工器具

一般由 3~5 人一组进行检调，使用的工器具有验电器、接地线 2 根、个人工具 2 套、卷尺等。

2. 操作步骤

要令登记；行调命令下达后，轨道车进入作业地点，施工人员进行验电、挂设接地线（1 人监护、1 人操作）。

3. 检查内容

① 查看腕臂是否有锈蚀及永久性弯曲变形等情况。
② 检查管帽是否齐全，露头过长对线路是否产生影响。
③ 观察腕臂是否有裂纹与被撞击现象。
④ 检查水平腕臂受压状况，是否与底座连接产生扭曲变形。
⑤ 检查周围非带电部分物体对腕臂的绝缘距离是否符合标准。
⑥ 检查腕臂与底座以及各个连接部分的螺栓紧固情况。

4. 质量标准

① 有滴水孔的腕臂绝缘子安装时滴水孔朝下，腕臂的各部件均应组装正确，铰接处要转动灵活。
② 平腕臂应呈水平状态，允许偏差 ±100 mm。
③ 在无偏移的温度时，腕臂应垂直于线路中心线；温度变化时，腕臂顶部的偏移要和该处承力索伸缩量相对应，任何情况下不得超过腕臂垂直投影长度的 1/3。使用力矩扳手对各部螺栓按标准力矩进行紧固。
④ 管端口封帽要密封良好，各管口要有管帽。
⑤ 腕臂底座应与支柱密贴，呈水平状态。安装高度符合设计要求，允许偏差 ±50 mm。存在明显不水平或者安装高度影响设备运行时须调整，调整时底座连接的机械负载须先卸载。

⑥ 腕臂底座无明显变形及镀锌层破损，无锈蚀情况。底座明显变形影响其负载时，须对其进行更换，更换时首先将其所连接的负载进行卸载。镀锌层脱落后，对脱落处进行打磨除锈并用自喷漆喷涂防腐。

⑦ 各螺栓紧固、开口销状态良好，掰开不小于60°。

⑧ 连接件缺损须及时更替。

（五）绝缘子更换

1. 腕臂棒式绝缘子更换

使用专用腕臂绝缘子更换器，将其一端固定在支柱上，另一端固定在腕臂上，通过转动调节丝杆，使损坏的绝缘子处于不受力状态；将损坏的绝缘子取下后更换上同类型、同规格的合格绝缘子；紧固各部连接螺栓，然后撤下腕臂绝缘子更换器，如图 2.4.10 所示。直线和曲外的棒式绝缘子可采用作业车或手扳葫芦等进行更换。

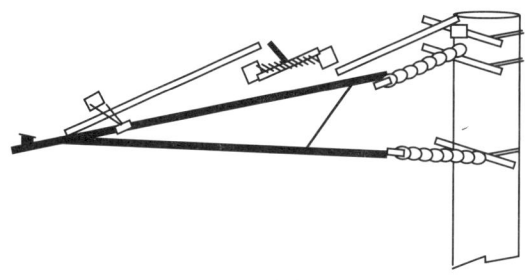

图 2.4.10　腕臂绝缘子更换

2. 下锚绝缘子更换

使用两个紧线器分别打在杵环杆和导线上，通过钢丝套和手扳葫芦将绝缘子紧至不受力，将损坏的绝缘子更换后，补齐弹簧销，缓慢松开手扳葫芦，同时观察绝缘子受力状态，直至其完全受力。如图 2.4.11 所示。

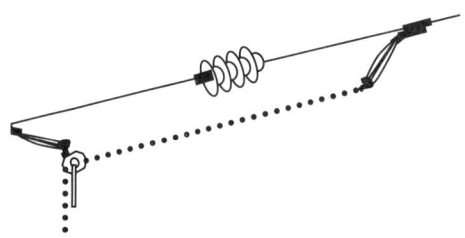

图 2.4.11　下锚绝缘子更换

（六）绝缘子维护质量标准

（1）绝缘子表面应清洁、光滑无脏污。

（2）绝缘子表面应完整无破损、无破碎性裂纹，瓷釉剥落面积不大于 300 mm^2。

（3）绝缘子瓷质部分与铁件间密贴良好，无缝隙和开裂显现。

（4）绝缘子连接铁件与浇注部分间密贴良好、连接紧固。

（5）各悬式绝缘子间连接良好，弹簧销、开口销齐全。

（6）绝缘子本体线性良好，弯曲度不超过 1%。

（7）绝缘子表面无明显放电痕迹、无环状或贯通性裂纹。

（8）棒式绝缘子滴水孔应朝向下方。

二、学习资料

资料名称	二维码
棒式绝缘子更换	
腕臂的安装	
钦州供电段青创先锋——自主创新棒瓶更换器	

★ **思政链接**

科技新时代、创新赢未来——350 km/h 高铁腕臂预配流水线平台

  湖北省五一劳动奖章获得者、中国中铁劳模、十大专家型工人陈伟是新时期新型大国工匠的标杆,他充分发扬自强不息、开拓进取的精神,刻苦学习、苦练技能,练就一身过硬本领,实现了向知识型的转型。他设计并制作了 350 km/h 高铁腕臂预配流水线平台(见图 2.4.12)。本预配平台配置 21 人,8 h 可预配 650 组腕臂。与普通预配平台相比,使用新型腕臂预配流水线平台提高功效 3.3 倍。

  陈伟感恩党的关怀和企业的培养,忠诚企业,诚实劳动,勤奋工作,甘于奉献,在平凡的岗位上做出了不平凡的业绩,为推动企业发展壮大做出了重要贡献。

图 2.4.12   350 km/h 高铁腕臂预配流水线平台

050

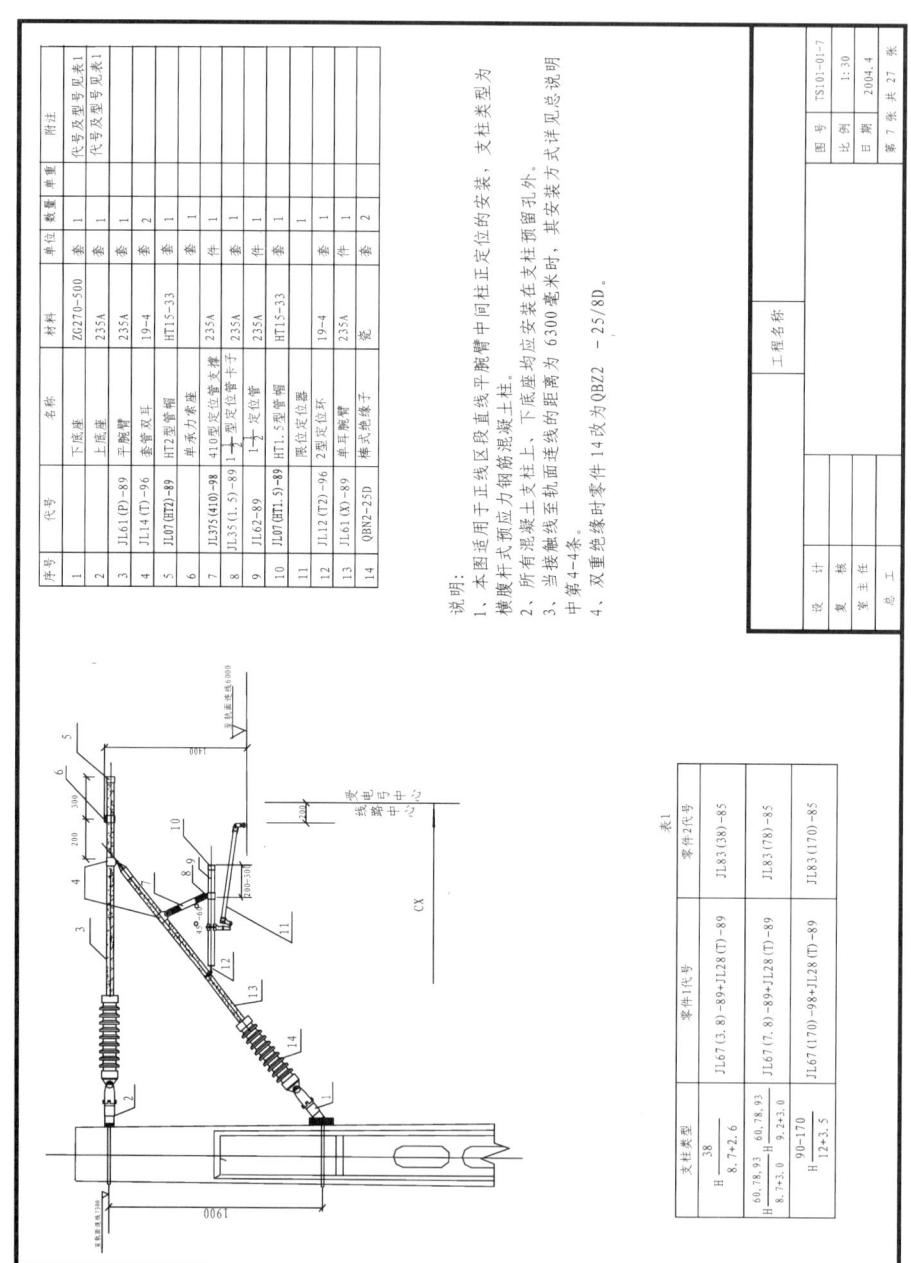

序号	代号	名称	材料	单位	数量	单重	附注
1		下底座	ZG270-500	套	1		代号及型号见表1
2		上底座		套	1		代号及型号见表1
3	JL61(P)-89	平腕臂	235A	套	1		
4	JL14(T)-96	套管双耳	19-4	套	2		
5	JL07(НТ2)-89	HT2型管帽	HT15-33	套	1		
6		单承力索座		套	1		
7	JL375(410)-98	410型定位管支撑	235A	套	1		
8	JL35(1.5)-89	I-型定位管卡子	235A	件	1		
9	JL62-89	I-号定位管	235A	套	1		
10	JL07(НТ1.5)-89	HT1.5型管帽	HT15-33	套	1		
11		限位定位器	19-4	件	1		
12	JL12(T2)-96	2型定位环	235A	件	1		
13	JL61(X)-89	单耳腕臂	235A	件	1		
14	QBN2-25D	棒式绝缘子	瓷	套	2		

说明：
1、本图适用于正线区段直线平腕臂中间柱正定位的安装，支柱类型为横腹杆式预应力钢筋混凝土柱。
2、所有混凝土支柱上、下底座均应安装在支柱顶留孔外。
3、当接触线至动面连线的距离为6300毫米时，其安表方式详见总说明中第4-4条。
4、双重绝缘时零件14改为QBZ2－25/8D。

支柱类型	零件1代号	零件2代号
H-38 8.7+2.6	JL67(3.8)-89+JL28(T)-89	JL83(38)-85
H 60.78.93 / 8.7+3.0 H 60.78.93 / 9.2+3.0	JL67(7.8)-89+JL28(T)-89	JL83(78)-85
H 90-170 / 8.7+3.0 H 90-170 / 12+3.5	JL67(170)-98+JL28(T)-89	JL83(170)-85

附图 2-1 中间柱腕臂预配

★ 任务单：中间柱腕臂的预配与安装

项　目	任务清单内容
任务情境	中间柱已经竖立完毕，现在需要安装绝缘腕臂式的支持装置（带斜撑的平腕臂）
任务目标	1. 识别中间柱腕臂安装图（见附图 2-1），说出腕臂装配中几个主要参数（接触线高度、结构高度、平腕臂及斜腕臂长度、支柱侧面限界）； 2. 按照安装图，进行腕臂地面预配； 3. 将预配好的腕臂安装到支柱上
任务问题	1. 支持装置的作用和类型； 2. 腕臂的类型； 3. 腕臂的检修内容和质量标准； 4. 腕臂装配中几个主要参数（接触线高度、结构高度、平腕臂及斜腕臂长度、支柱侧面限界）的概念
任务实施要求	1. 填写工作票； 2. 作业前，准备好材料及工器具，作业人员穿戴好防护用品； 3. 作业前，作业小组召开安全预想会，分析作业过程中的安全隐患并制订预防措施； 4. 作业完成后，清理作业现场，材料及工器具按要求入库
任务完成效果	1. 工作票填写清晰合理； 2. 支持装置安装正确。
任务完成耗时	2 h
实施人员	全体学生
任务点评	小组互评、教师点评

★ 活页笔记：中间柱腕臂的预配与安装

项 目	内 容
学习笔记	重点： 难点： 学习收获：
任务问题答案	
任务完成过程	（由学生描述具体的作业分工和作业过程中任务完成的步骤）
任务完成实际耗时	
任务完成实际效果	

★ 任务单：腕臂棒式绝缘子更换

项　目	任务清单内容
任务情境	某一腕臂棒式绝缘子出现超过 300 mm² 的破损，需要对其进行更换
任务目标	1. 拆除破损的棒式绝缘子； 2. 安装新的棒式绝缘子
任务问题	1. 绝缘子的分类有哪些？ 2. 绝缘子维护的质量标准
任务实施要求	1. 填写工作票； 2. 作业前，准备好材料及工器具，作业人员穿戴好防护用品； 3. 作业前，作业小组召开安全预想会，分析作业过程中的安全隐患并制订预防措施； 4. 作业完成后，清理作业现场，材料工器具按要求入库
任务完成效果	1. 工作票填写清晰合理； 2. 完成棒式绝缘子更换
任务完成耗时	2 h
实施人员	全体学生
任务点评	小组互评、教师点评

★ 活页笔记：腕臂棒式绝缘子更换

项　目	内　　容
学习笔记	重点： 难点： 学习收获：
任务问题答案	
任务完成过程	（由学生描述具体的作业分工和作业过程中任务完成的步骤）
任务完成 实际耗时	
任务完成 实际效果	

★ **任务单：下锚绝缘子更换**

项　目	任务清单内容
任务情境	某一下锚绝缘子出现超过 300 mm^2 的破损，需要对其进行更换
任务目标	1. 拆除破损的悬式绝缘子； 2. 安装新的悬式绝缘子
任务问题	悬式绝缘子的结构及受力的特点
任务实施要求	1. 填写工作票； 2. 作业前，准备好材料工器具，作业人员穿戴好防护用品； 3. 作业前，作业小组召开安全预想会，分析作业过程中的安全隐患并制订预防措施； 4. 作业完成后，清理作业现场，材料工器具按要求入库
任务完成效果	1. 工作票填写清晰合理； 2. 完成下锚绝缘子更换
任务完成耗时	2 h
实施人员	全体学生
任务点评	小组互评、教师点评

★ 活页笔记：下锚绝缘子更换

项　目	内　　容
学习笔记	重点： 难点： 学习收获：
任务问题答案	
任务完成过程	（由学生描述具体的作业分工和作业过程中任务完成的步骤）
任务完成实际耗时	
任务完成实际效果	

任务五　定位装置的检修与维护

★　知识学习

一、定位装置组成

定位装置是支持结构中的主要组成部分，它是在定位点处实现接触线相对于线路中心进行横向定位的装置。

对定位装置的技术要求：动作要灵活，重量应尽量轻，具有一定的风稳定性。

定位装置是由定位管、定位器、定位管支撑、定位线夹及连接零件（定位环、定位支座等）组成的，如图 2.5.1 所示。

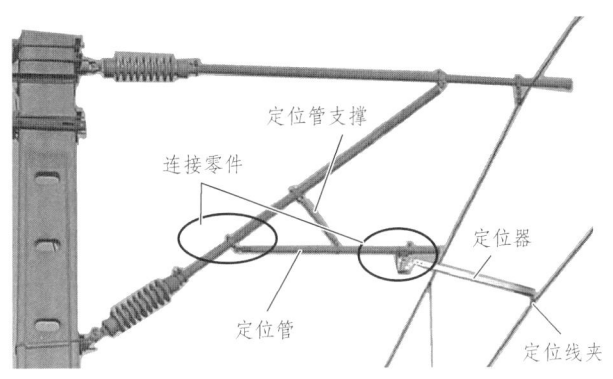

图 2.5.1　定位装置

（一）定位管

设置定位管是为了使定位器在水平方向和坡度方向便于调节。定位管分为普通定位管（图 2.5.2）和 T 形定位管（图 2.5.3）。T 形定位管又称套管式定位管，它仅与普通定位管的尾部不同，加焊了一段套管来代替定位钩，便于与棒式绝缘子配套并增加其尾部的机械强度。T 形定位管多用于隧道定位和多线路腕臂支柱装配使用。

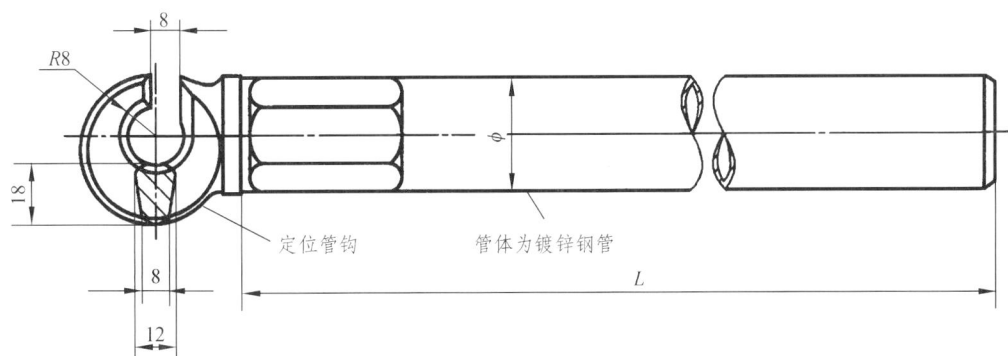

图 2.5.2　普通定位管

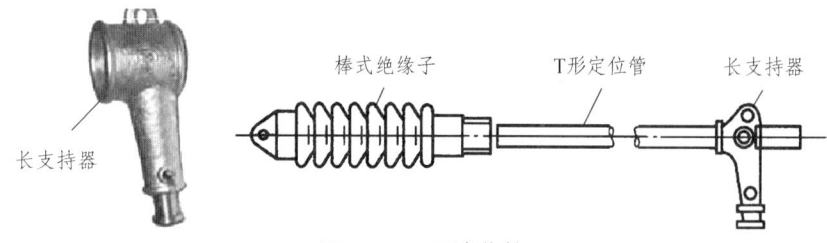

图 2.5.3　T形定位管

普通定位管使通过定位环与腕臂相连，如图 2.5.4 所示。

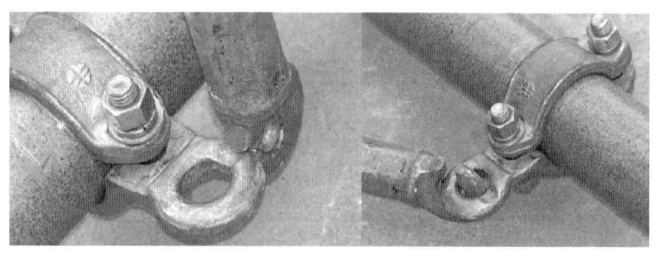

（a）安装位置　　　　　　（b）工作位置

图 2.5.4　定位环和定位管的连接

（二）定位器

定位器是定位装置中的关键部件，其作用是通过定位线夹把接触线按设计标准拉出值的要求，通过线夹把接触线固定在一定位置，保证接触线工作面平行于轨面，并承受接触线的水平力。

为了提高速度，定位器的重量要轻，一般采用轻型铝合金材料制作，在定位点处不产生硬点或集中重量。保持定位点的弹性系数尽量和跨距中部的状态接近或一致。同时，在铅垂方向应有足够的灵活性及能适应受电弓较大的抬升量。

为了避免定位器碰撞运行中的电力机车受电弓，特别是在曲线区段，由于电力机车车身随线路的外轨超高而向内轨侧倾斜，机车的受电弓也呈倾斜状。为了防止定位器碰撞受电弓，要求定位器安装后应有一定的倾斜度（现场称定位坡度），即定位器根部在安装后要适当抬高一些，其倾斜度要求为 $1:5 \sim 1:10$ 之间，如图 2.5.5 所示。

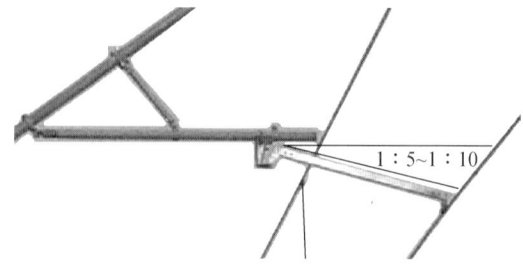

图 2.5.5　定位坡度

定位器在平均温度时，应该垂直于线路中心线；在极限温度下，沿接触线纵向偏移不得超过定位器管长的 1/3。

定位器从形态上分主要有：直管定位器（图 2.5.6）、弯管定位器（图 2.5.7）、限位定位器（图 2.5.8）、特性定位器（图 2.5.9）。

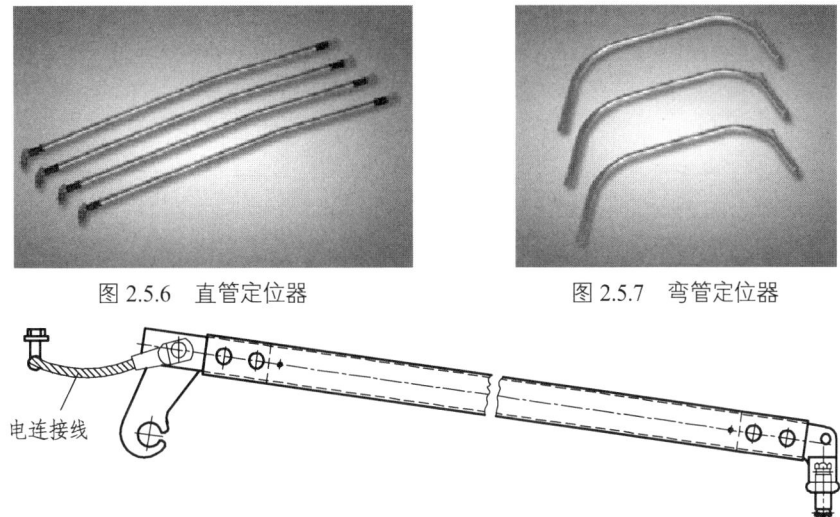

图 2.5.6　直管定位器　　　　　图 2.5.7　弯管定位器

图 2.5.8　限位定位器

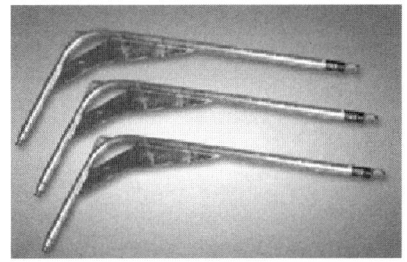

图 2.5.9　特性定位器

二、定位方式

柔性接触网定位方式一般分为正定位、反定位、组合定位和软定位。

（一）正定位

在直线区段或半径为 1 200～4 000 m 的曲线区段采用正定位，如图 2.5.10 所示。

（二）反定位

反定位装置一般用于曲线内侧支柱或直线拉出方向和支柱位置相反的地方，如图 2.5.11 所示。

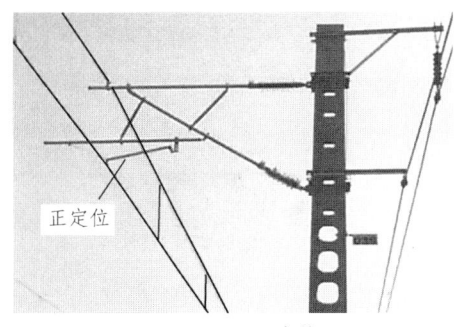　　

图 2.5.10　正定位　　　　　　　　　图 2.5.11　反定位

（三）组合定位

组合定位装置用于锚段关节的转换支柱、中心支柱及站场线岔处的定位，这些地方均有两组悬挂在同一支柱处，分别固定在所要求的位置上，如图 5.5.12 所示。

（四）软定位

这种定位装置只能承受拉力，而不能承受压力，因而它用于曲线半径 $R<1\ 000$ m 的区段，如图 2.5.13 所示。

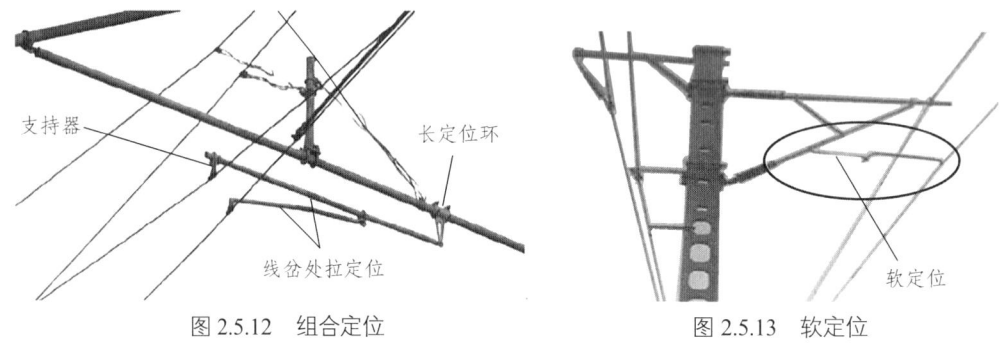

图 2.5.12　组合定位　　　　　图 2.5.13　软定位

三、定位装置检修

（一）测量检查

（1）测量定位器偏移。

使用线坠和钢卷尺测量出定位器相对于支柱中心垂直线路方向的偏移值，再根据当时的气温、支柱距中心锚结的距离以及安装曲线，确定偏移量是否超标。

（2）测量定位器坡度。

① 用水平尺测量定位器坡度。

将水平尺放在定位器上方调平，同时用钢卷尺测量出水平尺底面至接触线的高度差，计算出定位器坡度（mm/m）＝两点高度差/水平尺长度。

② 用接触网激光测量仪测量定位器坡度。

A. 使用激光测量仪选择定位器坡度测量，将屏幕上的红十字标对准定位器下方任意一点，按下测量；

B. 将屏幕上的红十字标对准定位器下方（与 A 选择不同点）任意一点，按下测量，即可读出定位器坡度。

（3）测量限位间隙：在接触网高度符合标准的前提下，用异径塞钉测量限位间隙是否符合标准。

（4）检查定位器有无弯曲、损坏。

（5）检查斜拉线、防风支撑有无锈蚀、损坏。

（6）检查定位线夹有无裂纹、损伤、倾斜，受力面安装是否正确。

（7）检查各部件状态。

① 检查定位环、定位器、定位支座、支持器、套管绞环等各部件是否有裂纹、损伤、短缺。

② 检查各部螺栓紧固及受力是否良好，是否有脱扣、锈蚀缺陷，垫片是否齐全，各部位连接是否正确。

（二）定位器偏移值不符合标准的处理方法

① 根据测量数据，确定调整方向和调整量。
② 确认腕臂偏移正确。否则先在承力索上做好标记，松动组合承力索线夹螺栓，推动腕臂移到标准位置。
③ 用手扳葫芦等将定位器卸载，松动定位线夹螺栓，将定位器调至标准位置，按标准力矩紧固。
④ 松动、拆除手扳葫芦。

（三）定位器坡度不符合标准的处理方法

① 在保证接触网高度的前提下，确认调整量和调整方向。
② 利用大绳或手扳葫芦等将定位器卸载（卸载方法见接触线检修工艺），松动定位环线夹螺栓，调整定位管高度。
③ 调整后用激光测量仪或水平尺复测定位器坡度，直至符合要求。
④ 所有参数都符合要求后，用力矩扳手对关节的各部螺栓进行紧固。

（四）定位器的更换方法

① 将定位器卸载（卸载方法见接触线检修工艺）。
② 松动定位线夹螺母，使定位器与接触线脱离，拆除定位器。
③ 更换定位器，紧固定位线夹螺母。
④ 拆除大绳或手扳葫芦。
⑤ 复测调整后的拉出值，直至符合标准，否则重新调整。

（五）斜拉线、防风支撑的更换方法

① 用手扳葫芦一端挂在承力索上，另一端挂在接触线上。
② 紧动手扳葫芦，使定位管不受力。
③ 松开定位管卡子，拔出螺栓，拆除旧斜拉线或防风支撑。
④ 更换新斜拉线或防风支撑，调整定位管卡子的位置，用水平尺测量定位管坡度符合标准。
⑤ 按标准力矩紧固连接螺栓。
⑥ 拆除大绳或手扳葫芦。

（六）定位线夹状态检查、调整

① 定位线夹有裂纹或损坏：更换定位器或定位线夹，方法同上。
② 定位线夹受力面装反：将定位器卸载，松动定位线夹螺栓，反面后按标准力矩紧固。
③ 定位线夹倾斜：调整定位器坡度或接触线扭面。

（七）检查各部件状态

① 检查定位环、定位器、定位支座、支持器、套管绞环等各部件是否有裂纹、损伤、短缺，对存在缺陷的部件进行更换、补齐。方法参照定位器、斜拉线更换。

② 检查各部螺栓紧固及受力是否良好，是否有脱扣、锈蚀缺陷，垫片是否齐全，各部位连接是否正确，存在缺陷处理。

(八) 拉出值调整作业

1. 直线段"之"字值检调

现场对接触线"之"字值（拉出值）施工或检修时，借助线坠和道尺，可以方便地确定接触线与线路中心线之间的水平距离。在直线区段，由于线路中心线和受电弓中心重合，定位点处接触线的垂直投影距线路中心线的距离，也就是定位点处接触线距受电弓中心的距离。故在直线区段，接触线的"之"字值就是定位点处接触线距线路中心线的距离。在对接触线"之"字值施工或测量检修时，可以直接通过接触线对线路中心线间距离来确定"之"字值。

2. 曲线段拉出值检调

在曲线区段，为平衡列车在转弯时产生的离心力，将曲线外侧轨道抬高，称为外轨超高。外轨超高值由线路曲线半径和线上列车允许通过的最大时速而定。外轨超高导致受电弓中心线和线路中心线不重合，即产生偏移量 c。

$$c = \frac{Hh}{L}$$

式中　c——受电弓中心对线路中心偏移值（mm）；

　　　h——曲线外轨超高（mm）；

　　　H——接触线至轨面的高度（导高）（mm）；

　　　L——轨距（mm）。

（1）当定位点在轨面的投影在线路中心线与内轨间时，如图 2.5.14 所示。

定位点处接触线距受电弓中心的水平距离（拉出值）用符号 a 表示。

定位点处接触线距线路中心的距离用符号 m 表示。

线路中心线距机车受电弓中心的偏斜值用符号 c 表示，三者的关系为：

$$a = m + c$$

从图 2.5.14 可知，此时 m 值为负。

（2）当定位点在轨面的投影在线路中心线与外轨间时，如图 2.5.15 所示。由图可知，$a = m + c$，此时 m 值为正。

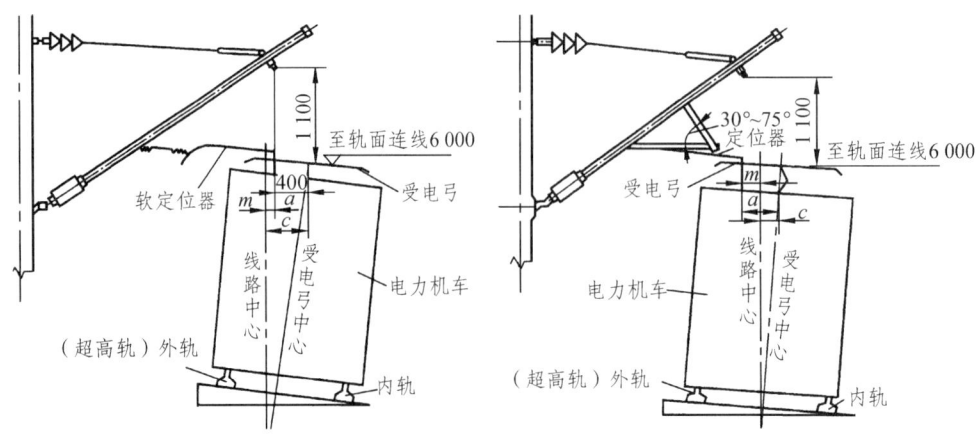

图 2.5.14　m、a、c 关系示意图（m 为负值）　　图 2.5.15　m、a、c 关系示意图（m 为正值）

3. 拉出值检调步骤

（1）确定计算条件：a 值为设计标准拉出值，一般可以在接触网平面图中查到。h、H、L 可以通过现场实测得到。计算标准 m 值（$m_{标}$）。

（2）确定是否检调：检调时，和现场实际测得的值（$m_{实}$）相比较，如果 $m_{标}$ 和 $m_{实}$ 误差小于规程规定拉出线拉出值允许误差（±30 mm），可以不检调；如果误差大于允许误差，应该进行检调。

（3）检调方法：

$$\Delta m = m_{标} - m_{实}$$

在拉出值检调中，将定位点向曲线外侧移动，称为拉；将定位点向曲线内侧移动，称为放。当 Δm 为正时，需要将定位点向曲线外侧拉$|\Delta m|$；当 Δm 为负时，需要将定位点向曲线内侧放$|\Delta m|$，现场简称为"正拉、负放、零不动"。

当接触线定位点垂直投影在线路中心线至外轨间时，m 为正值；在线路中心线至内轨间时，m 为负值。代入上式计算时，要带符号进行运算。

（九）定位器检修技术标准与安全注意事项

（1）定位装置的结构及安装状态应保证接触线工作面平行于轨面，定位点处接触线的弹性符合规定。当电力机车受电弓通过以及温度变化时，接触线能上下、左右自由移动。

（2）定位器坡度。

标准值：设计值。

安全值：设计值。

限界值：同安全值。

接触线与定位管之间的距离正定位时不小于 350 mm，反定位时不小于 370 mm。当定位器带限位装置时，其限位抬高量为 200 mm；当定位器不带限位装置时，其限位抬高量为 400 mm。定位装置的设计要求满足受电弓的动态包络线的要求，受电弓动态包络线按直线段左右摆动量 250 mm、上下晃动量 200 mm 考虑。

（3）定位器偏移。

标准值：在平均温度时，垂直于线路中心线；温度变化时，沿接触线纵向偏移与接触线在该点的伸缩量相一致。

安全值：标准值 ± 10%。

限界值：极限温度时，其偏移值不得大于定位器管长度的 1/3。

定位管、定位器在平均温度时应垂直于线路中心线，在温度变化时允许有顺线路方向的偏移量，其中腕臂偏移不大于其水平投影的 1/3，定位器偏移不得超出 18°。

（4）拉出值。

直线区段，拉出值 ± 200 mm；曲线区段，拉出值 ± 250 mm。

拉出值允许偏差为 ± 30 mm。定位器和腕臂顺线路偏移的方向、角度相一致，定位线夹安装正确。

（5）定位管及定位肩架。

定位管、定位器的状态符合设计规定。各管口封堵良好，定位拉线受力适当且不应有严重锈蚀。转换支柱处两定位器能分别自由转动，不得卡滞；非工作支和工作支定位器、定位管之间的间隙不小于 50 mm；软横跨定位器动态抬升后，距离软横跨下部固定绳的距离不小于 50 mm。

定位管安装定位器后，允许正定位略微抬头，但不得大于 15%；反定位允许低头，但不得大于 15%。其外露尺寸正定位时为 100 mm，反定位时为 200 mm。

（6）定位环应沿线路方向垂直安装。

定位管上定位支座的安装位置距定位管根部不小于 40 mm。定位装置各部件之间应连接可靠，定位钩与定位环（定位支座）的铰接状态良好。

（7）定位器等电位连接线安装符合设计要求。

（8）定位器应处于受拉状态，定位线夹处导线不应有偏磨、硬点现象，线夹应垂直于受电弓平面，定位线夹 U 形销钉向上弯曲 >60°。

（9）限位定位器的限位间隙具体参数见表 2.5.1，允许偏差为 ±1 mm。

表 2.5.1　限位定位器限位间隙

序号	拉出值/mm	定位器长度/mm	限位间隙/mm
1	≥400	900	20
2	200～299	1 100	16
3	100～199	1 200	15
4	0～99	1 300	14

（10）防风拉线：高路堤（一般指高出自然地面 5 m）、高架桥等"风口"地段应有防风措施，如在腕臂与定位管之间加设定位管防风拉线等。

（11）安全注意事项：

① 拉出值、定位坡度、定位偏移不得超过安全值，线夹不得偏斜，不得人为造成定位硬点。

② 拉出值调整要考虑接触线与承力索的布置，保证其连线能够垂直于轨面连线，在曲线区段要防止承力索向曲线外侧偏斜。

③ 定位器上的定位线夹安装时，应使其螺栓受压，定位线夹与接触线接触面应涂电力复合脂。

④ 定位环应沿线路方向垂直安装，定位管上定位环的安装位置距定位管根部不小于 40 mm，定位装置各部件之间应连接可靠，定位钩与定位环的铰接状态良好。

⑤ 作业前工作领导人确认所需安全措施正确和完备。

⑥ 作业人员均应戴安全帽,以防工具、材料坠落伤人。

⑦ 防护人员应坚守岗位,切实做好防护工作。

⑧ 高空作业人员应系好安全带,以防坠落。作业人员不宜位于线索受力方向的反侧,应采取防止线索滑脱的措施。

三、学习资料

资料名称	二维码
直线段拉出值调整作业	

★ 思政链接

敬业奉献的深夜蜘蛛侠——接触网工

2019年1月29日凌晨,中国铁路总公司成都局集团有限公司贵阳供电段安顺西供电车间的接触网检修工,在夜幕下冒着细雨对沪昆高铁贵阳北至贵安段高约5 m、长约5 km的高铁接触网进行检修,确保春运期间高铁的运行安全。接触网检修工主要负责维修和养护铁路上的供电设备,受高铁运行限制,必须在夜间进行高空作业,所以被形象地称为"深夜蜘蛛侠"。图2.5.16所示为接触网工进行柔性接触网定位装置检修维护。

图 2.5.16 柔性接触网定位装置检修维护

★ 任务单：定位装置检修与维护

项　目	任务清单内容
任务情境	对某一中间支柱上的定位装置进行巡检并对不符合技术要求的部分进行维护
任务目标	1. 按照检修内容对定位装置进行质量检查； 2. 调整不符合技术标准的部分； 3. 对拉出值进行检调
任务问题	1. 定位装置的作用、结构、组成和定位方式的分类，画简图； 2. 定位装置的检修作业内容； 3. 解释什么叫"正拉、负放、零不动"
任务实施要求	1. 填写工作票； 2. 作业前，准备好材料工器具，作业人员穿戴好安全防护用品； 3. 作业前，作业小组召开安全预想会，分析作业过程中的安全隐患并制订预防措施，作业过程中做好安全防护； 4. 作业完成后，清理作业现场，材料工器具按要求入库
任务完成效果	1. 工作票填写清晰合理； 2. 完成中间柱定位装置的检修
任务完成耗时	2 h
实施人员	全体学生
任务点评	小组互评、教师点评

★ **活页笔记：定位装置检修与维护**

项 目	内 容
学习笔记	重点： 难点： 学习收获：
任务问题答案	
任务完成过程	（由学生描述具体的作业分工和作业过程中任务完成的步骤）
任务完成 实际耗时	
任务完成 实际效果	

任务六　接触悬挂的检修与维护

★ 知识学习

一、接触悬挂介绍

接触悬挂是接触网的主要组成部分，是直接向电力机车输送电能的供电装置。它由承力索、吊弦、接触线、锚段关节、中心锚结、电连接以及连接零件等组成。电力机车运行时，受电弓从接触线上取得电能，因此，接触悬挂应具有良好的稳定性，保证接触线与轨平面的高度相一致，并具有良好的受流质量。

（一）接触悬挂的类型及特点

接触悬挂按照结构不同分为简单悬挂和链型悬挂两种类型。简单悬挂不设承力索，是直接将接触线悬吊固定在支持装置上的一种悬挂形式，接触线弛度较大，弹性不均匀，悬挂稳定性较差，不适应高速运行的要求，目前已不采用。链型悬挂是指在接触线和承力索之间设置吊弦的悬挂形式，已被电气化铁路和地铁柔性接触网广泛采用。

链型悬挂还可以按悬挂点处的吊弦形式、下锚方式、接触线和承力索的相对位置进行分类，具体如下。

1. 按照吊弦形式分类

接触悬挂按照悬挂点处的吊弦形式，可以分为简单链型悬挂和弹性链型悬挂，如图 2.6.1 所示。

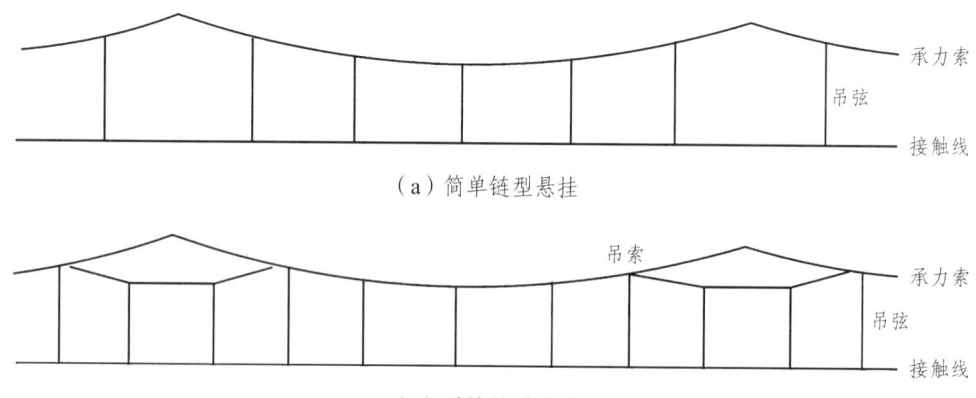

(a) 简单链型悬挂

(b) 弹性链型悬挂

图 2.6.1　链型悬挂按照悬挂点处的吊弦形式分类示意图

简单链型悬挂使用整体吊弦，弹性链型悬挂在悬挂点使用弹性吊索和吊弦。

链型接触悬挂基本由接触线、承力索和吊弦构成，如图 2.6.2 所示。相比于简单接触悬挂，链型接触悬挂结构稳定性好、接触线弹性的均匀程度好。

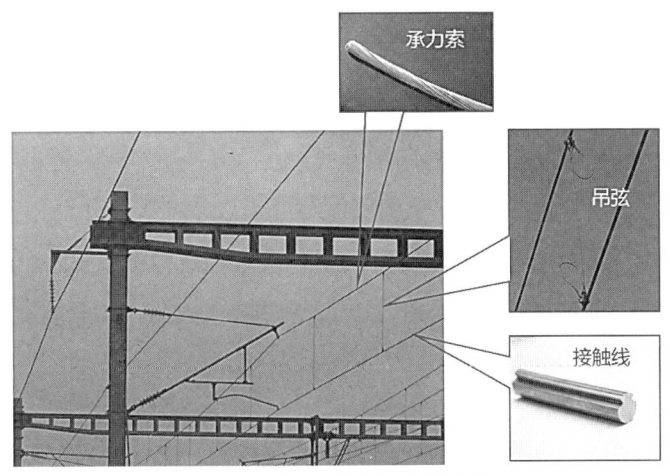

图 2.6.2 链型悬挂的结构组成

我国电气化铁路从开始建造时就应用了链型接触悬挂。我国第一条电气化铁路是 1958 年开始修建的宝成铁路宝鸡至凤州段。在有关人员赴苏联考察后，1958 年底，中国试制出第一台电力机车，滑板长度达到 1 270 mm，这也决定了当时接触网可采用大跨距，为使接触网的弹性在跨距内尽可能均匀，宝凤铁路接触网在列车运行速度较高的区段采用了弹性链型悬挂，在列车运行速度较低的车站采用了简单链型悬挂。

2. 按照下锚方式分类

链型悬挂按照下锚方式可以分为未补偿链型悬挂、半补偿链型悬挂和全补偿链型悬挂，如图 2.6.3 所示。

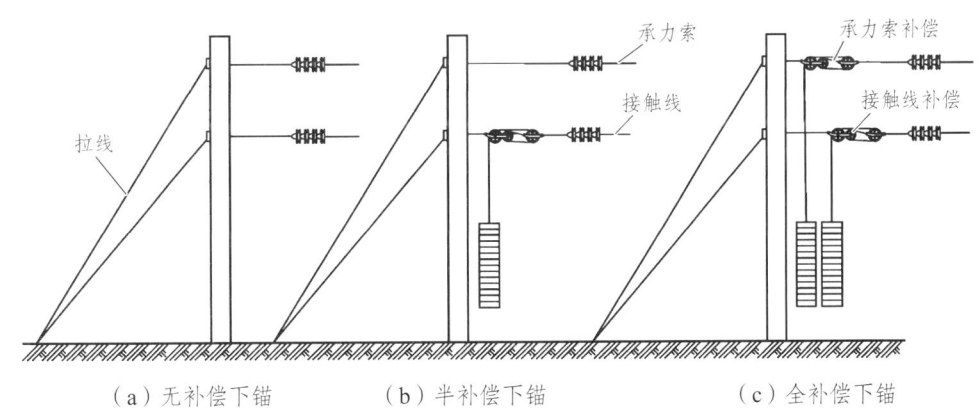

（a）无补偿下锚　　　　（b）半补偿下锚　　　　（c）全补偿下锚

图 2.6.3 链型悬挂下锚示意图

未补偿链型悬挂指接触线和承力索在锚段两端的锚柱上均通过绝缘子下锚，即锚段下锚处不设置补偿装置（也叫硬锚），无法在接触网运行过程中进行线索的张力补偿，线索弛度会因为外界条件（如温度）的变化而变化，从而影响机车受电弓的稳定授流。我国不采用这种方式。

半补偿链型悬挂指接触线通过张力补偿装置下锚，承力索没有张力补偿。当温度变化时，承力索的张力和弛度均随之发生变化，由于接触线两端安装有补偿器，所以当温度变化时，接触线便会顺线路方向位移。一般情况下，温度在 20 ℃ 及以上时，定位点应向下锚方向偏移，距离下锚越近，位移越大，所以也不常采用。

全补偿链型悬挂指接触线和承力索均通过张力补偿装置下锚，当温度变化时，补偿装置自动调整，保证线索张力和弛度不变。因此，全补偿链型悬挂具有线索张力恒定、接触线弹性均匀等优点，在我国电气化铁路和地铁柔性接触网中广泛应用。

3. 按接触线和承力索的相对位置分类

机车在行驶中，通过顶部的受电弓与接触线摩擦接触受电，为了保证受电弓滑板均匀磨耗，所以接触线在直线区段要布置成"之"字形，在曲线区段要布置成折线，如图 2.6.4 所示。

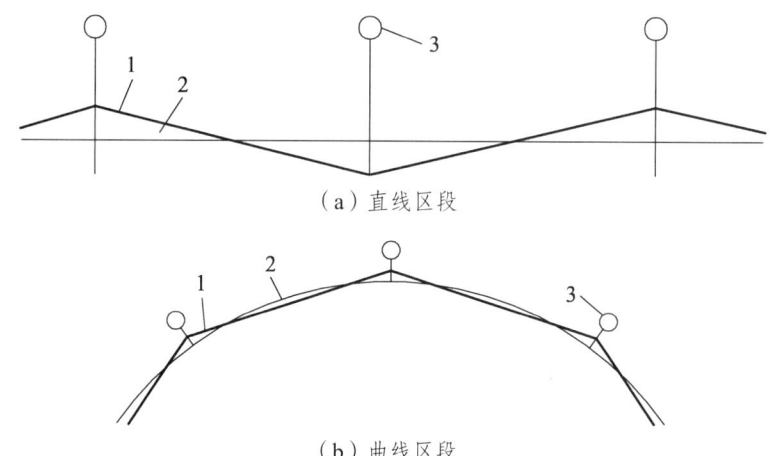

（a）直线区段

（b）曲线区段

1—接触线；2—线路中心线；3—支柱。

图 2.6.4 接触线布置方式示意图

根据接触线和承力索的相对位置，链型悬挂可以分为直链型悬挂、半斜链型悬挂和斜链型悬挂，如图 2.6.5 所示。

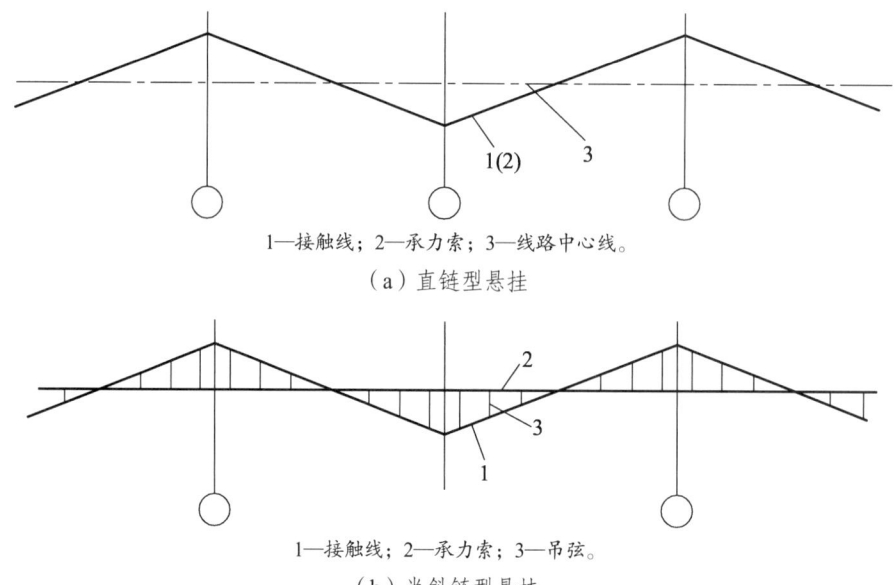

1—接触线；2—承力索；3—线路中心线。

（a）直链型悬挂

1—接触线；2—承力索；3—吊弦。

（b）半斜链型悬挂

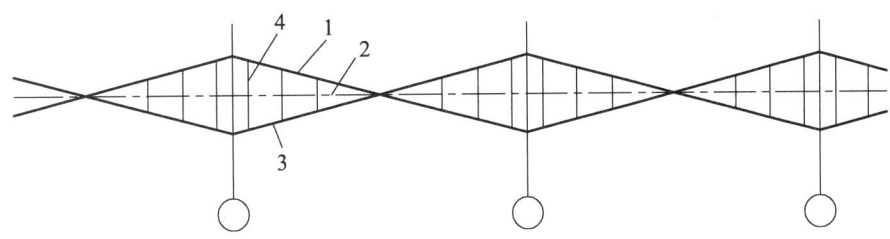

1—承力索；2—线路中心线；3—接触线；4—吊弦。

（c）斜链型悬挂

图 2.6.5　接触线与承力索相对位置示意图

直链型悬挂是指承力索与接触线布置在同一垂直平面内，从空中俯视，接触线与承力索在轨平面上的投影重合。这种链型悬挂，便于吊弦长度计算，可以提高施工精度，避免接触线在吊弦存在纵向倾斜时出现接触线偏磨甚至线夹与受电弓碰撞。

半斜链型悬挂是指承力索沿线路中心线布置，接触线在每一支柱定位点处，通过定位装置布置成"之"字形。半斜链型悬挂风稳定性好，一般用于直线段。

斜链型悬挂是指承力索和接触线布置成相反的"之"字形，这种悬挂类型风稳定性好，但结构复杂，我国很少采用。

（二）接触悬挂的线索

接触悬挂的线索主要有承力索、吊弦和接触线等。为了保证接触网的供电质量，对线索的机械性能和电气性能有着较高的要求。

1. 承力索

在接触悬挂中，承力索利用吊弦将接触线悬吊起来，承受着接触线的重量，并与接触线并联供电。承力索应具有导电性能强、机械强度高、耐腐蚀性好等特点。目前采用的承力索主要有镀锌钢绞线、铜绞线及铝包钢绞线等类型。

1）镀（铝）锌钢绞线承力索

镀锌钢绞线承力索由多股钢材质线绕制而成，具有机械强度高、造价低、导电性能和耐腐蚀能力差等特点。其主要有下列型号：

镀锌钢绞线承力索：GJ-50、GJ-70、GJ-100。

镀铝锌钢绞线承力索：LXGJ-70、LXGJ-100、LBGJ-100。

其中：GJ—镀锌钢绞线承力索；LXGJ—100 镀铝锌钢绞线承力索；LBGJ—100 铝包钢绞线承力索；50、70、100—承力索的横截面面积，单位 mm^2。

2）铜绞线承力索

铜绞线承力索由多股铜材质线绕制而成，具有导电性能好、耐腐蚀、机械强度高、造价高等特点。其主要有下列型号：

铜绞线承力索：TJ-50、TJ-70、TJ-120、JTM-120。

其中：TJ—铜绞线承力索；JTM—铜镁合金绞线承力索；50、70、120—铜绞线承力索横截面面积，单位 mm^2。

2. 吊弦

吊弦是链型悬挂中承力索与接触线间的连接吊索。吊弦的作用是将接触线悬吊在承力索上，使接触线与承力索实现并联供电，并减小接触线的弛度，改善接触悬挂的弹性。吊弦按结构分为整体吊弦、弹性吊弦和滑动吊弦。由于滑动吊弦采用较少，这里不再叙述。

1）整体吊弦

整体吊弦由 10 mm² 铜绞线、心形环、承力索吊弦线夹、接触线吊弦线夹、压接管压接制成，如图 2.6.6 所示。

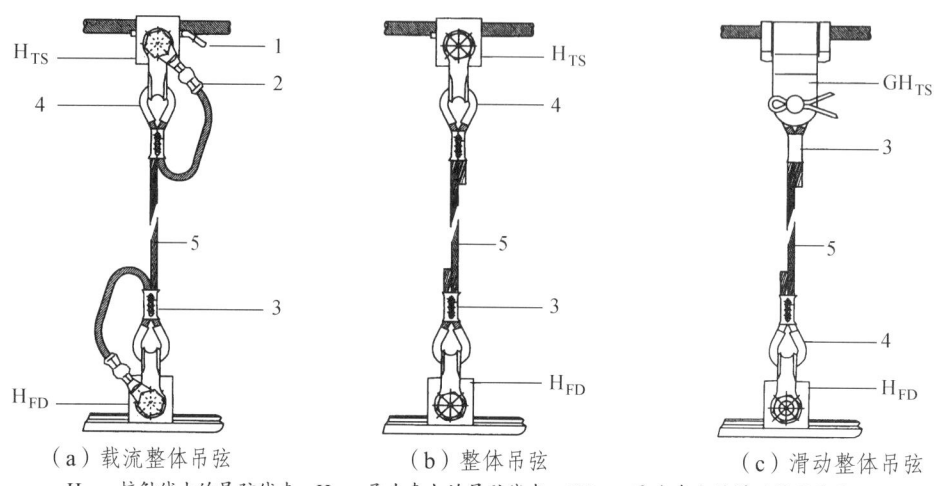

（a）载流整体吊弦　　　　（b）整体吊弦　　　　（c）滑动整体吊弦

H_{FD}—接触线上的吊弦线夹；H_{TS}—承力索上的吊弦线夹；GH_{TS}—承力索上的滑动吊弦线夹；
1—线夹；2—接线端子；3—压接环；4—心形环；5—吊弦。

图 2.6.6　整体吊弦类型示意图

整体吊弦具有弹性和耐腐性能好、利于电力机车良好取流等优点；但存在造价高、制作和安装标准高、吊弦长度不能调整等缺点。整体吊弦能通过一定数量的电流。

2）弹性吊弦

为改善悬挂点处的弹性，使接触悬挂弹性均匀，采取在支柱悬挂点处安装一根吊索和两根整体吊弦的结构形式，称为弹性吊弦，如图 2.6.7 所示。吊索采用 TJ-35 型铜合金绞线。

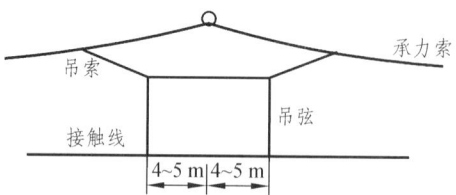

图 2.6.7　弹性吊弦结构示意图

3. 接触线

接触线与机车受电弓滑动摩擦，这就要求接触线导电性能好、机械强度高、耐磨和抗腐蚀性强、表面光滑。接触线上部呈燕尾槽形，以便安装线夹；底面呈圆弧状，便于受电弓滑动取流。其截面形状如图 2.6.8 所示，截面尺寸见表 2.6.1。目前多采用铜接触线或合金接触线。

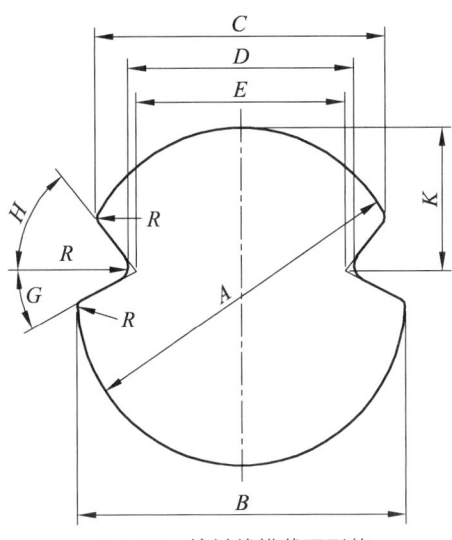

图 2.6.8　接触线横截面形状

表 2.6.1　接触线横截面尺寸表

接触线类型	A /mm	B /mm	C /mm	D /mm	E /mm	K /mm	R /mm	G	H
铜镁合金接触线（CTM150）	14.4	14.4	9.71	7.24	6.80	4.00	0.4	27°	51°

接触线主要有下列型号：TCG—85、CTS120、CTM150。

其中：TCG—铜接触线；CTS—铜锡合金接触线；CTM—铜镁合金接触线；85、120、150—接触线的横截面面积，单位 mm^2。

二、接触线检修

1. 测量接触线高度、坡度、弛度

使用接触网多功能激光测量仪测量接触线高度、坡度、弛度。

（1）接触线高度的测量：轻轻按一下主机上的测量按钮，即可在主机液晶显示屏上读出接触线高度。

（2）坡度测量：测量相邻悬挂点（定位点或吊弦悬挂点）的接触线高度和水平间距，并按如下公式进行计算。

$$P = (H_1 - H_2)/L \times 1\,000\,‰$$

式中　H_1——第一测量点的接触线高度，单位 mm；

　　　H_2——第二测量点的接触线高度，单位 mm；

　　　L——两测量点水平间距，单位 mm。

（3）弛度测量：测量相关参数并按下列公式计算。

$$f_x = (H_1 + H_2)/2 - H_{\min}$$

式中　$H_{\min}$——本跨距内最小接触线高度。

2. 检查接触导线

（1）检查接触线接触面是否有麻面、硬弯、扭面。

（2）测量接触线磨耗、损伤。用游标卡尺测量接触线磨耗和损伤数据，并换算成磨耗面积，根据面积采取措施。

（3）检查接触线既有接头线夹。检查接头线夹是否裂纹，螺栓是否松动、锈蚀，接头过渡是否平滑，两接触线缝隙是否过大。

3. 调整接触线高度、坡度、弛度

根据实测值和设计值计算调整量，确定调整范围，调整相关吊弦，使之达标。如果调节吊弦不能满足要求，则对其进行更换。

4. 修整接触线本身缺陷

（1）接触线接触面有麻点：用平锉和砂纸进行打磨，直至平滑。

（2）接触线弯曲：用直弯器（五轮校直器）进行直弯。

（3）接触线局部变形：用局部校直机进行整正，如不能校直，切断接触线做接头。

（4）接触线扭面、偏斜、偏磨：用扭面器扭面，步骤如下：

① 先用一个扭面器卡在接触线偏磨起始位置，再用另一个扭面器卡在偏磨接触线偏磨面上距第一个扭面器 200~300 mm 处。

② 将第一个扭面器固定不动，根据接触线偏磨方向和程度旋转另一扭面器 180°左右。

③ 松开两个扭面器，使接触线处于无外力状态，观察接触线线面情况。如果一次调整不到位，重复步骤②，直至接触线面符合要求为止。

④ 对接触线偏磨的另一端采取同样方法进行校正。

（5）接触线磨耗、损伤：

① 局部磨耗和损伤，可加补强线或切除损坏部分重新接续。

局部接触线磨耗、损伤面积≤20%，若只发生在一点，可在此处加一个导线接头线夹进行补强；若磨耗损伤为一个范围，则在磨耗、损伤范围外两端用两个接头线夹及同材质副线进行加强。

② 若局部接触线磨耗、损伤面积≥20%，则将磨耗处导线切除，重新接续。

③ 若普遍磨耗超标，则更换整锚段导线。

（6）接头线夹：

① 接头线夹裂纹：用紧线器、手扳葫芦连接两侧接触线使线夹不受力，拆下旧线夹，换上新接头线夹。

② 如果螺栓松动，则按照标准力矩重新紧固。如果螺栓锈蚀，则更换同型号新螺栓，更换时必须用紧线器和手扳葫芦连接两侧接触线。

③ 接头过渡不平滑：用平锉、砂纸对不平滑处打磨。

④ 两接触线缝隙过大：用紧线器、手扳葫芦连接两侧接触线使线夹不受力，松开接头线夹螺栓，对缝隙进行调整。如果因为两接头断面不平滑导致缝隙不能缩小，则重新接头。

⑤ 接头线夹处高度低于相邻吊弦点：调整两侧相邻吊弦，必要时加装吊弦。

5. 接触线磨耗测量

（1）测量区段选择。

全面测量：按锚段顺序测量正线（上、下行）和侧线。

局部磨耗测量：曲线部分、分段绝缘器、分相绝缘器、导线接头线夹处、线岔、跨中等；电力机车起动处、上、下坡处、进出隧道口及出站处等接触线存在硬点的处所。

（2）具体测量部位：各种线夹 10 mm 处（包括导线接头线夹，定位线夹等）；分段绝缘器，分相绝缘器的接头线夹夹板两侧 10 mm 处；线岔定位线夹两侧 10 mm 处。

（3）测量方法：用千分尺（图 2.6.9）测量接触线残存高度，精度为 0.01 mm。

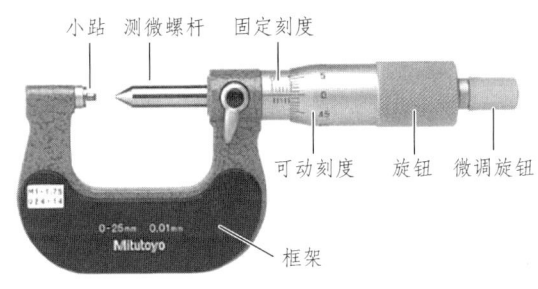

图 2.6.9　千分尺

磨耗测量的操作程序如下：

① 检查千分尺状态是否良好（当小砧和测微螺杆并拢时，可动刻度的零点应与固定刻度的零点重合）。

② 调整旋钮旋出测微螺杆，将小砧和测微螺杆的面与接触线上下面接触，调整微调旋钮，直至接触良好，锁闭后将千分尺取下。

③ 读数。在读数时要注意固定刻度尺上表示半毫米的刻度是否已经露出，若未露出，则读数为固定刻度上方刻度表示整数部分，可动刻度测量数据为小数部分；若露出，则读数为固定刻度上方刻度表示整数部分，可动刻度数加上 0.5 mm 表示小数部分。

④ 用剩余高度直接按照导线磨耗换算表，查出相应的导线剩余面积，而后用标称面积减去剩余面积，即为实际磨耗面积。

（4）平均磨耗面积的计算。

第一种方法：将每个跨距和各测量点处的磨耗面积数量之和除以测量点总数，求出平均磨耗面积。

第二种方法：将各跨距的各测量点的实际磨耗高度数量之和除以测量点总数，求出平均磨耗高度，然后对照导线磨耗换算表，查出相应的磨耗面积，即为平均磨耗面积。

（5）若接触线磨耗和损伤后不能满足规定的机械强度安全系数或不能满足该线通过的最大电流（≥20%），则应整锚段更换。

6. 接触线磨耗和损伤时整修或更换的相关规定

（1）接触线磨耗和损伤后不能满足该线通过的最大电流时，若系局部磨耗和损伤，可以加电气补强线；若系普遍磨耗和损伤则应更换。

（2）接触线磨耗和损伤后不能满足规定的机械强度时，若系局部磨耗和损伤，可以加补强线或切除损坏部分重新接续；若系普遍磨耗和损伤则应更换。

（3）接触线接头、补强处过渡应平滑。该处接触线高度不应低于相邻吊弦点，允许高于相邻吊弦点 0~10 mm，必要时加装吊弦。

（4）内包钢式钢铝接触线磨耗表见表 2.6.2。

表 2.6.2 内包钢式钢铝接触线磨耗表

导线型号	磨耗量/mm	钢截面积/mm²	铝截面面积/mm²	总截面面积/mm²	综合拉断力/kN
GLCN250	0	62	188	250	不小于 54
	1	62			
	2	62			
	3	56			
GLCN195	0	55	140	195	不小于 48
	1	55			
	2				
	3			164	
	4				
	5			134	

内包钢式钢铝接触线的磨耗说明如下：

① 磨耗量（也叫磨损量）是指由接触线底部平行向上磨耗的量。磨耗量为 0 时，其数值为标准值。

② GLCN250 型导线的综合拉断力 ≤ 54 kN，GLCN195 型导线的综合拉断力 ≤ 48 kN 时，必须更换导线。

7. 接触线接头的制作步骤及方法

（1）在接触线需做接头处两端各 1 m 处安装接触线紧线器，挂上手扳葫芦紧线，使接触线卸载，如图 2.6.10 所示。

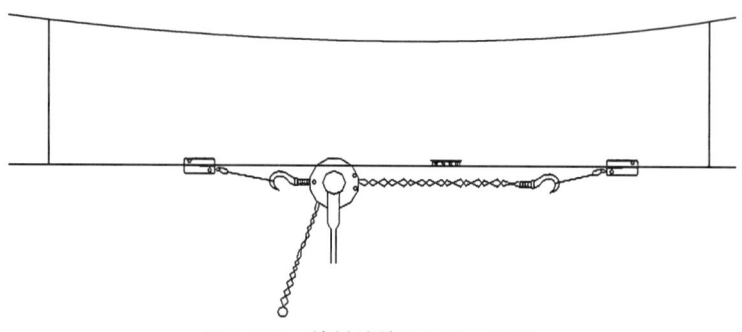

图 2.6.10 接触线接头制作示意图

（2）用钢锯将接触线缺陷或磨耗超限的部分锯掉，接触线的锯断面应整齐。对两个端头打磨后紧线至两接触线头对接时做接头。

（3）检查接触线接头安装牢固可靠后，缓慢松开手扳葫芦，确认接触线接头牢靠后，拆除手扳葫芦。

（4）安装吊弦，调整定位及拉出值符合标准，并在接头处安装一组门型电转接，使接头部位主导电回路载流良好，接头比两端定位略高 20～30 mm，检查中心锚结、锚段关节状态，并用测量仪测量接头处及定位点、中心锚结等达到技术标准。

8. 接触线检修质量标准

1）接触线磨耗或损伤

接触线使用张力为 14.7 kN 及以下时，局部磨耗或损伤大于 20%时做接头；接触线张力大于 14.7 kN 时，接触线允许工作张力不应超过其最小拉断力的 65%，并考虑接触线因其他因素引起的折减系数，否则应切断做接头。

2）接触线接头

① 接头线夹底面两接触线间隙不大于 1 mm，并且过渡平滑无毛刺；接触线接头线夹带牙的一侧卡进接触线本线线槽内，螺栓紧固顺序为由内而外，两边对称紧固。

② 接触线接头、补强处过渡平滑，该处接触线高度不应低于相邻吊弦点，允许高于相邻吊弦点 0～10 mm，必要时加装吊弦。

③ 接头距悬挂点应不小于 2 m，同一跨距内不允许有两个接头。接触线接头处应平滑，不打弓，螺栓紧固，扭矩符合规定。

3）接触线高度

标准值：区段的设计采用值；安全值：标准值 ± 100 mm；限界值：5 330～6 500 mm。

当隧道间距不大于 1 000 m 时，隧道内、外的接触线可取同一高度。

4）接触线坡度（工作支）

标准值：≤3‰；安全值：≤5‰；限界值：≤8‰。

定位点两侧第一根吊弦处接触线高度应相等，相对该定位点的接触线高度允许误差 ± 10 mm，但不得出现 V 形。

5）接触线偏角（水平面内改变方向）

标准值：≤6°；安全值：≤12°；限界值：同安全值。

6）接触线硬点、弓网接触力的技术要求

① 接触线平顺性指标见表 2.6.3。

表 2.6.3 接触线平顺性指标

序号	项目	1 类	2 类	3 类
1	硬点/g	30	40	50
2	一跨内接触线高差/mm	—	150	200

② 弓网受流性能指标见表 2.6.4。

表 2.6.4　弓网受流性能指标

序号	项目	1 级线路	2 级线路
1	弓网接触力	>200 N 或 <40 N	>250 N 或 ≤0 N
2	离线	参考项目、不做评估	

（7）钢铝接触线的钢铝结合应良好，不得开裂。

（8）接触线接头、分段绝缘器、线夹等零部件应保证平滑过渡，其对受电弓的垂直冲击力应小于 $30g$；水平冲击力应小于 $40g$。

9. 接触线检修作业安全措施

（1）量具的使用注意事项：

① 测量前应把量具的测量面和零件的表面都揩干净，以免因有脏物存在而影响测量精度。不要用精密量具如游标卡尺、百（千）分尺等去测量锻件毛坯或带有研磨剂的表面，这样易使量具测量面很快磨损而失去精度。

② 量具在作用过程中，不要和工具、刀具（如锉刀、锤子、钻头等）堆放在一起，以免碰伤量具，也不要随便放在容易掉下的地方。尤其是游标卡尺，应平放在专用盒子里，以免使尺身变形。

③ 量具是测量工具，绝不能作为其他工具的代用品。

④ 使用量具前应先检查其零位是否正确。

⑤ 使用百分尺测量时，开始可转动活动套管，当测量面接近被测工件时，应转动棘轮，直到棘轮发出吱吱声为止，且用力不得过猛。

（2）检修过程中的安全措施

① 零件上所有配件的型号标记应相同；零件型号与所用接触线线型应相符；安装过程中严禁使用铁器或手锤击打零件。

② 调整导高时作业过程中不应踩接触线，使用作业车时不应顶接触线。

③ 作业人员不应位于线索受力方向的反侧；在曲线区段进行接触悬挂的调整时，要有防止线索滑跑的保护措施。

④ 接触线做接头时，接触线接头完成后，要保证接头线夹不偏斜，并用校直器消除紧线工具造成的硬点。

⑤ 做接头时，紧线后一定要确认手扳葫芦和紧线器的工作状态；接头完成后，要认真检查线夹安装正确并牢固可靠后，方可松动手扳葫芦；松动手扳葫芦时，要缓慢进行，不得发生冲击。在松动手扳葫芦的同时要注意观察线夹状态，发现异常立即停止工作并进行处理。

⑥ 锯断接触线时，辅助人员一定要扶住线索，防止线断时弹起伤人。

⑦ 做接头紧线过程中，要注意检查中心锚结和补偿器状态。

⑧ 多螺栓紧固时应注意交替紧固，受力均匀，紧固过程中不能咬扣。

⑨ 作业过程中要严格复核受电弓动态包络线。

三、承力索检修

（一）检查内容

（1）用接触网 DJJ 激光测量仪（或测杆），测出定位处承力索相对于线路中心的偏移值。仪器操作见激光测量仪（测杆）操作手册。

（2）确认半斜链型悬挂，直线区段承力索是否位于线路中心的正上方；直链型悬挂，是否位于接触线正上方。曲线区段承力索与接触线之间的连线是否垂直于轨面连线。

（3）磨耗及损伤程度：检查承力索有无断股、损伤情况。

（4）锈蚀、腐蚀情况：检查承力索及连接部件有无锈蚀、腐蚀现象。

（5）用力矩扳手对各部件螺栓按标准力矩进行紧固。

（二）承力索位置超标调整

（1）腕臂柱处：根据测量值确定承力索调整量，在平腕臂上做好标识，通过调整承力索座位置，使承力索位置达标。具体调整方法如下：

① 在直线区段，作业人员将承力索从承力索座内抬出，移动承力索座到规定位置，再将承力索放入承力索座线槽中并紧固好。

② 曲线外侧区段，在支柱上底座处搭 0.75 t 手扳葫芦拉住承力索，紧手扳葫芦，使腕臂不受力；将承力索从承力索座内抬出，移动承力索座到规定位置并紧固好；松手扳葫芦，再将承力索放入承力索座线槽中并紧固好。

③ 曲线内侧时，先摘除腕臂管帽，在腕臂管插入一根带两个定位环的 1 m 长定位管，调整定位管的外露长度，在定位管上搭 0.75 t 手扳葫芦拉住承力索；紧手扳葫芦，使腕臂不受力后从承力索座内抬出承力索，移动承力索座到规定位置并紧固好；松手扳葫芦，再将承力索放入承力索座线槽中并紧固好。最后拆除手扳葫芦和插管。

（2）软横跨处：根据测量值确定承力索调整量，在上部固定绳上做好标识。松开斜拉线，通过调整上部固定绳上的定位环线夹，使承力索水平投影相对于接触线偏移达标。

在曲线区段调整定位环线夹时，先在上部固定绳上相邻的定位环处或在支柱上搭 0.75 t 手扳葫芦，使承力索卸载，然后再移动定位环线夹。

（3）在线岔、关节处调整时，要综合考虑相关的参数。

（三）承力索磨耗及损伤超限整修

当承力索用钢芯铝绞线或铝包钢绞线时，若断股数为总股数的 20% 及以下（如 19 股断 1~3 股），用同型号、同材质的承力索对断股处进行补强处理。其钢芯若断股，必须切断重做接头。

（四）采用锥套式承力索接头线夹作接头（图 2.6.11）

（1）检查接头线夹规格型号及外观，确认与承力索型号一致，无裂纹和损伤。旋开接头线夹取出线夹内的楔子。

（2）穿线：将接头的承力索端部绑扎后剪成齐头，用钢锉锉平，达到光滑无毛刺；将左右两螺纹大楔套分别套入两边的承力索端头上。用木槌轻轻垂直敲打楔套，使承力索端头向线夹内穿绞线端部绑扎线随之向上移动，留在线夹外面。

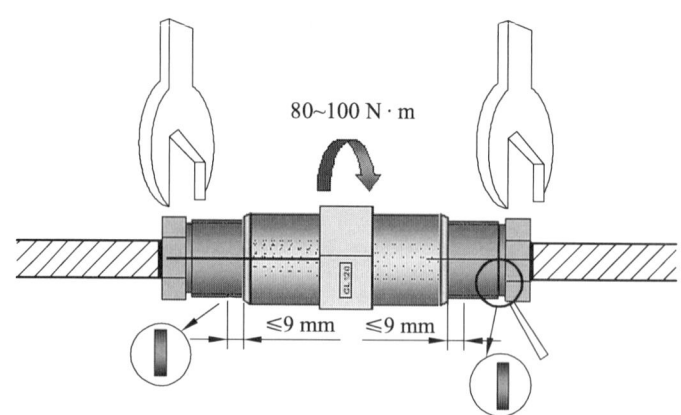

图 2.6.11　锥套式承力索接头线夹作接头示意图

（3）穿楔子：当承力索端头外露时，绞线外层自动松股散开，然后把楔子穿进承力索绞线的芯线股上去。同时将绞线外层的每股线自然、均匀地分布在内楔子四周表面上；两手配合，一手向外拉承力索，一手顶紧大楔子，使内小楔子平端部外露于绞线端部 2 mm。

（4）紧固：两人配合把左、右两楔套对准线夹本体，先用手把住左、右两楔套，旋转线夹本体逐渐旋进线夹本体，直至用手旋不动为止。用 3 把 450 mm 扳手，2 把分别卡住接头线夹的左、右螺纹楔套六棱上，另 1 把扳手卡住线夹本体，两边扳手不动，中间扳手旋转紧固；用力矩扳手复核紧固力矩，使达到标准要求力矩。

（5）接头完毕，拆除留在楔套外边绞线上的绑扎线。

（五）采用 2 套双耳楔型线夹进行接头（图 2.6.12）

（1）在断股处两侧各 2 m 的位置安装紧线器，挂好手扳葫芦紧线使承力索卸载。将断股的承力索断点两侧绑扎后从断点处剪断。

（2）制作回头。回头长度约 500 mm，回头的绑扎长度为（100±10）mm，露头 20 mm。

（3）连接 770 型双环杆，拆除手扳葫芦和紧线器。

（4）安装短接电连接。

（5）检查两侧吊弦偏移，不符合要求时要按标准进行适当调整。

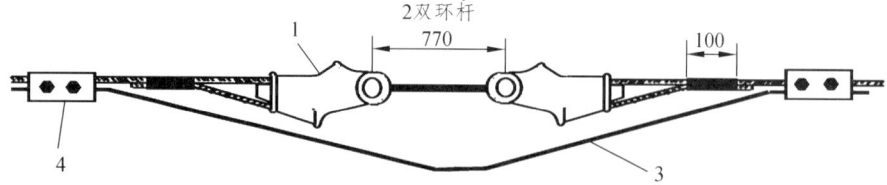

1—双耳楔形线夹；2—770 型双环杆；3—短接电连接线；4—电连接线夹。

图 2.6.12　双耳楔形线夹接头示意图

（六）承力索检修工作质量标准

（1）承力索的材质与截面须满足下列要求：容许载流量大于该区段的最大电流，机械强度安全系数符合规定。

（2）承力索的张力和弛度符合安装曲线的规定。弛度允许误差：全补偿链型悬挂为 10%，弛度误差不足 15 mm 者按 15 mm 掌握。

（3）承力索位置。

标准值：在直线区段承力索应位于线路中心线的正上方；在曲线地段，承力索与接触线之间连线应垂直于轨面连线。

安全值：直线区段允许误差 150 mm；曲线地段允许向曲线内侧偏移 100 mm。

限界值：标准值 ± 200 mm。

（4）承力索的磨耗和损伤按下列规定整修或更换：

① 承力索损伤后不能满足该线通过的最大电流时，若系局部损伤，可以加电气补强线；若系普遍损伤则应更换。

② 承力索损伤后不能满足规定的机械强度时，若系局部损伤，可以加补强线或切除损坏部分重新接续；若系普遍损伤则应更换。

③ 承力索用钢芯铝绞线或铝包钢绞线时，其钢芯若断股，必须切断重新接续。

（5）一个锚段内承力索接头、补强和断股的总数量应符合以下规定：

① 锚段长度在 800 m 及以下时，安全值不超过 4 个；锚段长度超过 800 m 时，安全值不超过 5 个。

② 接头距悬挂点应不小于 2 m，同一跨距内不允许有两个接头。

（6）当用楔形线夹连接或固定各种线、索时，线、索的回头长度应为 300～500 mm，并用绑扎线扎紧。一处绑扎时，绑扎宽度为 100 mm 左右，两处绑扎时每处绑扎宽度不得小于 20 mm。

（7）使用钢线卡子进行补强线与被补强的承力索固定时，断股两侧的钢线卡子各安装 3 个，且为两正一反或两反一正，严禁同侧的 3 个钢线卡子同方向安装；钢线卡子间距 100 mm，留头 100 mm，留头中间用铝绑线绑扎 20 mm。

（七）承力索检修作业安全措施

（1）检修承力索的作业过程中不得踩接触线，使用作业车时不应顶接触线。

（2）作业人员不应位于线索受力方向的反侧；在曲线区段进行接触悬挂的调整时，要有防止线索滑跑的保护措施。

（3）做接头时，紧线后一定要确认手扳葫芦和紧线器工作状态；接头完成后，要认真检查线夹安装正确并牢固可靠后，方可松动手扳葫芦；松动手扳葫芦时，要缓慢进行，不得发生冲击。在松动手扳葫芦的同时要注意观察线夹状态，发现异常立即停止工作并进行处理。

（4）锯断断开承力索时，辅助人员一定要扶住线索，防止线断时弹起伤人。

（5）做接头紧线过程中，要注意检查中心锚结和补偿器状态。

四、吊弦检修

（一）整体吊弦外观检查（图 2.6.13）

（1）吊弦线无断股、散股，压接管处无弯折鼓包，吊弦本线无形变和不受力现象。

（2）线鼻子无锈蚀、裂纹。

（3）吊弦压接管无变形、裂纹，压接工艺无错误（正常时主线侧 1 个牙印、辅线侧 2 个牙印）。

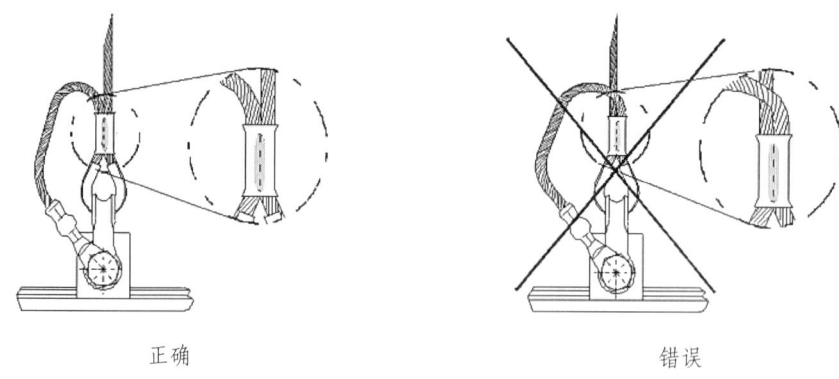

图 2.6.13　吊弦外观检查示意图

（4）载流环安装在接触线端朝向行车前进方向侧，承力索端朝向行车的反方向侧，吊弦线鼻子与接触线呈 45°角。

（5）心形环与吊弦线接触密贴，心形环距压接管的距离不大于 5 mm。

（6）吊弦线夹无裂纹、变形等现象，载流环线鼻子在螺帽一侧，锁片长端掰至线夹本体侧，锁片短端掰至螺母侧。接触线吊弦线夹螺栓穿向，直线区段由线路侧穿向田野侧，曲线区段由曲外穿向曲内。承力索吊弦线夹螺栓穿向与接触线吊弦线夹安装方向相反。

（7）检查承力索吊弦线夹螺纹卡子，螺纹卡子应无裂纹、烧伤，螺纹卡子安装在载流环反方向，外露 5 mm，如图 2.6.14 所示。

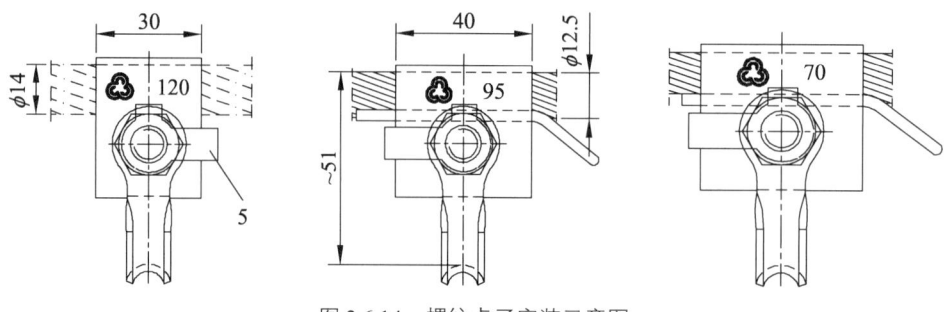

图 2.6.14　螺纹卡子安装示意图

（二）整体吊弦的几何参数检查

（1）吊弦应垂直，顺线路方向的偏移值不得大于 20 mm。

（2）检查整体吊弦间距。

吊弦间距如图 2.6.15 所示。

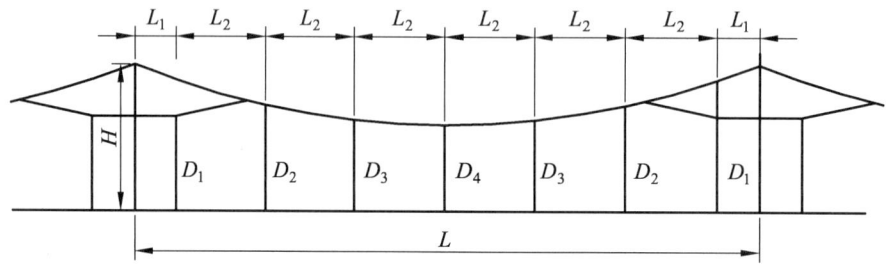

图 2.6.15　吊弦间距示意图

根据整体吊弦安装位置表或通过计算检查整体吊弦安装位置，吊弦位置计算公式如下：

$$L_2 = (L - 2L_1)/(N-1)$$

式中　L_2——跨中吊弦间距，L_2 一般采用平均分布；

　　　L_1——悬挂点距离第一根吊弦的距离，一般区段 $L_1 = 5$ m；

　　　L——跨距；

　　　N——吊弦安装数量。

（3）检查整体吊弦相邻吊弦高差。

（4）检查电气距离：整体吊弦与线索或支持定位装置间距离不小于 60 mm，当吊弦位于关节交叉侧时，注意根据线索偏移值对吊弦进行调整。

（三）吊弦偏移调整

（1）承力索吊弦线夹偏移：松开承力索吊弦线夹螺栓，移动承力索吊弦线夹位置，使之与接触线吊弦线夹在同一垂面内。

（2）接触线吊弦线夹偏移：松开接触线吊弦线夹螺栓，移动接触线吊弦线夹位置，使之与承力索吊弦线夹在同一垂面内。

（四）吊弦位置调整

（1）根据吊弦所在跨距内吊弦安装数量和跨距计算出吊弦安装位置。

（2）用皮尺以定位点为起测点，测量出吊弦安装位置，并使用记号笔在接触线上做好标记。

（3）将吊弦移至标记位置进行安装。

（五）载流环角度调整

掰开吊弦线夹锁片，松开线夹连接螺栓，将载流环调整至与线索呈 45°，紧固螺栓至 25 N·m，恢复锁片。

（六）电气距离调整

（1）当吊弦与其他设备距离小于 60 mm 时，应对其进行调整；调整后测量导高超出安全值时，应对此位置吊弦进行更换。

（2）当吊弦位于关节交叉侧时，若距离邻近线索小于 60 mm，应对其进行调整。调整时应考虑线索偏移，计算出两线索最大偏移值，然后根据现场实际温度进行安装。

（七）吊弦更换

如图 2.6.16 所示，吊弦线本体断股的、吊弦线本体散股的、吊弦线压接管处有弯折鼓包的、吊弦线有形变和不受力现象的、吊弦线本体受损及氧化严重的、压接管压接工艺有错误的（正常时主线侧 1 个牙印、辅线侧 2 个牙印），应重新压接新吊弦，尺寸与既有吊弦保持一致，对既有吊弦进行更换。

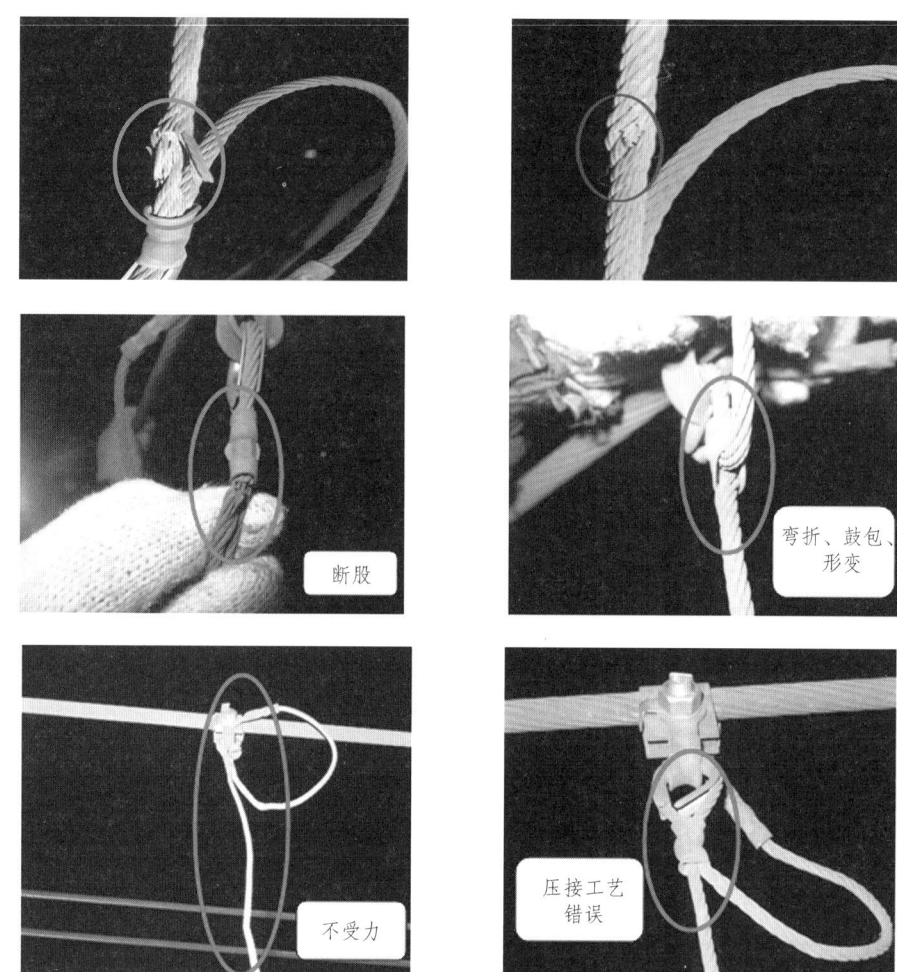

图 2.6.16　吊弦故障

1. 吊弦预制

根据吊弦长度和吊弦部件图、整体吊弦类型领取材料。

2. 压　接

将线穿过压接管，放入心形护环，线头从压接管另一端穿出，用力使绞线缠紧心形护环，压接管尽量靠近心形护环，并防止单丝未穿入及伤线现象发生。检查吊弦长度 L 值，同时保证两侧露出压接管的线长基本相同。

将穿好线的压接管放入压接模，宽度方向垂直模腔放置，并保证压接管中心与压接模型腔中心重合。

注意心形护环端部距离压接管端面不大于 5 mm，如图 2.6.17 所示。

合模压接应保证压接模具上下模合拢、无间隙，一次压接到位，压接后尺寸应符合要求。

3. 连接线夹的压接

将吊弦线端部穿入连接线夹压接孔底部，直接用六边形压接模压接。压接图如图 2.6.18 所示。

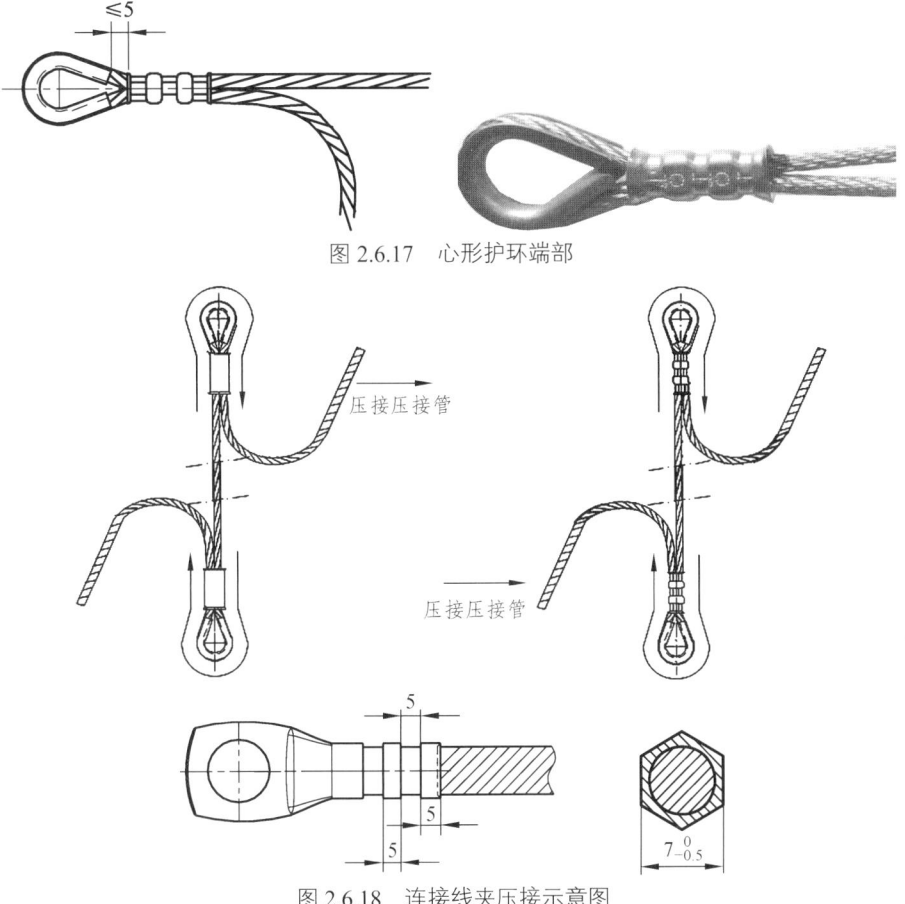

图 2.6.17 心形护环端部

图 2.6.18 连接线夹压接示意图

4. 安　装

承力索吊弦线夹安装如图 2.6.19 所示。

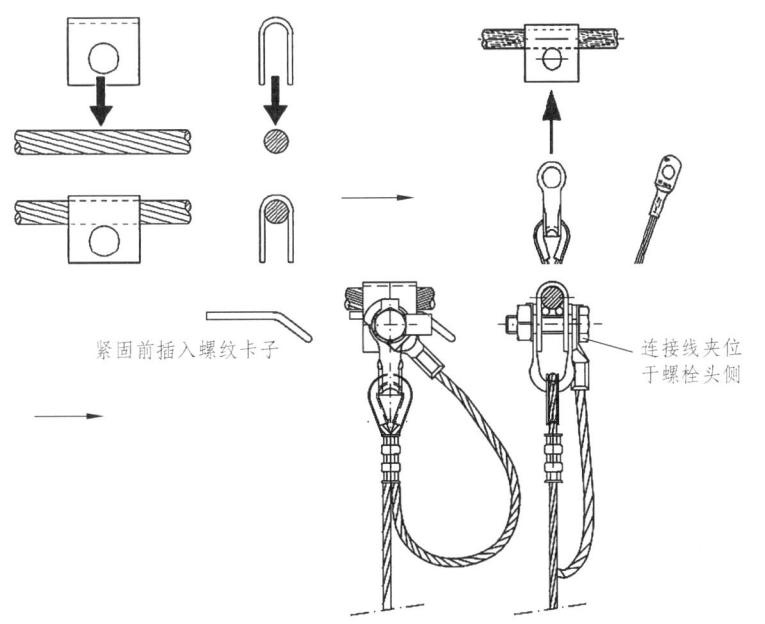

图 2.6.19 承力索吊弦线夹安装示意图

将型号与承力索规格匹配的承力索吊弦线夹螺栓松开、卸下，线夹本体套在承力索上（注意一次找准悬挂点位置，一次套到位），线夹圆弧与承力索外圆要吻合。将吊环穿入压接好的吊弦线的一端心形护环之内，用螺栓将连接线夹、吊环和线夹本体连接（连接线夹在螺栓头端），穿入平垫圈、螺母及螺纹卡子。预紧螺栓，用扭矩扳手紧固至 25～28 N·m，验收时不低于 20 N·m，均为合格。紧固后连接线夹与承力索呈 30°～45°角。承力索吊弦线夹的载流环与列车前进方向相反。

接触线吊弦线夹安装如图 2.6.20 所示。

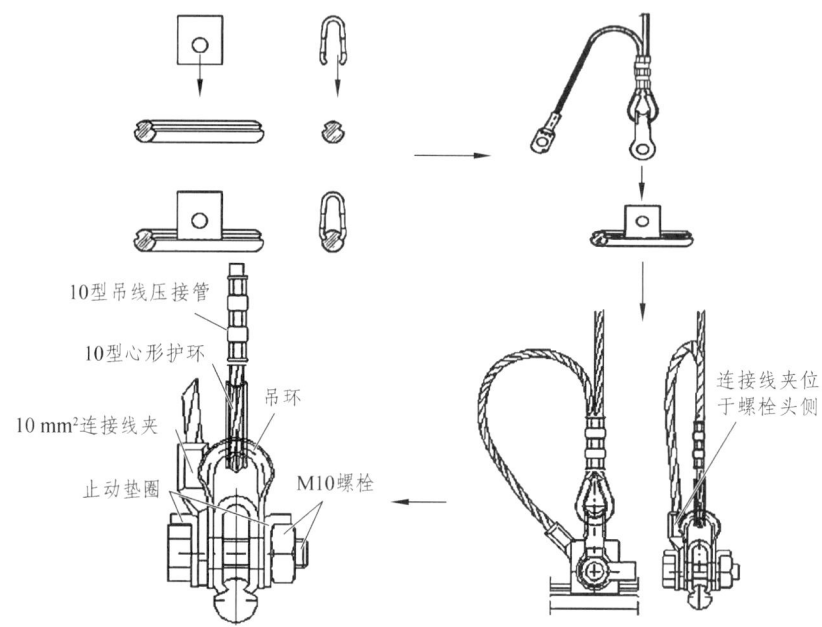

图 2.6.20　接触线吊弦线夹安装示意图

将接触线吊弦线夹螺栓松开，线夹本体（可采用原线夹）的牙型卡在接触线的线槽内并调整好位置，线夹牙型与接触线沟槽吻合。用手钳将止动垫圈的长支弯折固定在线夹本体侧面并轻轻敲击使其密贴，同时保证短支朝上。预紧螺栓，用扭矩扳手紧固至 25 N·m，紧固时止动垫圈不得旋转，连接线夹与接触线呈 30°～45°角，且接触线吊弦线夹的回流环朝向列车前进方向。最后将止动垫圈的短支弯折固定在螺母最近的六方侧面并轻轻敲击使其密贴，如图 2.6.21 所示。（注意：在曲线区段，接触线吊弦线夹的螺栓从曲线内侧穿向外侧。）

图 2.6.21　止动垫片

（八）吊弦检修的安全风险卡控措施

（1）强电伤害：

① 作业前必须确认好停电范围及停电设备，防止误攀、误碰带电设备。

② 在接触网并行区段作业时，执行 V 形天窗作业相关安全措施。

（2）感应电伤害：

① 高空作业时，必须接挂随车地线，防止感应电伤人。

② 在高压电力线跨越接触网区段作业时，应在电力线跨越下方加挂接地线。

（3）穿越电流伤害：在分相中性区段进行作业时，除在作业区段两端工作支接挂地线外，还应在中心区工作支上加挂一组地线，并对两断口加装短接封线。

（4）高空坠落伤害：

① 高空作业必须系牢安全带，安全带要高挂低用，且必须系在安全牢固的位置。

② 作业人员不宜位于线索受力方向的反侧，并应采取防止线索滑脱的措施；在曲线区段进行接触网悬挂的调整工作时，要有防止线索滑脱的后备保护措施。

③ 人员在车梯平台上时，推动车梯的速度不得超过 5 km/h，并不得发生冲击和急剧起、停车。人员在上下车梯时，推扶人员不得移动车梯。

④ 作业平台上有人作业时，作业车移动的速度不得超过 10 km/h，并不得急剧起、停车。作业车移动或作业平台升降、转向时，严禁人员上下。

⑤ 接触网作业用的车梯、梯子以及检修车应有防滑措施。

（5）物体打击伤害：

① 作业中使用的小型工具、材料应放置在工具材料袋内，作业中不得抛掷工具材料。

② 作业平台上的作业人员在车辆移动中，应注意防止接触网设备碰刮伤人。

③ 使用手扳葫芦作业时，要有防止滑脱的安全措施。

④ 使用车梯作业时，所有零件、工具等均不得放置在工作台的台面上，防止物体掉落伤人。

（6）车辆伤害：

① 当车梯在曲线上或遇大风时，对车梯要采取防止倾倒的措施；当车梯在大坡道上时，要采取防止滑移的措施。

② 在移动车辆前应注意检修作业车及作业平台周围的环境、设备、人员和机具等情况，与附近的设备保持规定的安全距离，以保证人员、设备安全。

③ 作业平台严禁向未封锁的线路侧旋转；V 形天窗作业，邻线有列车通过时，作业人员应提前 10 min 停止作业，平台复位，人员在平台远离邻线侧避让，列车通过后方可继续作业。

（7）设备质量风险：

① 进行吊弦线夹安装时，严格按照设计力矩进行紧固，接触线线夹入槽，防松锁片按照要求进行安装。

② 严禁使用工、机具抬升接触线，防止接触线产生硬点。

五、学习资料

资源名称	二维码	资源名称	二维码
整体吊弦安装与调整		接触线接头制作	
环节吊弦制作		承力索接头制作	

★ 思政链接

接触线、生命线，自主创新续新篇——国产接触线自主创新

众所周知，接触线是电气化高速列车牵引供电系统的核心环节，也是我国发展高速铁路所面临的关键技术之一，直接影响到列车的运行安全和速度。通过接触线向高速列车输送电能并使其得到源源不断的能量，才有可能创造列车"贴地飞行"的速度。

研发"高速铁路用高性能铜合金接触线关键技术"的核心专家——上海理工大学刘平教授在接受采访时表示，这一由 30 项专利组成的研究成果打破了国外技术垄断与封锁，带动了整个接触线制造行业的发展，为我国高速铁路的发展做出了重要贡献。

"最初的接触线技术都是从欧洲、日本引进的。"身为刘平研究团队成员之一的上海理工大学教师周洪雷告诉记者，"随着高铁的快速发展，高速运行的列车受电弓对接触线提出了更高强度、更优导电性能的要求。但是，当时相关技术由国外企业垄断，技术受限、产量受限、高昂的原料加工费，令大家感到'国产化'刻不容缓。"

从 2002 年开始，刘平教授带领 20 多人的团队开始着手研究，2007 年开始和企业合作进行产业化。如今，不仅高铁接触线的性能比原来从国外引进的接触线性能更加优越，而且加工费也一降再降，成本大约降低 60%。

"为何性能有如此大的提升呢？主要是在成分上进行了微调，加入了微量的合金元素，使得接触线的强度、导电性、耐磨性得到了提高。" 周洪雷解释。

"通过开发微合金协同强化技术，攻克了铜合金接触线高导电与高强度以及与高耐磨、抗软化等性能协同优化的技术难题。"刘平团队成员之一的上海理工大学教师陈小红告诉记者，"经过反复实验研究，研制出了铜锡、铜镁、铜银、铜铬锆四个系列的高性能铜合金接触线，开发了高效率、低成本、大规模、易推广的高性能铜合金接触线制备关键技术。"

十多年来，刘平团队全面展开研发工作，改进合金比例，改良制造设备，发明了铜银、铜镁微合金协同强化和成分精准控制技术，实现了接触线的导电与强度、耐磨及抗软化性能的协同提升。其中，把高强度、高活性的"镁"和高导电性的"铜"结合在一起，在提高强度的同时确保高导电性能，这些"铁人三项"障碍关口被逐一攻破。

这其中最大的技术难点在于：客观条件需要同时提升材料性能，但强度和电导率是一个矛盾。现在要达到"双赢"，即在保障强度不降低的情况下提高电导率，十分不容易。尽管这个方向研究的人很多，但是因为合金成分不同，用的方法不一样，加工技术也不同，性能更有所差异。再加上，合金的熔炼过程会出现开裂、夹杂、起皮、断杆等现象，只能在现场试验过程中通过不断调整工艺来逐步解决。

不仅如此，实际应用场合中必须确保接触线能满足使用长度要求，接触线的平均长度约 1.5 km，不能有断点、焊接、缺陷，所以要"一气呵成"。通过大量的试验、改进，铜镁接触线的电导率达 73%IACS（国际退火铜标准），抗拉强度达 555 MPa。

此外，刘平团队还开发了 350 km/h 以上高速铁路用的高强度高导电性铜铬锆合金接触线的上引连铸关键技术，实现了产业化中锆元素的收得率超过 68%，产品抗拉强度达 600 MPa，电导率达 80%IACS 和伸长率达 10.2%。

经过近 20 年的持续研发和改进，刘平团队开发了具有国际先进水平的高质量、低成本、连续化制备接触线的关键技术，实现了具有自主知识产权的高性能铜合金接触线国产化制备。与同水平连铸生产技术相比，直接降低成本 40%，降低能耗 35%，提高成材率 9%。

近 10 年来，该成果已在我国京津（北京—天津）、京张（北京—张家口）、郑西（郑州—西安）、武广（武汉—广州）、哈大（哈尔滨—大连）等 80%的高铁项目中使用，上海轨道交通 2 号线、7 号线、8 号线、9 号线，北京地铁 16 号线等多条地铁线路上也得到推广应用，并出口白俄罗斯、韩国、澳大利亚等国家。

★ **任务单：接触线接头制作**

项　目	任务清单内容
任务情境	在某一处接触网线路，由于接触线磨耗超标，需要将磨耗超标部分剪除，然后进行接触线接头制作
任务目标	1. 熟悉接触悬挂的组成、结构和分类； 2. 能够制作合格的接触线接头
任务问题	1. 此处接触悬挂属于哪种类型的接触悬挂？详细说明柔性接触网接触悬挂的分类； 2. 如何测量接触线磨耗？ 3. 接触悬挂检修的内容有哪些？ 4. 接触悬挂检修的质量标准有哪些？
任务实施要求	1. 填写工作票； 2. 作业前，准备好材料及工器具，作业人员穿戴好防护用品； 3. 作业前，作业小组召开安全预想会，分析作业过程中的安全隐患并制订预防措施，作业过程中做好安全防护； 4. 作业完成后，清理作业现场，材料及工器具按要求入库
任务完成效果	1. 工作票填写清晰合理； 2. 记录接触线磨耗； 3. 接触线接头符合质量要求
任务完成耗时	2 h
实施人员	全体学生
任务点评	小组互评、教师点评

★ **活页笔记：接触线接头制作**

项目	内容
学习笔记	重点： 难点： 学习收获：
任务问题答案	
任务完成过程	（由学生描述具体的作业分工和作业过程中任务完成的步骤）
任务完成实际耗时	
任务完成实际效果	

★ 任务单：承力索检修

项　目	任务清单内容
任务情境	在某一处接触网线路，承力索出现散股断股现象，需要进行承力索接头制作
任务目标	1. 能够用锥套式承力索接头线夹制作接头； 2. 能够采用 2 套双耳楔型线夹进行承力索接头
任务问题	1. 简述承力索检修作业的内容； 2. 直线处，承力索位置超标时，如何进行调整？ 3. 承力索检修作业的质量标准
任务实施要求	1. 填写工作票； 2. 作业前，准备好材料及工器具，作业人员穿戴好防护用品； 3. 作业前，作业小组召开安全预想会，分析作业过程中的安全隐患并制订预防措施，作业过程中做好安全防护； 4. 作业完成后，清理作业现场，材料及工器具按要求入库
任务完成效果	1. 工作票填写清晰合理； 2. 承力索位置正确； 3. 承力索接头符合质量要求（两种接头都要做）
任务完成耗时	2 h
实施人员	全体学生
任务点评	小组互评、教师点评

★ 活页笔记：承力索检修

项　目	内　　容
学习笔记	重点： 难点： 学习收获：
任务问题答案	
任务完成过程	（由学生描述具体的作业分工和作业过程中任务完成的步骤）
任务完成 实际耗时	
任务完成 实际效果	

★ 任务单：吊弦检修

项　目	任务清单内容
任务情境	在某一处接触网线路，整体吊弦出现散股断股现象，需要对吊弦进行更换
任务目标	1. 熟悉整体吊弦的作用、结构； 2. 能够对整体吊弦进行预制、安装和调整
任务问题	1. 柔性接触网吊弦的作用和分类； 2. 整体吊弦的结构组成； 3. 如何进行整体吊弦外观检查
任务实施要求	1. 填写工作票； 2. 作业前，准备好材料及工器具，作业人员穿戴好防护用品； 3. 作业前，作业小组召开安全预想会，分析作业过程中的安全隐患并制订预防措施，作业过程中做好安全防护； 4. 作业完成后，清理作业现场，材料及工器具按要求入库
任务完成效果	1. 工作票填写清晰合理； 2. 整体吊弦预制与安装符合质量标准
任务完成耗时	2 h
实施人员	全体学生
任务点评	小组互评、教师点评

★ 活页笔记：吊弦检修

项　目	内　容
学习笔记	重点： 难点： 学习收获：
任务问题答案	
任务完成过程	（由学生描述具体的作业分工和作业过程中任务完成的步骤）
任务完成实际耗时	
任务完成实际效果	

任务七　补偿装置检修与维护

★ 知识学习

一、补偿装置的作用与类型

接触网补偿装置又称张力自动补偿器，它安装在锚段的两端，并且串接在接触线承力索内，它的作用是补偿线索内的张力变化，使张力保持恒定。

对张力自动补偿装置的要求：

（1）补偿装置应灵活，传送效率不应小于97%。

（2）具有快速制动作用，一旦发生断线事故或其他异常情况，补偿装置还应有一种制动功能，防止断线时坠砣串落地而造成事故扩大、恢复困难。

接触网补偿装置有许多种类，如滑轮式、棘轮式、鼓轮式、液压式及恒张力弹簧补偿装置等。

二、补偿装置的 a、b 值

补偿装置靠坠砣串的重力使线索的张力保持平衡。当温度变化时，线索的伸缩使坠砣串上升和下降，当坠砣串升降超出允许范围时，如下降过多使坠砣串底面接触地面或上升过多使坠砣杆耳环孔卡在定滑轮槽中，都会使补偿器失去补偿作用。因此用补偿装置的 a、b 值来限定坠砣串的升降范围。

从坠砣杆耳环孔中心至补偿（定）滑轮下沿的距离为 a 值，从坠砣串最下面一块坠砣的底面至地面（或基础面）的距离称为补偿装置的 b 值，如图2.7.1所示。补偿装置 a、b 值随温度变化而发生变化。

图2.7.1　补偿装置的 a、b 值

接触线和承力索补偿装置的 a、b 值不相等。

为了使补偿装置不失去补偿作用，对补偿装置 a、b 值提出以下要求：在最低温度时，a 值应大于零；最高温度时，b 值应大于零。中国铁路总公司颁发的《接触网运行检修规程》规定，补偿装置 a、b 值的最小值不小于 200 mm；进行接触网设计时，规定 a、b 值不小于 300 mm。

三、滑轮式补偿装置检修

1. 滑轮式补偿装置

滑轮式补偿装置由补偿滑轮、补偿绳、杵环杆、坠砣杆、坠砣块及连接零件组成，如图 2.7.2 所示。补偿滑轮分为定滑轮和动滑轮（构造相同），定滑轮改变受力方向，动滑轮除改变受力方向外还可省力和移动位置。滑轮一般都装有轴承，其结构如图 2.7.3 所示。

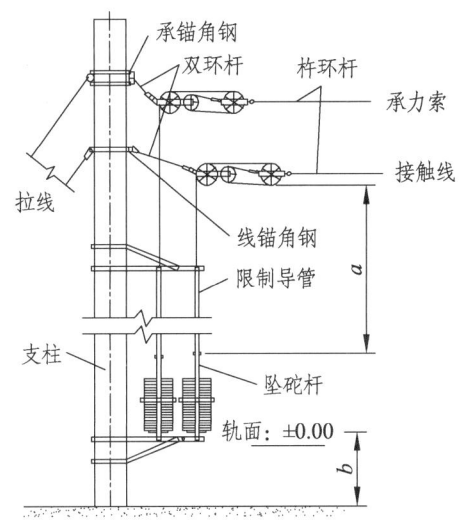

图 2.7.2　滑轮式补偿装置安装示意图

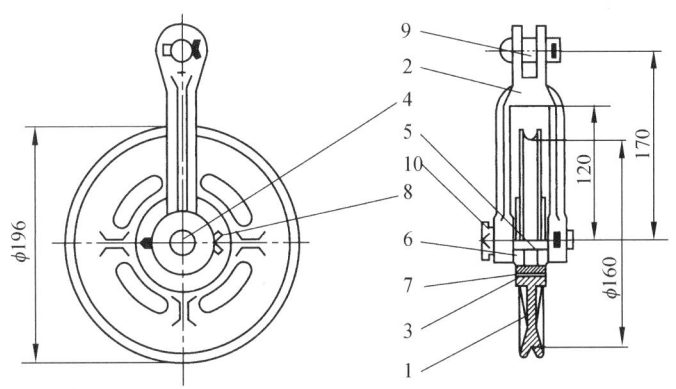

1—圆轮；2—框架；3—盖板；4—轴；5—滚动轴承；6—挡环；
7—螺钉；8—开口销子；9—销钉；10—注油盖子。

图 2.7.3　补偿滑轮结构

补偿绳均选用 GJ-50（19 股）镀锌钢绞线制成。坠砣块一般采用混凝土或灰口铸铁制成，每块重约 25 kg，呈中间开口的圆饼状。坠砣杆一般用直径 16 mm 圆钢加工制成，上端有单孔焊环，底部焊有托板。坠砣杆的型号规格，根据其放置坠砣块数量的不同分为 3 种：17 型，20 型和 30 型。型号中的数字表示坠砣杆所悬挂坠砣的数量。坠砣与坠砣杆构造如图 2.7.4 所示。

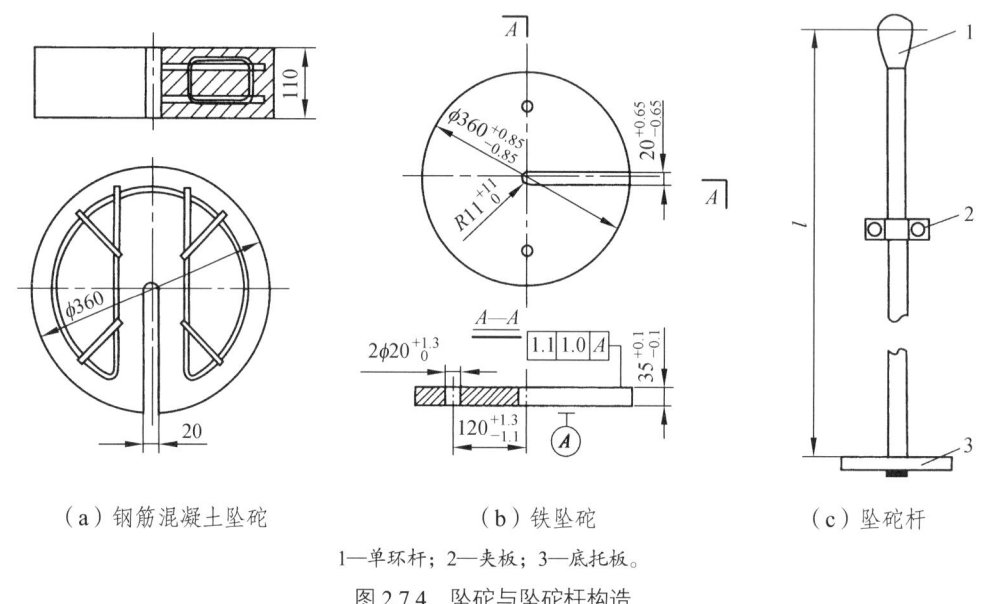

（a）钢筋混凝土坠砣　　　　（b）铁坠砣　　　　（c）坠砣杆

1—单环杆；2—夹板；3—底托板。

图 2.7.4　坠砣与坠砣杆构造

杵环杆是动滑轮与下锚绝缘子串之间的连接杆件，一般以直径 16 mm 圆钢加工制成。一端为单环孔，一端为杵头状，杵环杆的机械强度要求较高，且长度不小于 1 m。

补偿滑轮的主要传动比为 1∶2、1∶3、1∶4，如图 2.7.5 所示。

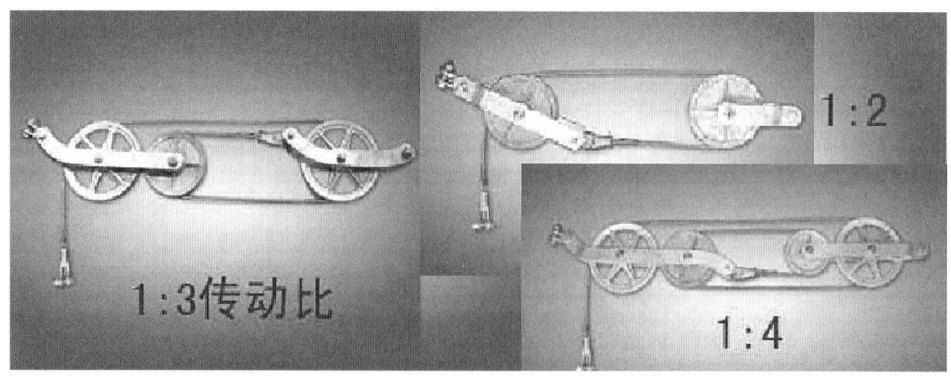

图 2.7.5　补偿滑轮传动比示意图

2. 检修所需人员、工机具、材料

（1）所需人员见表2.7.1。

表2.7.1 检修所需人员

序号	项 目	单位	数量	备 注
1	工作领导人	人	1	
2	驻站联络员	人	1	
3	行车防护兼地线监护人	人	2	
4	地线操作人员	人	2	
5	高空作业人员	人	2	
6	辅助人员	人	2	
7	作业车司机	人	2	正、副司机各1人

（2）主要工机具见表2.7.2。

表2.7.2 检修所需主要工机具

序号	名 称	规格或型号	单位	数量	备 注
1	钢丝套子	1.1 m	套	2	
2	紧线器	16-70/120	套	1	
3	手扳葫芦	3 t	台	1	
4	手扳葫芦	1.5 t	台	1	
5	断线钳		把	1	
6	管钳	350 mm	套	2	
7	手锤		把	2	
8	盒尺	5 m	把	1	
9	温度计		支	1	
10	小绳	φ12 mm	条	1	
11	大绳				
12	安全带		条	5	
13	防护用具		套	2	
14	电台		部	6	
15	作业车		组	1	

（3）主要材料设备见表2.7.3。

表2.7.3 检修所需主要材料设备

序号	名 称	规 格	单位	数量	备 注
1	双耳楔形线夹	8WL1180-7	套	2	补偿绳专用
2	锥套式终端线夹	8WL1214-0	套	1	120承力索用
3	锥套式终端线夹	8WL1220-5	套	1	70承力索用
4	锥套式终端线夹	8WL1237-2	套	1	120接触线用
5	铁绑线	$\phi 2.0$ mm	m	若干	
6	补偿绳	8WL7090-0	条	2	
7	铁线	$\phi 4.0$ mm	km	若干	
8	铁线	$\phi 1.6$ mm	km	若干	
9	销钉		个	若干	
10	开口销		个	若干	
11	黄油		袋	若干	
12	垫片	M24×600、M12×50	片	若干	
13	坠砣	25.0 kg	块	若干	

（4）所需资料：滑轮式补偿装置设备安装说明书、安装曲线图表。

3. 检查内容

（1）补偿绳有无断股、散股、损伤，是否磨双环杆、下锚拉线，动、定滑轮间距是否符合标准。

（2）补偿滑轮状态是否良好，有无破损、裂纹、偏磨。

（3）坠砣升降是否灵活，有无卡滞现象；坠砣串重量是否符合张力要求，有无破损，摆放是否符合标准。

（4）根据当时气温，检查b值、a值是否符合安装曲线要求。

（5）限制架状态是否良好，各部螺栓紧固力矩是否符合要求，零部件有无锈蚀。

（6）隧道液压补偿器。

4. 更换补偿绳、补偿滑轮或调整动、定滑轮间距

（1）将相应的承力索或接触线的坠砣串用紧线工具固定在支柱上。

（2）将卡线器安装在下锚杆环杆上（更换杆环杆时，安装在下锚绝缘子另一侧线索上），钢丝套安装在接触网支柱上；安装紧线工具紧线，将3 t链条葫芦连于紧线器和套子之间，紧起链条葫芦使补偿装置卸载。

（3）拆除旧补偿绳，安装新补偿绳；更换补偿滑轮时，拆除旧补偿滑轮，安装新补偿滑轮。调整动、定滑轮间距时，可更换杆环杆或重新制作终锚接头。

（4）确认补偿绳位于滑轮槽内后，两套紧线工具配合恢复补偿装置的工作状态，拆除工具，检查设备状态应良好。

5. 处理承锚补偿绳磨双环杆或拉线

① 将需要调整补偿绳的承力索或接触线的坠砣串用紧线工具固定在支柱上。

② 将紧线器安装在下锚杵环杆上，钢丝套安装在接触网支柱上；安装紧线工具紧线，使补偿装置卸载。

③ 异侧下锚时调整定滑轮位置，必要时倒装补偿绳，使补偿绳与拉线间达到安全距离；同侧下锚时调整双环杆与导锚角钢的连接位置，必要时倒装补偿绳，使补偿绳与双环杆间达到安全距离。

④ 确认补偿绳位于滑轮槽内后，两套紧线工具配合恢复补偿装置的工作状态，拆除工具，检查设备状态应良好。

6. 调整 a、b 值（图 2.7.6）

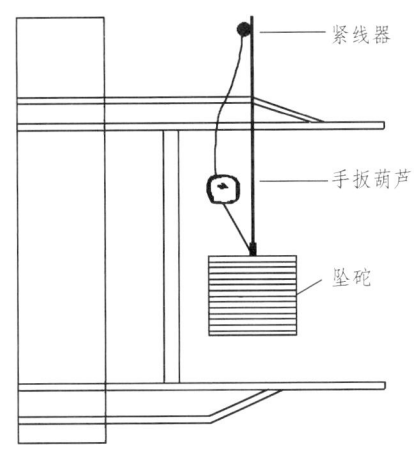

图 2.7.6 滑轮补偿装置 a、b 值调整示意图

① 根据调整时的气温、补偿装置至相应锚段关节的距离，查承力索或接触线补偿装置安装曲线图（补偿装置安装曲线图是根据不同的温度和中心锚结至补偿器间距离，计算出多组 a、b 值，然后将计算结果标注在图中，通过描点作图绘制而成的），确定 b 值，如图 2.7.7 所示。测量补偿坠砣实际高度，根据以上确定的 b 值，找出补偿绳的新回头点位置并做标记。

② 在补偿绳和坠砣杆上分别安装紧线器，并采取必要的防滑措施。将链条葫芦通过钢丝套连接到紧线器。

③ 收链条葫芦，将坠砣串调整至合适高度，取下补偿绳连接销钉，打开补偿绳上的旧回头部分及楔形线夹，按 b 值要求重新制作回头。

④ 将做好的回头与坠砣杆连接，松开紧线工具，复查 b 值，绑扎回头，拆除工具。

7. 坠砣抱箍磨限制导管的处理

调整限制导管或坠砣抱箍的位置，使坠砣抱箍能在限制导管中灵活移动，使坠砣串处于铅垂状态。

8. 补偿滑轮偏磨的处理

① 承锚角钢（导锚角钢）不水平：调整承锚角钢（导锚角钢）至水平状态，内穿式下锚角钢更换为外包式承锚角钢（导锚角钢）并调整至水平状态。

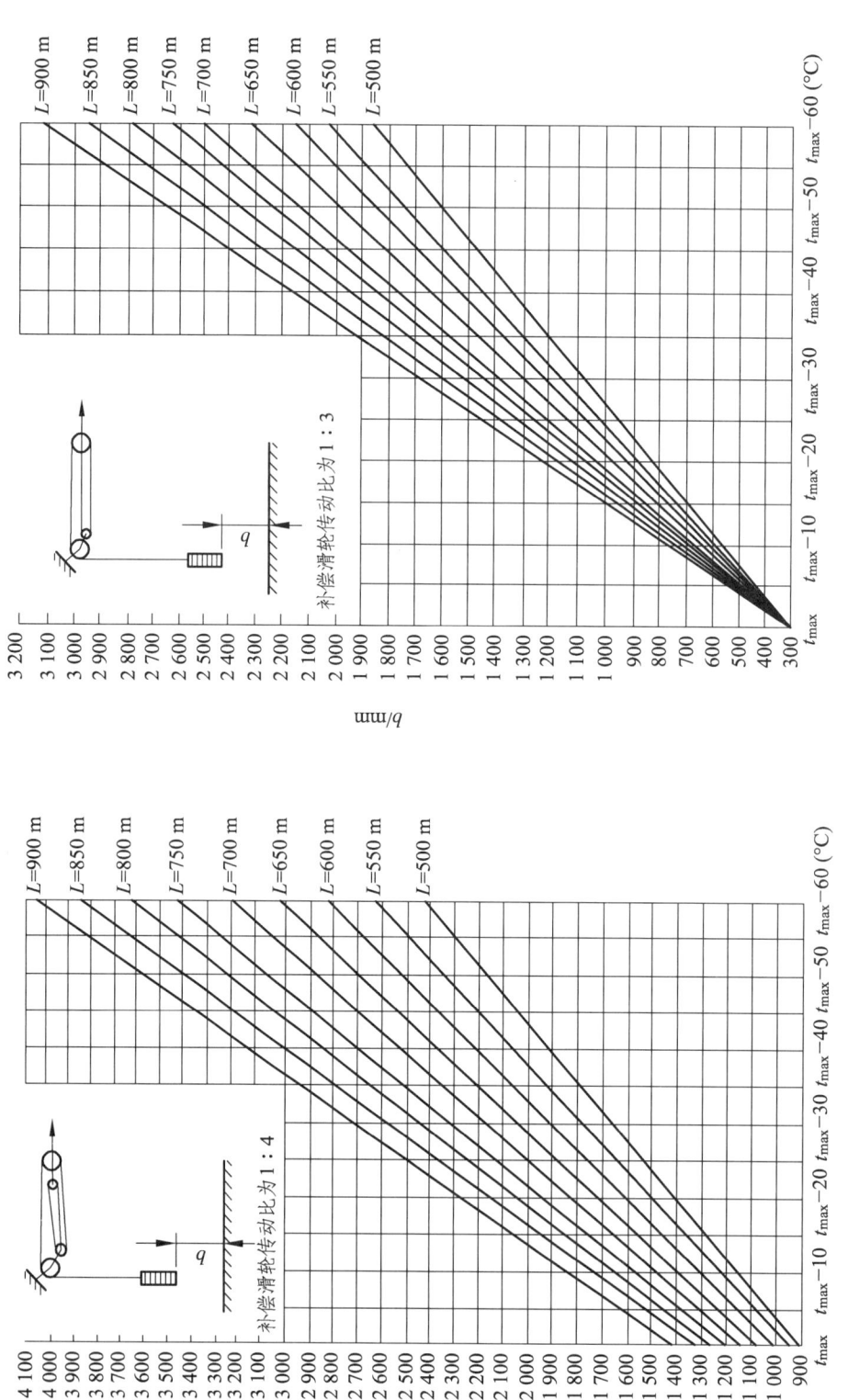

L—补偿装置中心至锚结的距离；b—b 值；t_{max}—设计时采用的最高气温。

图 2.7.7 滑轮补偿装置安装曲线图

② 动滑轮不铅垂：利用紧线工具使补偿装置卸载，转动动滑轮调整至铅垂状态，必要时进行更换。

③ 补偿滑轮转动不灵活：清除补偿滑轮轴承里的污垢，重新加注润滑油，必要时更换补偿滑轮。

四、棘轮补偿装置检修

1. 棘轮补偿装置

棘轮补偿装置的棘轮与其他工作轮共为一体，没有连接复杂的滑轮组，安装空间比铝合金滑轮补偿装置小很多，可以解决空间受限时的补偿问题。棘轮补偿装置结构如图 2.7.8 所示，棘轮本体大轮直径为 566 mm，小轮直径为 170 mm，传动比为 1∶3，补偿绳为柔性不锈钢丝绳，比普通不锈钢丝绳性能更好，工作荷重有 30 kN、36 kN 两种。

补偿绳与轮体之间缠绕时，要正确入槽，防止绳股之间交错、重叠。大、小轮绕绳圈数应遵循以下原则：大轮最少缠绕半圈，最多缠绕三圈半；小轮最少缠绕半圈，最多缠绕三圈半；缠绕时注意两边对称，首次安装时，根据设计坠砣曲线调整初始缠绕圈数。棘轮补偿装置补偿绳与轮体缠绕关系如图 2.7.9 所示。

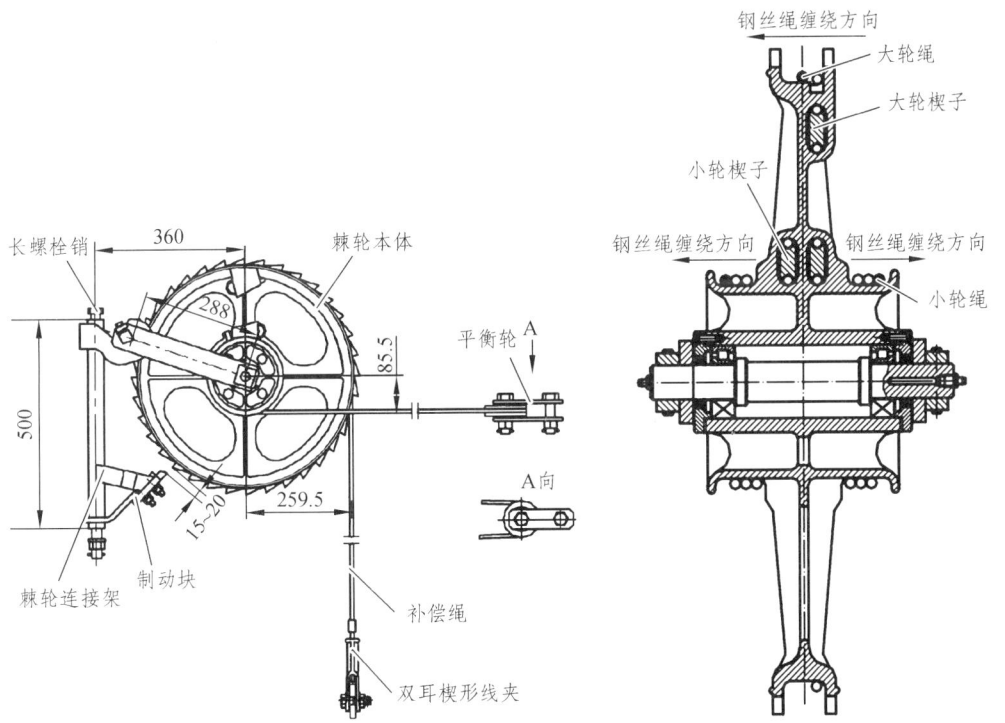

图 2.7.8 棘轮补偿装置结构　　图 2.7.9 棘轮补偿装置补偿绳与轮体缠绕关系

棘轮补偿装置的主要优点是具有断线制动功能，正常工作状态下，棘齿与制动卡块之间有一定间隙，棘轮可以自由转动；若线索断裂，棘轮和坠砣在重力作用下下落，棘齿会卡在制动卡块上，从而可以有效地缩小事故范围，防止坠砣下落侵入限界。

2. 所需人员、工机具、材料

（1）所需人员如表 2.7.4 所示。

表 2.7.4　所需人员

序号	项　目	单位	数量	备　注
1	工作领导人	人	1	
2	驻站联络员	人	1	
3	行车防护兼地线监护人	人	2	
4	地线操作人员	人	2	
5	高空作业人员	人	2	
6	辅助人员	人	2	
7	作业车司机	人	2	正、副司机各 1 人

（2）主要工机具如表 2.7.5 所示。

表 2.7.5　所需主要工机具

序号	名　称	规格或型号	单位	数量	备　注
1	钢丝套子	1.1 m	套	2	
2	紧线器	16-70/120	套	1	
3	手扳葫芦	3 t	台	1	
4	手扳葫芦	1.5 t	台	1	
5	断线钳		把	1	
6	管钳	350 mm	套	2	
7	手锤		把	2	
8	盒尺	5 m	把	1	
9	温度计		支	1	
10	小绳	φ12 mm	条	1	
11	大绳				
12	安全带		条	5	
13	防护用具		套	2	
14	电台		部	6	
15	作业车		组	1	

（3）主要材料设备如表2.7.6所示。

表2.7.6 所需主要材料设备

序号	名 称	规 格	单位	数量	备 注
1	双耳楔形线夹	8WL1180-7	套	2	补偿绳专用
2	锥套式终端线夹	8WL1214-0	套	1	120承力索用
3	锥套式终端线夹	8WL1220-5	套	1	70承力索用
4	锥套式终端线夹	8WL1237-2	套	1	120接触线用
5	铁绑线	$\phi 2.0$ mm	m	若干	
6	补偿绳	8WL7090-0	条	2	
7	铁线	$\phi 4.0$ mm	kg	若干	
8	铁线	$\phi 1.6$ mm	kg	若干	
9	销钉		个	若干	
10	开口销		个	若干	
11	黄油		袋	若干	
12	垫片	M24×600/M12×50	片	若干	
13	坠砣	25.0 kg	块	若干	

（4）所需资料：棘轮补偿装置设备安装说明书、温度安装曲线表。

3. 测量检查

（1）用钢卷尺测量 a、b 值是否符合标准。

（2）检查补偿绳是否存在散股、断股；是否卡在轮体上或者叠加。

（3）检查棘轮转动是否灵活。

（4）检查限制架、棘轮补偿制动装置各零部件是否按规定涂油；检查螺栓力矩。

（5）检查棘轮补偿制动卡块到棘轮的距离是否符合规定（20 mm，误差±5 mm）；安全抱箍距补偿绳距离是否符合规定。

（6）检查坠砣是否破损；块数、叠码是否规范（其缺口互相交错180°）；上下移动是否灵活。

4. 调整 a、b 值

（1）测量当前实际 b 值。

（2）确定 b 值调整量。

通过温度计确定当前温度，根据安装曲线（图2.7.10）查得当前温度下的 b 值标准值，即 $b_{标}$，则 b 值调整量 $B = b_{测} - b_{标}$。调整量 B 为正时，延长补偿绳长度；调整量 B 为负时，缩短补偿绳长度，并在补偿绳上做好调整标记。

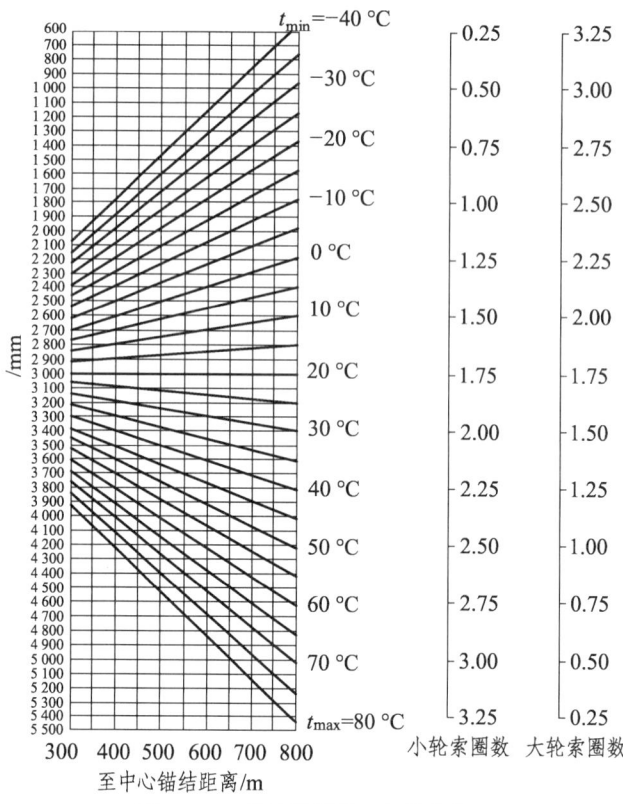

图 2.7.10 棘轮补偿装置安装曲线图

（3）安装手扳葫芦和紧线器。

安装手板葫芦和紧线器需要高空作业，必须2人配合进行。高空作业人员甲使用脚扣攀登到作业指定位置，在补偿绳上安装紧线器，在紧线器下加装钢线卡子，防止紧线器滑脱；安装钢线卡子时，先用手将螺帽预紧，然后使用活口扳手紧固，将手板葫芦与安装好的紧线器可靠连接。高空作业人员乙在坠砣杆处再安装一紧线器，并将手板葫芦另一端与坠砣杆上的紧线器可靠连接。

（4）紧手扳葫芦，使补偿绳卸载松弛。

在操作时，注意要先将手扳葫芦的挡位拨至中间挡，用手将链条预紧，然后将挡位拨至向上挡，摇动手扳葫芦收紧链条。

（5）重新制作补偿绳回头，并与坠砣杆可靠连接。

将补偿绳回头处的双耳楔形线夹从坠砣杆上取下，按照调整量 B 重新制作补偿绳回头，并与坠砣杆可靠连接。注意，为防止螺栓松脱，需要安装开口销，开口销掰开角度不得小于60°，开口处不得有裂纹、折断现象。

（6）松手扳葫芦，使补偿绳受力。

操作时，首先将手扳葫芦的挡位迅速从向上挡拨至向下挡，严禁直接拨至中间挡，防止链条突然松脱；然后摇动手扳葫芦使链条卸力，使补偿绳受力；最后，将挡位拨至中间挡，用手将链条彻底松弛。

（7）复测 a、b 值，填写检测修记录。

复测 a、b 值，根据标准规定，a、b 值不得大于安装曲线值 ±100 mm，且 a、b 值在极限温度时不得小于 200 mm。如果复测 a、b 值符合标准规定，则作业结束，取下手扳葫芦和紧线器，作业人员按照要求填写表 2.7.1 所示《接触网补偿装置检测修记录》；如果复测 a、b 值不符合标准规定，则重复以上步骤。

表 2.7.1 接触网补偿装置检测修记录

支柱号	检修日期	项别	坠砣					滑轮注油及动作情况	补偿绳	制动器限制器及其他零件	检修人互检人
			温度/°C	a值/mm	b值/mm	质量/kg	状态				
		修前									
		修后									
		修前									
		修后									
		修前									
		修后									
		修前									
		修后									

5. 更换补偿绳

① 利用手扳葫芦将既有补偿绳拆除，测量补偿绳的投影长度，标出切割点，用胶带绑扎切割点两边线，用砂轮将补偿绳切断。

② 用钳子把摆动杆固定住，保证轮体在摆动杆上能自由转动。将补偿绳的一端穿入轮径的大孔，然后再穿入集线器上的小孔。

③ 将补偿绳拉出，在集线器后面做一个 500 mm 长的回头。再将单孔楔子插入做好的回头里，以确定回头的最大半径。将带单孔楔子的回头插入集线器中，用楔子用力拉紧回头，用橡皮槌敲打楔子，使其固定。

④ 将补偿绳用力、平直地从集线器中绕出固定好，防止回脱。取楔形终端线夹，将补偿绳一端从中拉出 500 mm，用拉出的一端做一个回头，然后将其从终端线夹中拽回来。把专用楔子放入回头中，并将回头夹上终端线夹，把补偿绳头拉紧，用橡皮槌轻轻敲打专用楔子进行固定。

⑤ 在补偿绳距中心 500 mm 处做出标记，把补偿绳拉直，不得扭绞。将绳的一端插入带凹槽的轮辐间，将补偿绳拉到标记处，将其放入此处的槽内并固定在轮辐上。

⑥ 将补偿绳的两端插入左右轮毂的凹槽中，将补偿绳由内向外平行绕在轮毂上。按规定方向转动轮体进行紧线并固定好，以防回转。握住平衡轮，取出销钉，拔除开口销，从线夹中取出平衡轮，将补偿绳较长的一段绕在平衡轮上。

⑦ 把绕好的补偿绳的平衡轮跟 U 形线夹用开口销连好，插上销钉，取一个双孔连接板，

取出一端的销钉及夹板。用带铜套环的双孔连接板将补偿绳两端连好,用销钉将接头固定到线夹上,再用补偿绳将平衡轮固定在轮体上。

⑧ 检查各部螺栓力矩,查看 a、b 值是否符合要求,松开手扳葫芦。

6. 棘轮补偿装置检修技术标准

(1)运行中 a、b 值应符合安装曲线的要求,允许偏差 ±100 mm,但最低不得小于 200 mm。

(2)补偿绳不得有松股、断股和接头,不得与其他部件、线索相摩擦,不得卡在轮体上或者出现叠加。

(3)补偿滑轮:
① 补偿滑轮完整无损、转动灵活(人力用手托动坠砣能上下自由移动),没有卡滞现象。
② 对需要加注润滑油的补偿滑轮,应按产品规定的期限加注润滑油,没有规定者至少 3 年一次。

(4)限制架、制动装置
① 各框架安装正确,受力良好,螺栓紧固有油,铁件无锈蚀。
② 满足坠砣升降变化要求,限制坠砣的摆动,不妨碍升降。
③ 在温度变化时,卡块式制动装置的制动角块能在制动框架内上下自由移动;顶块式制动装置的制动顶块与大滑轮盘保持 3~5 mm 的间隙。
④ 检查制动卡块到棘轮的距离,如果小于 15 mm,重新调整制动卡块。
⑤ 检查安全抱箍到补偿绳的距离为 3 mm。
⑥ 轮体必须垂直,用水平尺检测。制动卡块咬住轮齿。通过螺栓轴和固定底座上的调节板调整轮体。

(5)坠砣
① 坠砣应完整,坠砣叠码整齐,其缺口相互错开 180°。
② 坠砣串的重量(包括坠砣杆的重量)符合规定,允许误差不超过 2%。
③ 坠砣块自上而下按块编号并标明重量。

五、恒张力弹簧补偿装置检修

1. 所需人员、工器具和材料

所需人员见表 2.7.7。

表 2.7.7 所需人员

序号	项 目	单位	数量	备 注
1	工作领导人	人	1	
2	驻站联络员	人	1	
3	行车防护兼地线监护人	人	2	
4	地线操作人员	人	2	
5	高空作业人员	人	2	
6	辅助人员	人	2	
7	作业车司机	人	2	正、副司机各 1 人

主要工器具及材料见表 2.7.8。

表 2.7.8　主要工器具及材料

项目	名　称	型　号	数　量	备　注
安全工器具	地线		2 组	根据检修范围增减
	验电器		1 套	根据现场情况增加
	绝缘手套		1 双	根据现场情况增加
	安全带		根据登高人数配置	
	安全帽		根据作业组人数配置	
	照明工具		根据作业组人数配置	
	钢丝刷		1 把	根据现场情况增加
作业工器具	水平尺		1 把	
	力矩扳手	20~100 N·m	1 把	
	两用长扳手	24 mm，开口、梅花	1 把	
	两用长扳手	30 mm，开口、梅花	1 把	
	螺丝刀	—	1 个	
	水平尺		1 把	
	克丝钳		1 把	
	钢卷尺		1 把	
	活动扳手		2 把	
	双头口尖尾棘轮	#16、#18	1 套	
	圆头锤	1.5 磅	1 把	
耗材及辅材	抹布	纯棉	2 块	
	砂纸		2 张	
	螺栓紧固剂		1 瓶	
	画线笔	红色	2 支	
	开口销		若干	
	黄油		若干	
	毛刷		2 个	
	螺母	M8、M10、M12、M16	若干	
	弹簧垫圈		若干	
	镀锌喷漆		1 盒	

2. 检查弹簧补偿器状态

弹簧补偿器要跟承力索或接触线保持平顺，水平方向应保证弹簧补偿装置受力与线索下锚方向一致，若弹簧补偿器内套筒、中套筒外壁有明显磨损，则要用砂纸打磨处理并涂抹黄油防止生锈。

3. 检查补偿器 a 值

检查环境温度下 a 值是否符合安装曲线：以当时环境温度、半锚段长度，弹簧补偿器标尺行程 ±400 mm，每 50 mm 为一个色块，如图 2.7.11 所示。若 a 值允许误差超出检规要求允许误差，则须通过调整螺栓对标尺 a 值进行调整。

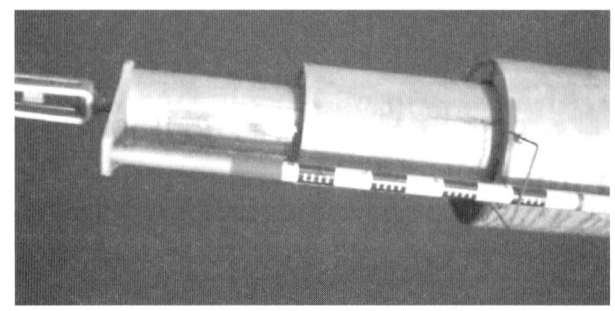

图 2.7.11 弹簧补偿器标尺

4. 检查弹簧补偿器本体

对弹簧补偿器本体进行外观检查，外层热浸镀锌脱落须及时用镀锌喷漆填补。

5. 检查其他零部件

① 检查 Y 形承锚底座、支撑架底座（图 2.7.12 中 1、2）连接紧固状态。
② 检查三角调节板（图 2.7.12 中 10）是否处于水平位置。
③ 检查调整螺丝、接触线 Z150 齿型双耳楔型线夹、承力索终端锚固线夹（图 2.7.12 中 11、12）是否完整，无破损、裂纹，锚固是否紧固。
④ 检查球头挂环、碗头挂板（图 2.7.12 中 6、7）无锈蚀、破损，碗头挂板中 M 销无缺失，碗头挂板与球头挂板连接完全入槽无偏转，如图 2.7.14 所示。

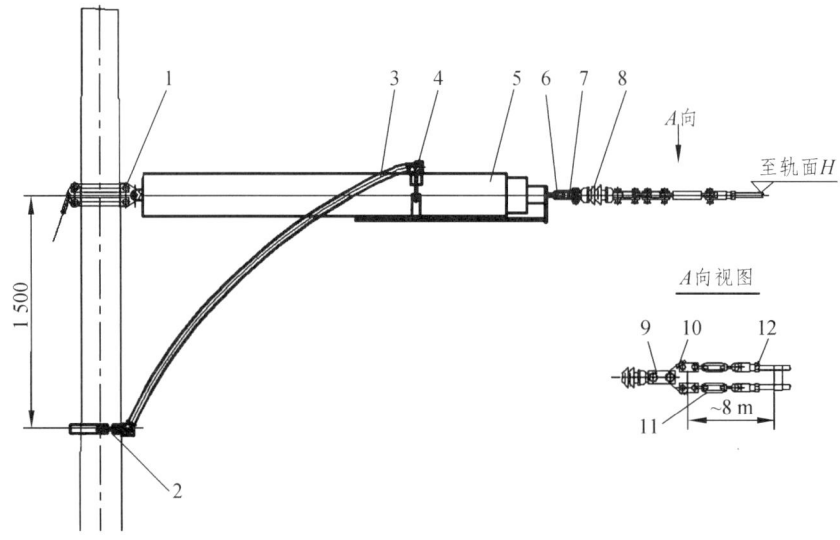

1——Y 形承锚底座；2——支撑架底座；3——支撑架；4——抱箍；5——外套筒；6——球头挂环；
7——碗头挂板；8——绝缘子；9——双眼连接板；10——三角调节板；
11——齿形双耳楔型线夹；12——承力索终端锚固线夹。

图 2.7.12 双支承力索全补偿下锚安装图

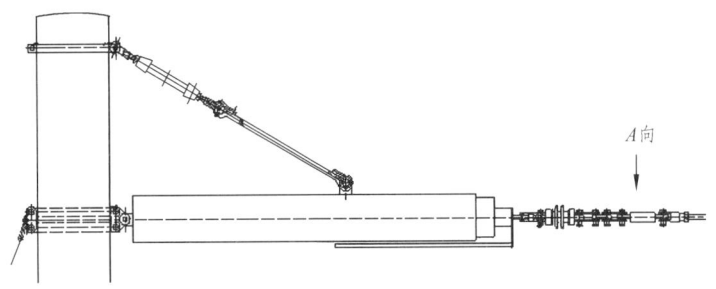

图 2.7.13 双支接触线全补偿下锚安装图

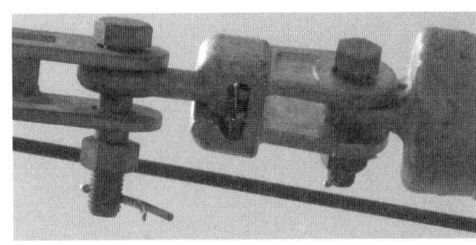

图 2.7.14 弹簧补偿装置与下锚绝缘子通过球头挂环、碗头挂板连接（与图 2.7.10 中 6、7 对应）

⑤ 检查弹簧补偿装置支撑架（承力索）、弹簧补偿装置双环杆（接触线）无锈蚀、破损、变形，调整螺栓（接触线）连接可靠、有调节余量。

⑥ 检查连接销钉是否完整无裂纹，开口销掰开不小于 60°。

⑦ 检查零部件是否有锈蚀、烧伤痕迹，螺栓紧固是否有防松措施。

⑧ 检查下锚绝缘子表面是否清洁、无裂纹或缺损。

5. 螺栓画线

设备技术参数已调整至标准状态。

画线方法及标准：画线应有静态参照物（不仅包括螺母等动态部件，还应包括设备本体等静态部件作为参照物），同一零部件画线方向应统一且一笔成形，避免多笔重复画线造成错觉；对已画线紧固部件调整后，需对原线清除后重新画线，确保所画线路的有效性；画线位置应利于步行巡视观察。

画线部位：恒张力弹簧补偿器及附属件中所有无开口销的螺栓。

六、学习资料

资料名称	二维码
棘轮补偿装置结构	
棘轮补偿装置 a、b 值调整	
棘轮补偿装置补偿绳更换	

★ 任务单：补偿装置 a、b 值调整

项　　目	任务清单内容
任务情境	演练场中包含有棘轮补偿装置和滑轮补偿装置，由于天气变化，热胀冷缩使补偿装置的 a、b 值发生了变化，现在需要对 a、b 值进行检查，如果不符合标准，需要进行调整。
任务目标	1. 熟悉棘轮补偿装置和滑轮补偿装置的结构； 2. 能够完成补偿装置 a、b 值调整作业，并达到质量标准； 3. 具备团队合作、精益求精的精神
任务问题	1. 补偿装置的作用； 2. 补偿装置 a、b 值的概念； 3. 滑轮补偿装置和棘轮补偿装置的结构组成； 4. 滑轮补偿装置传动比的概念； 5. 安装曲线图表是什么； 6. 滑轮补偿装置和棘轮补偿装置的检修质量标准
任务实施要求	1. 填写工作票； 2. 作业前，准备好材料及工器具，作业人员穿戴好安全防护用品； 3. 作业前，作业小组召开安全预想会，分析作业过程中的安全隐患并制订预防措施，作业过程中做好安全防护； 4. 作业完成后，清理作业现场，材料及工器具按要求入库。
任务完成效果	1. 工作票填写清晰合理； 2. 补偿装置 a、b 值调整合理； 3. 补偿装置符合安装质量标准
任务完成耗时	2 h
实施人员	全体学生
任务点评	小组互评、教师点评

★ 活页笔记：补偿装置 a、b 值调整

项　目	内　容
学习笔记	重点： 难点： 学习收获：
任务问题答案	
任务完成过程	（由学生描述具体的作业分工和作业过程中任务完成的步骤）
任务完成 实际耗时	
任务完成 实际效果	

★ 任务单：补偿装置的补偿绳更换

项　目	任务清单内容
任务情境	滑轮补偿装置和棘轮补偿装置的补偿绳发生散股断股，需要对补偿绳进行更换
任务目标	1. 掌握补偿绳更换的作业步骤和方法； 2. 具备团队合作、精益求精的精神
任务问题	1. 补偿绳回头的制作方法； 2. 补偿绳更换的安全注意事项
任务实施要求	1. 填写工作票； 2. 作业前，准备好材料及工器具，作业人员穿戴好安全防护用品； 3. 作业前，作业小组召开安全预想会，分析作业过程中的安全隐患并制订预防措施，作业过程中做好安全防护； 4. 作业完成后，清理作业现场，材料及工器具按要求入库
任务完成效果	1. 工作票填写清晰合理； 2. 补偿装置安设状态符合质量标准
任务完成耗时	2 h
实施人员	全体学生
任务点评	小组互评、教师点评

★ 活页笔记：补偿装置的补偿绳更换

项目	内容
学习笔记	重点： 难点： 学习收获：
任务问题答案	
任务完成过程	（由学生描述具体的作业分工和作业过程中任务完成的步骤）
任务完成实际耗时	
任务完成实际效果	

任务八　中心锚结的检修与维护

★ 知识学习

中心锚结是指在锚段中部，接触线对于承力索、承力索对于锚柱（或固定绳）进行锚固的方式。即是要求在两端装有补偿装置的锚段里，必须加设中心锚结。

一、中心锚结的作用和安设

1. 中心锚结的作用

接触网锚段安装中心锚结后，线索在中心锚结处相当于死固定方式，因此当温度变化时，锚段内线索的热胀冷缩便发生在中心锚结与两端的补偿器间，有效缩短了线索的伸缩范围。

中心锚结具有以下作用：

① 锚段线索张力比较均匀，保证接触悬挂处于良好工作状态。

② 设立中心锚结后可以缩小事故范围，即当一侧发生断线事故时不至影响中心锚结另一侧悬挂线路，有利于抢修事故和缩短事故抢修时间。

③ 可防止线索在外力作用下向一侧窜动，如风力、受电弓摩擦力、因坡道和自身重力引起的串动力。

2. 中心锚结的安设

中心锚结布置的原则是：使中心锚结两边线索的张力尽量相等。直线区段一般设在锚段中间处；曲线区段一般设在靠曲线多、半径小的一侧。

在两端装设补偿器的接触网锚段中，必须加设中心锚结。每个锚段中心锚结安设位置应根据线路情况和线索的张力增量计算确定。一般布置原则是使中心锚结固定点两侧线索的张力尽量相等，并尽可能靠近锚段中部。

当锚段全部在直线区段或整个锚段布置在曲线半径相同的曲线区段时，该锚段中心锚结应安设在锚段的中间位置。

当锚段布置在既有直线又有曲线且曲线半径不等的区段时，该锚段的中心锚结应设在曲线多、曲线半径小的一侧。在特殊情况下，锚段长度较短时（一般定为锚段长度 800 m 以下），可不设中心锚结，视为半个锚段，可将锚段一端硬锚，另一端线索安装补偿器，此时的硬锚就相当于中心锚结。

二、中心锚结的结构和要求

中心锚结的安装形式有多种，对于不同的悬挂形式，中心锚结的结构形式也不同。一般分为半补偿中心锚结、区间全补偿中心锚结、站场全补偿中心锚结和简单悬挂中心锚结（地铁柔性接触网基本都是链型悬挂，这里不介绍简单悬挂中心锚结）。

1. 半补偿中心锚结

半补偿中心锚结辅助绳采用 GJ-50 镀锌钢绞线（19 股）制成，辅助绳中间用中心锚结线夹与接触线固定，辅助绳两端分别用正反两个钢线卡子紧固在承力索上。当一侧接触线断线后，另一侧接触线在中心锚结辅助绳的拉力下不发生松动现象，起到了缩小事故范围的作用。如图 2.8.1 所示。

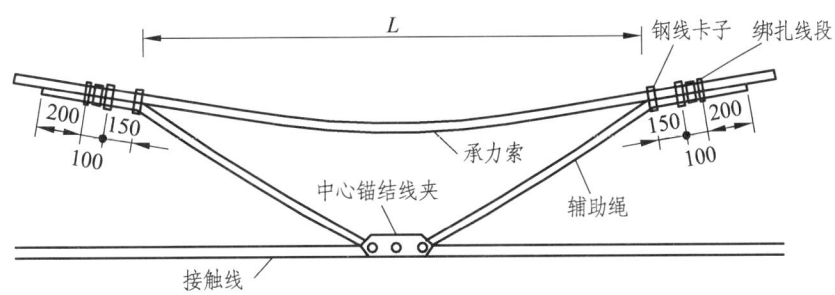

图 2.8.1　半补偿中心锚结结构

2. 区间全补偿中心锚结

区间全补偿中心锚结的应用，是因为全补偿链型悬挂时，接触线、承力索均设有补偿器，因此，都应设置中心锚结。在全补偿悬挂时，接触线中心锚结结构与半补偿相同。承力索中心锚结辅助绳则采用 GJ-70 镀锌钢绞线制成，其长度考虑布置在三个接触网跨距中。中心锚结在中间跨距，相邻两悬挂点和跨中用钢线卡子将辅助绳与承力索固定在一起。辅助绳两端各通过一串悬式绝缘子硬锚在最外侧支柱上，两支柱均为锚柱，应打拉线。区间全补偿中心锚结结构如图 2.8.2 所示。

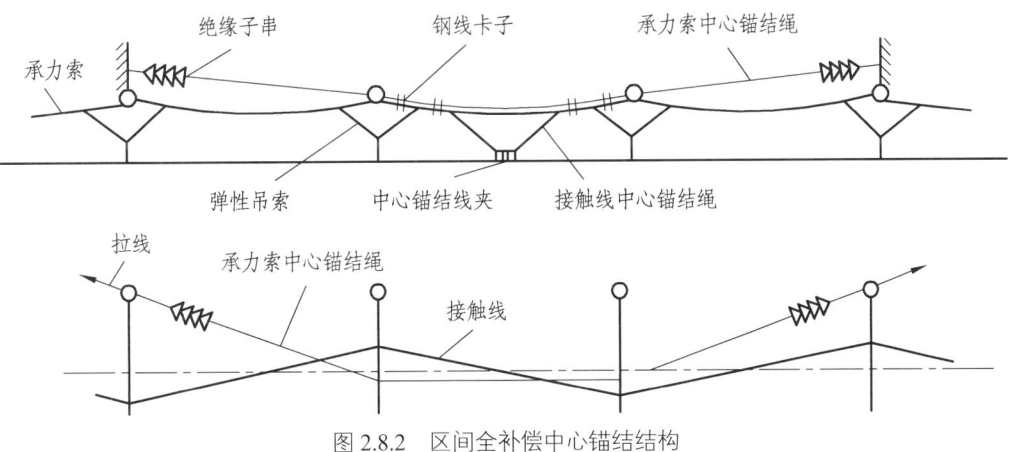

图 2.8.2　区间全补偿中心锚结结构

3. 站场全补偿中心锚结

站场全补偿中心锚结是将中心锚结绳的悬挂点与承力索固定，依靠上部固定绳对承力索起到锚结的作用，这种形式也称为防窜中心锚结。一般设在站场的正线及站线中心锚结位置处，有防断式和非防断式之分。

站场全补偿中心锚结的承力索中心锚结绳用 GJ-70 钢绞线制成，在悬挂点处通过钢线卡子与承力索固定，在两侧的跨距中心位置安装接触线中心锚结线夹，并将锚结绳向承力索中心锚结方向通过钢线卡子与承力索固定。站场全补偿中心锚结结构如图 2.8.3 所示。

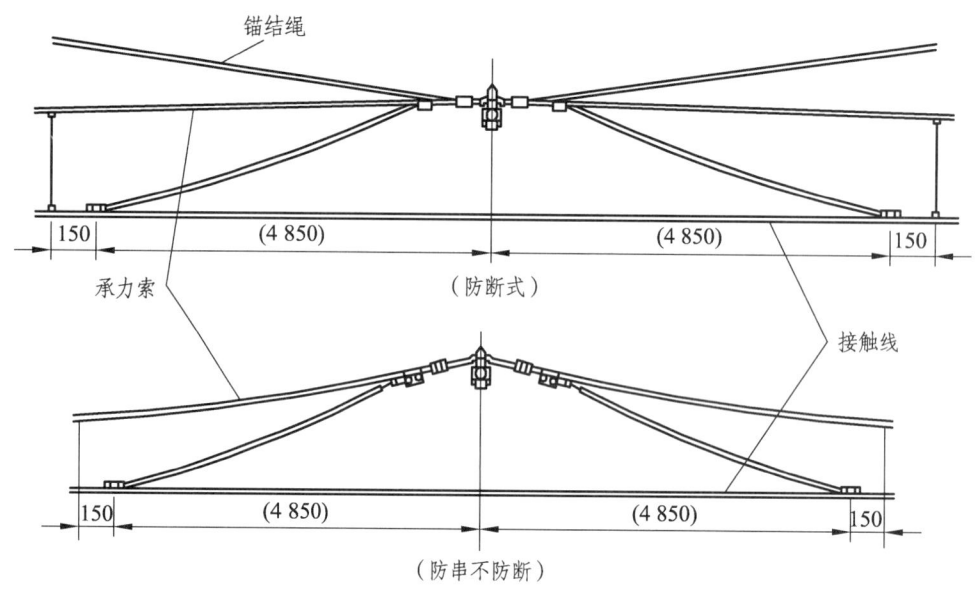

图 2.8.3 站场全补偿中心锚结结构

三、中心锚结检修

1. 人员准备

梯车作业人员不少于 6 人,作业车作业组不少于 3 人,如表 2.8.1 所示。

表 2.8.1 作业人员

作业	分工	人数	要求	作业内容
梯车作业	网上操作人	2 人	安全等级三级及以上	负责网上操作
	地面监护人	1 人	安全等级四级及以上	负责作业监控
	地面推车梯人员	3 人	安全等级二级及以上	负责推车梯
作业车作业	网上操作人	2 人	安全等级三级及以上	负责网上操作
	平台操作人	1 人	安全等级四级及以上	负责操作平台升降

2. 仪器仪表、工具材料及劳保用品(表 2.8.2)

表 2.8.2 仪器仪表、工具材料及劳保用品

项目	名称	型号	单位	数量	备注
仪器	激光测量仪	DJJ-8	台	1	
工具材料	手扳链条葫芦	RICKY-30×5m	台	2	
	手扳葫芦	P2000	台	1	
	卡线器	1.5 t	套	2	
	钢丝套	1.2 m	根	2	
	橡胶锤		把	1	

续表

项目	名称	型号	单位	数量	备注
工具材料	可调式力矩扳手	20~100 N·m	套	2	
	钢丝钳	200	把	1	
	大绳	16 m	根	1	
	滑轮	1.5 t	个	1	
	接触线中心锚结线夹	H型	套	1	
	承力索中心锚结线夹	各种型号	套	2	
	接触线中心锚结辅助绳	JTMH-70	m	20	
	承力索中心锚结辅助绳	各种型号	m	120	
	中心锚结压接套装		套	1	
劳保用品	安全帽	—	顶	6	
	安全带	双钩	根	2	

3. 作业步骤

（1）测量中心锚结中间及相邻1个定位处的接触线高度。

测量方法：使用接触网激光测量仪，测量定位处接触线高度，接触线中心锚结线夹外侧第1根吊弦接触线高度，如图2.8.4所示。

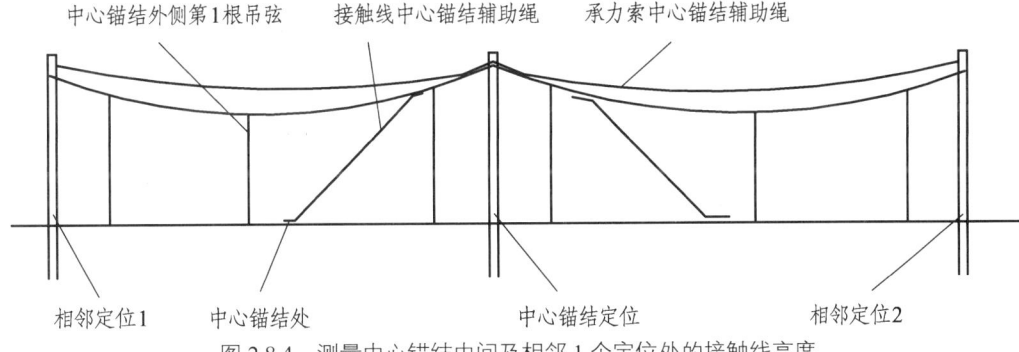

图2.8.4　测量中心锚结中间及相邻1个定位处的接触线高度

（2）检查承力索、接触线中心锚结辅助绳状态。

外观检查中心锚结辅助绳有无断股现象。承力索中心锚结辅助绳断股3股以下，应使用相关型号的全张力承力索接续条进行机械补强；承力索中心锚结辅助绳断股3股及以上，必须更换整根承力索中心锚结辅助绳。

接触线中心锚结辅助绳断股时，必须更换整根接触线中心锚结辅助绳。

（3）更换整根承力索中心锚结辅助绳，方法和步骤如下：

① 地面测量承力索中心锚结辅助绳的长度，使用同一型号的承力索预制承力索中心锚结辅助绳，在一端安装下锚终端线夹。

② 承力索中心锚结绳下锚承锚角钢处安装一根钢丝套。

③ 在承力索中心锚结绳距下锚终端线夹1 000 mm处安装一个卡线器，如图2.8.5所示。

图 2.8.5　安装卡线器

④ 在钢丝套和卡线器间安装 1 台手扳链条葫芦，通过紧线，将旧承力索中心锚结绳从绝缘子处拆除，手扳葫芦暂不拆除。

⑤ 安装新的承力索中心锚结绳锚固线夹到绝缘子，放线至中心锚结定位悬挂点。

⑥ 在中心锚结定位承力索座安装放线滑轮，将新的承力索中心锚结绳倒入滑轮内，继续放线至另一处下锚终端。

⑦ 在承力索中心锚结绳下锚的另一端使用每 2、3、4 步，拆除旧承力索中心锚结绳，但葫芦暂时不能拆除。

⑧ 在新承力索中心锚结绳上安装 1 个卡线器，使用 P2000 手扳葫芦预拉新承力索中心锚结绳至绝缘子连接孔，对比新承力索中心锚结绳的长度，制作锚固终端线夹，并将承力索中心锚结绳连接到绝缘子上。

⑨ 在中心锚结定位处旧线从双槽承力索座倒出，拆除旧线上的承力索中心锚结线夹，先拆除一侧的 2 个线夹，在新线上安装 2 个线夹，依此顺序拆除另一侧的线夹、安装线夹。

⑩ 将新线倒入双槽承力索座紧固螺栓。

⑪ 拆除旧线上的手扳葫芦，整根旧线拆除。

⑫ 拆除新线上的 P2000 手扳葫芦，完成更换作业。

（4）更换整根接触线中心锚结辅助绳，方法和步骤如下：

① 地面预制接触线中心锚结辅助绳：使用 JTMH – 70 型铜绞线，长度为 5 倍接触线距承力索间距 + 500 mm；

② 在接触线中心锚结线夹内侧安装卡线器，承力索斜向位置安装另一个卡线器，使用手扳葫芦将接触线与承力索稍微承受点拉力，使用大绳将接触线与承力索并线，使接触线中心锚结绳完全不受力；如图 2.8.6 所示。

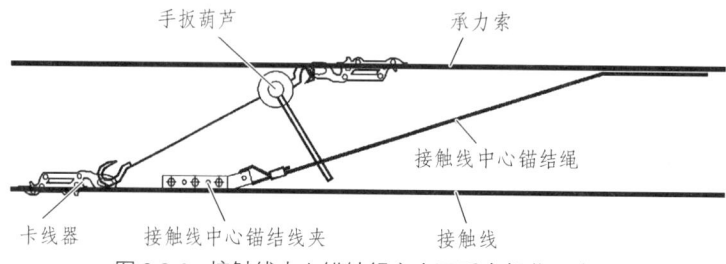

图 2.8.6　接触线中心锚结绳完全不受力操作示意图

③ 拆除原接触线中心锚结绳及其连接零件。

④ 在原位置安装新的接触线中心锚结线夹，对比接触线中心锚结绳长度，在原位置安装承力索中心锚结线夹。

⑤ 拆除手扳葫芦及卡线器。

⑥ 复测接触线中心锚结线夹处接触线高度，满足技术标准。

（5）测量接触线中心锚结线夹处接触线高度，若低于相邻吊弦或高于相邻吊弦大于 10 mm，则必须进行调整。调整方法及步骤如下：

① 在接触线中心锚结辅助绳上安装一个卡线器；

② 在承力索上安装另一个卡线器；

③ 在两个卡线器安装一台手扳葫芦（P2000），通过紧线使手扳葫芦链条稍微受力，用大绳将接触网与承力索并线，使接触线中心锚结辅助绳不受力；如图 2.8.7 所示。

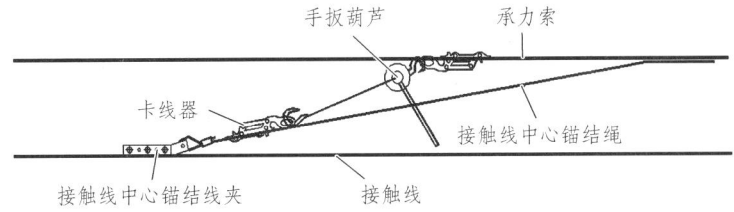

图 2.8.7　调整接触线中心锚结线夹处接触线高度

④ 松动承力索中心锚结线夹，使接触线中心锚结辅助绳能左右移动。

⑤ 当接触线中心锚结辅助绳弛度过大，辅助绳下坠低于接触线时，应使承力索中心锚结线夹与接触线中心锚结辅助绳同时远离接触线中心锚结线夹移动，移动长度视辅助绳弛度大小而定。

⑥ 当接触线中心锚结辅助绳弛度过小，接触线中心锚结线夹处导高大于 10 mm 相邻吊弦时，应使承力索中心锚结线夹与接触线中心锚结辅助绳同时靠近接触线中心锚结线夹移动，移动长度视辅助绳弛度大小而定。

⑦ 移动长度确定后，紧固承力索中心锚结线夹。

⑧ 拆除卡线器和手扳葫芦。

⑨ 复测接触线中心锚结线夹处导高，如未符合标准，则按上述步骤重复操作，直到导高符合标准。

（6）校验中心锚结各螺栓、螺帽紧固力矩。

① 使用可调式声响力矩扳手，力矩调至 50 N·m。

② 逐步校验螺栓、螺帽紧固力矩，扭至声响立即停止，该紧固力矩为合格。

③ 各螺栓、螺帽紧固力矩标准如下：

接触线中心锚结线夹：A2-70 材质，力矩 50 N·m；A2-80 材质，力矩 100 N·m；

承力索中心锚结线夹：A2-70 或 A2-80 材质，力矩 50 N·m。

四、学习资料

中心锚结的讲解

★ 任务单：中心锚结的检修

项　目	任务清单内容
任务情境	在某一处接触网锚段中部，中心锚结绳出现散股断股现象，现在需要对中心锚结绳进行更换
任务目标	1. 掌握中心锚结的作用、类型、结构和安设要求； 2. 能够进行中心锚结的检修作业； 3. 培养学生的团队合作精神
任务问题	1. 简述中心锚结的作用和安设要求； 2. 简述中心锚结的类型和结构
任务实施要求	1. 填写工作票； 2. 作业前，准备好材料及工器具，作业人员穿戴好安全防护用品； 3. 作业前，作业小组召开安全预想会，分析作业过程中的安全隐患并制订预防措施，作业过程中做好安全防护； 4. 作业完成后，清理作业现场，材料及工器具按要求入库
任务完成效果	1. 工作票填写清晰合理； 2. 中心锚结绳更换后，质量符合标准要求； 3. 每个小组作业分工明确、团队合作默契
任务完成耗时	2 h
实施人员	全体学生
任务点评	小组互评、教师点评

★ **活页笔记：中心锚结的检修**

项　目	内　　容
学习笔记	重点： 难点： 学习收获：
任务问题答案	
任务完成过程	（由学生描述具体的作业分工和作业过程中任务完成的步骤）
任务完成实际耗时	
任务完成实际效果	

任务九　锚段关节的检修与维护

★ 知识学习

一、锚段及锚段关节

接触网分成若干一定长度且机械、电气上相互独立的分段，称为锚段。锚段之间衔接过渡的部分称为锚段关节，如图 2.9.1 所示。

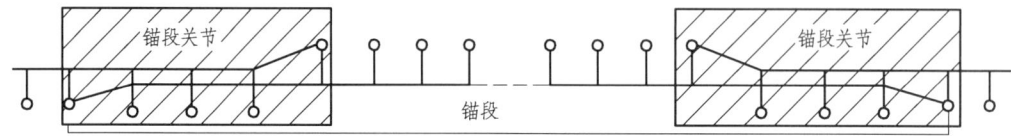

图 2.9.1　锚段及锚段关节示意图

二、锚段关节的作用

（1）实现接触网的机械和电气分段，以满足供电和授流需要。
（2）使受电弓高速、平稳、安全地从一个锚段过渡到另一个锚段。
（3）便于在接触网中安装必要的机电设备。

三、锚段关节的分类

1. 按照作用分

锚段关节按照作用分类，可以分为绝缘锚段关节和非绝缘锚段关节。绝缘锚段关节可以实现机械和电气分段，非绝缘锚段关节仅起到机械分段。

2. 按照结构分

在城市轨道柔性接触网中，锚段关节按照结构分，最常见的为三跨非绝缘锚段关节和四跨绝缘锚段关节。

（1）三跨非绝缘锚段关节：相邻两锚段重叠三个跨距，只进行机械分段，电气上是连通的。结构如图 2.9.2 所示。

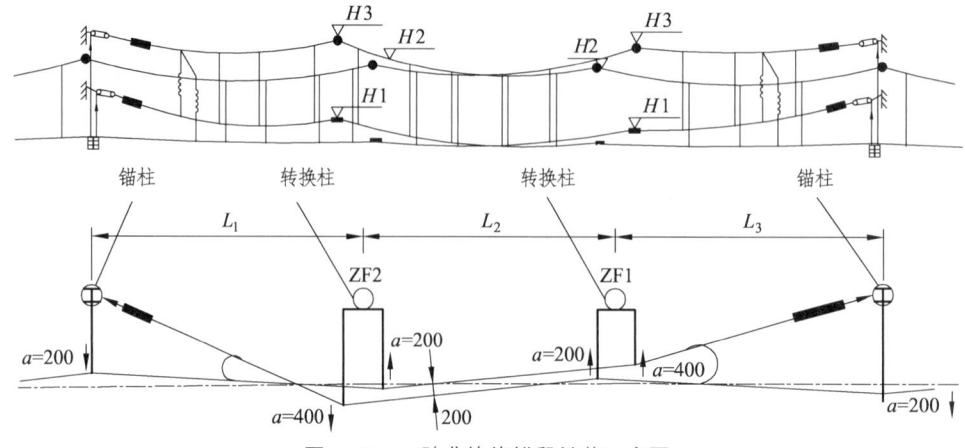

图 2.9.2　三跨非绝缘锚段关节示意图

（2）四跨绝缘锚段关节：相邻两锚段重叠四个跨距，机械上分段，电气上相互独立。通过隔离开关实现电路的通断。结构如图 2.9.3 所示。

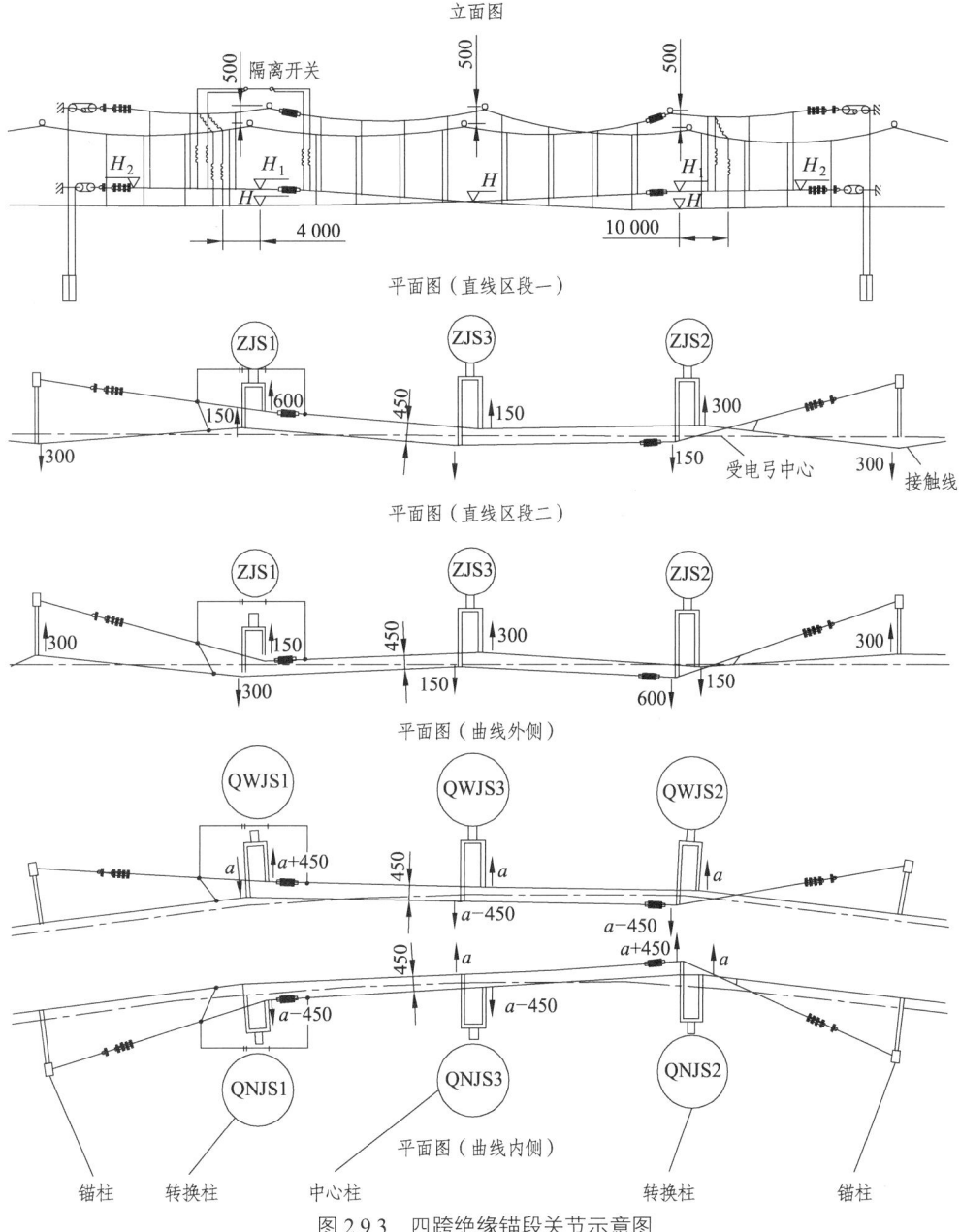

图 2.9.3 四跨绝缘锚段关节示意图

四、锚段关节检修

1. 人员准备

① 作业组人数不少于 6 人；

② 工作领导人、安全检查员安全等级不低于四级；

③ 场/段作业设置信号楼防护人员。

2. 作业条件准备

① 作业区域可能来电方向各接挂 1 组地线；

② 做好工作票要求的其他安全措施。

3. 工器具、耗材及备件（表 2.9.1）

表 2.9.1 工器具、耗材及备件

项目	名 称	型 号	数 量	备 注
安全工器具	地线		2组	根据检修范围增减
	验电器		1套	根据现场情况增加
	绝缘手套		1双	根据现场情况增加
	安全带		根据登高人数配置	
	安全帽		根据作业组人数配置	
	照明工具		根据作业组人数配置	
	钢丝刷		1把	根据现场情况增加
作业工器具	激光测量仪	DJJ-8	1台	
	水平尺		1把	
	力矩扳手	20～100 N·m	1把	
	两用长扳手	24 mm，开口、梅花	1把	
	两用长扳手	30 mm，开口、梅花	1把	
	螺丝刀	—	1个	
	水平尺		1把	
	克丝钳		1把	
	钢卷尺		1把	
	活动扳手		2把	
	双头口尖尾棘轮	#16、#18	1套	
	圆头锤	1.5磅	1把	
耗材及辅材	螺母、垫片	各种型号	若干	
	砂纸		2张	
	螺栓紧固剂		1瓶	
	画线笔		1支	

4. 三跨非绝缘锚段关节检修项目、方法及质量标准（四跨与三跨检修项目相同，参数根据实际情况有所变化）

（1）测量柔性锚段关节参数。

① 测量两转换柱工作支及非工作支定位点接触线拉出值及导高。

② 测量下锚侧非工作支接触线拉出值为 450～500 mm 处相对于工作支接触线的抬高量。

（2）关节参数核对及调整。

① 转换柱工作支定位点接触线拉出值及导高符合设计值，允许误差 ±30 mm。

② 转换柱处非工作支与工作支接触线间、承力索间的水平距离、垂直距离，非绝缘关节为 200 mm，绝缘关节为 300 mm，允许误差 ±30 mm。

若两支水平距离不满足标准要求，则通过调整非支锚支定位卡子位置对两支水平线间距进行调整；也可以通过调整反定位下定位双环在反定位管的位置来调整两支水平线间距。

若两支垂直距离不满足标准要求，则通过调整工作支两侧吊弦长度（调整吊弦长度须注意定位器坡度应满足要求）或者调整反定位管高度或者通过调整非支定位管高度，对两支垂直线间距进行调整。

下锚侧非工作支接触线拉出值为 450～500 mm 处比工作支接触线高 200～300 mm。若超限，则可调整吊弦长度使其达到标准。

（3）检查柔性接触网锚段关节电连接状态。

① 检查电连接线。

电连接线的安装应当预留因温度变化而产生的位移长度。若电连接线安装长度无法满足因温度变化导致的位移，则应重新预制。

电连接线不得散股、断股。轻微散股可用单股铜绑扎线进行绑扎固定，若存在大面积散股或者断股，则须重新预制更换。

电连接线与承力索之间的绑扎线应用单股铜线进行绑扎，绑扎应紧密而不重叠。

② 检查电连接线夹。

电连接线夹应当完全夹入接触线上部沟槽内，线夹主副丝应当紧固。

若线夹未完全夹入接触线沟槽，则须重新安装，安装位置须涂抹导电膏；检查紧固情况时，先紧固线夹主螺栓，后紧固副螺母。

电连接线夹应安装牢固，接触良好，对有烧伤痕迹的线夹应打开检查，安装线夹内应无杂物并涂导电介质。

接触线电连接线夹在直线处应处于铅垂状态，曲线处应与接触线倾斜度相一致。

对于并接式电连接线夹，电连接线应伸出线夹外 10～20 mm。

（4）检查锚段关节其他零部件。

① 锚段关节定位处两定位器能分别自由转动，不得卡滞；非工作支和工作支定位器、管之间的间隙不小于 50 mm。

② 若定位器存在卡滞，则须将定位器卸力调整，必要时更换相应零部件。

③ 零部件无锈蚀、无烧伤痕迹，螺栓紧固良好，各线索无散股、断股。

（5）检查绝缘锚段关节柔性下锚绝缘子。

① 目视绝缘子不得有裂纹，瓷体无破损、烧伤，其瓷釉剥落面积不大于 300 mm^2。

② 清扫柔性下锚绝缘子，使其保持洁净。

5. 三跨非绝缘锚段关节检修作业安全注意事项

① 柔性线岔在渡线道岔处，来电方向较多，作业前要确保地线封锁作业区域。

② 推扶梯车过道岔时要注意梯车状态，防止掉道伤人。

③ 梯车在走行中，高空作业人员应面向行走方向，防止头部卡制在岔心。

④ 调整线岔时，人员不得站在受力方向反侧。

⑤ 场段作业信号楼设置防护人员。

五、学习资料

锚段关节的讲解

★ 任务单：锚段关节检修

项 目	任务清单内容
任务情境	在演练场中，通过激光测量仪发现三跨非绝缘锚段关节参数不符合标准要求
任务目标	1. 掌握锚段及锚段关节的概念、作用、类型和结构； 2. 能够进行三跨非绝缘锚段关节的参数测量和调整； 3. 具备团队合作、精益求精的精神
任务问题	1. 简述锚段及锚段关节的概念、作用、类型和结构； 2. 简述三跨非绝缘锚段关节的检修内容
任务实施要求	1. 填写工作票； 2. 作业前，准备好材料及工器具，作业人员穿戴好安全防护用品； 3. 作业前，作业小组召开安全预想会，分析作业过程中的安全隐患，并制订预防措施，作业过程中做好安全防护； 4. 作业完成后，清理作业现场，材料及工器具按要求入库
任务完成效果	1. 工作票填写清晰合理； 2. 三跨非绝缘锚段关节技术参数符合质量标准
任务完成耗时	2 h
实施人员	全体学生
任务点评	小组互评、教师点评

★ 活页笔记：锚段关节检修

项　目	内　　容
学习笔记	重点： 难点： 学习收获：
任务问题答案	
任务完成过程	（由学生描述具体的作业分工和作业过程中任务完成的步骤）
任务完成 实际耗时	
任务完成 实际效果	

任务十　线岔的检修与维护

★　知识学习

一、线　岔

（一）线岔的定义及作用

在地铁线路区段的站场内两个股道交叉处，为了使电力机车受电弓由一股道顺利过渡到另一股道，在两条钢轨交叉的上空相应有两支汇交的接触线，在两支汇交接触线的相交处用限制管连接并固定的装置称为线岔，又称等空转辙器或空中转换器。如图 2.10.1 所示。

图 2.10.1　线岔

线岔的作用是在转辙的地方，当一组接触悬挂的接触线被受电弓抬高时，另一组悬挂的接触线也能同时被抬高，从而使它与另一接触线产生高差 Δh。高差随着受电弓靠近始触点而缩小，到达始触点时，高差基本消除而使受电弓顺利交接，以使接触线不发生刮弓现象。使电力机车受电弓由一条股道上空的接触线平滑、安全地过渡到另一条股道上空的接触线上，从而使电力机车牵引的列车完成线路转换运行。

（二）线岔组成

城市轨道柔性接触网使用的是交叉线岔，它是由两相交接触线、一根限制管、固定限制管的定位线夹及螺栓组成，如图 2.10.2 所示。

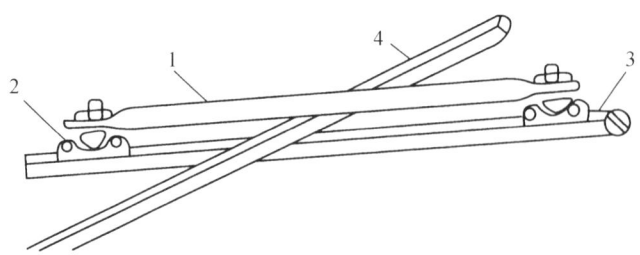

1—限制管；2—定位线夹；3—正线接触线；4—侧线接触线。

图 2.10.2 交叉线岔组成

（三）无线夹区

受电弓在道岔区域短时间内同时与两条接触线接触，侧线接触线和正线接触线在受电弓的一个侧面上运行。动态抬升作用可能引起接触线滑板与任何倾斜安装的线夹发生剧烈冲撞，可能诱发事故，因此在考虑受电弓的动态抬升及车辆的横向运动等因素的基础上建立无线夹区，如图 2.10.3 所示。

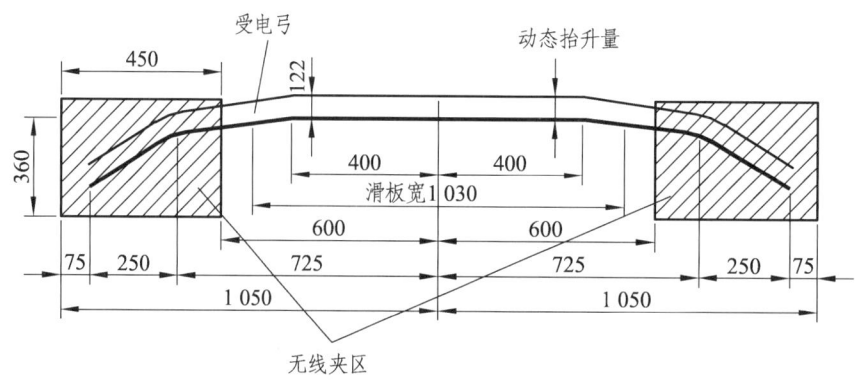

图 2.10.3 无线夹区示意图

（四）交叉线岔的布置原则

① 从始触点（始触区）至交叉点的一定区域内，两支接触线必须位于受电弓的同侧半有效工作区内，防止刮弓或钻弓。

② 为了减少因定位和增加一支悬挂对受流的影响，在定位点处，受电弓只能与正线接触线接触，且接触线应适当抬高，其抬高量与悬挂类型和列车最大运行速度有关。

③ 接触线交叉点应适当远离定位点。

④ 在交叉点，正线接触线的拉出值应小于侧线支拉出值。

⑤ 必须保证无线夹区内无任何零件。

二、交叉线岔检修

(一) 人员与作业条件 (表 2.10.1)

表 2.10.1 人员与作业条件

人员条件	1. 作业组人数不少于 6 人
	2. 工作领导人、安全检查员安全等级不低于四级
	3. 场/段作业设置信号楼防护人员
作业条件	1. 作业区域可能来电方向各接挂 1 组地线
	2. 做好工作票要求其他安全措施

(二) 工器具、耗材及备件 (表 2.10.2)

表 2.10.2 工器具、耗材及备件

项目	名称	型号	数量	备注
安全工器具	地线		2 组	根据检修范围增减
	验电器		1 套	根据现场情况增加
	绝缘手套		1 双	根据现场情况增加
	安全带		根据登高人数配置	
	安全帽		根据作业组人数配置	
	照明工具		根据作业组人数配置	
	钢丝刷		1 把	根据现场情况增加
作业工器具	激光测量仪	DJJ-8	1 台	
	水平尺		1 把	
	力矩扳手	20～100 N·m	1 把	
	两用长扳手	24 mm，开口、梅花	1 把	
	两用长扳手	30 mm，开口、梅花	1 把	
	螺丝刀	—	1 个	
	水平尺		1 把	
	克丝钳		1 把	
	钢卷尺		1 把	
	活动扳手		2 把	
	双头口尖尾棘轮	#16、#18	1 套	
	圆头锤	1.5 磅	1 把	
耗材及辅材	螺母、垫片	各种型号	若干	
	砂纸		2 张	
	螺栓紧固剂		1 瓶	
	画线笔		1 支	

（三）交叉线岔检修作业项目

1. 测量柔性接触网线岔参数

如图 2.10.4 所示。

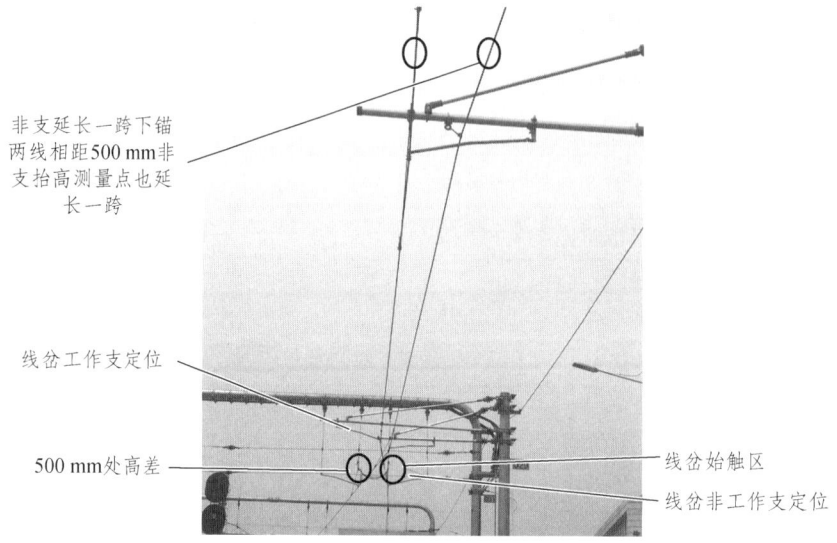

图 2.10.4　柔性接触网线岔参数测量

（1）测量线岔工作支和非工作支定位点处拉出值。

（2）测量两工作支接触线相距 500 mm 处的高差。

（3）测量下锚侧两支接触线相距 500 mm 处非支接触线抬高量。

（4）测量线岔交叉点的投影位置。

（5）测量线岔始触区是否安装有妨碍受电弓运行的线夹。

线岔测量宜使用激光测量仪，具体方法详见激光测量仪使用说明书。

若非支是延长一跨下锚，那么测量点也需延长一跨在两支接触线相距 500 mm 处进行测量非支抬高量。

2. 柔性接触网线岔参数调整

（1）分析测量数据，对不合格的数据进行调整。

因线岔各个数据之间相互影响，联动性较高，所以数据调整前应当对整个测量数据进行分析，统筹考虑确定调整的方向和调整量。

（2）工作支拉出值标准值为 200 mm，困难情况下不超过 350 mm，若超限则应调整至标准。曲线或者下锚支水平拉力过大时，应当利用手扳葫芦、拉力带进行调整。

（3）两工作支接触线相距 500 mm 处高差：正线与侧线组成线岔时，侧线接触线应高于正线接触线 10～30 mm；侧线与侧线组成线岔时，两工作支应等高，允许上方接触线高于下方接触线 0～30 mm。

高差不符合标准时，简单悬挂通过调整弹性吊索，链型悬挂通过调整整体可调吊弦，使其达到标准值。

（4）下锚侧两支接触线相距 500 mm 处非支接触线抬高：非工作支接触线应高于工作支接触线 50~150 mm，简单悬挂特殊区段困难情况下不得小于 40 mm。

非支抬高不符合标准时，简单悬挂通过调整弹性吊索，链型悬挂通过调整整体可调吊弦，使其达到标准值。

（5）单开道岔上方的交叉线岔，标准定位时，岔柱中心位置应在道岔导曲线外轨外缘至基本轨内缘为 600 mm 的延长线上，两接触线相交于道岔导曲线两内轨轨距（即岔心轨距）630~760 mm 的横向中间位置处，如图 2.10.5 所示。

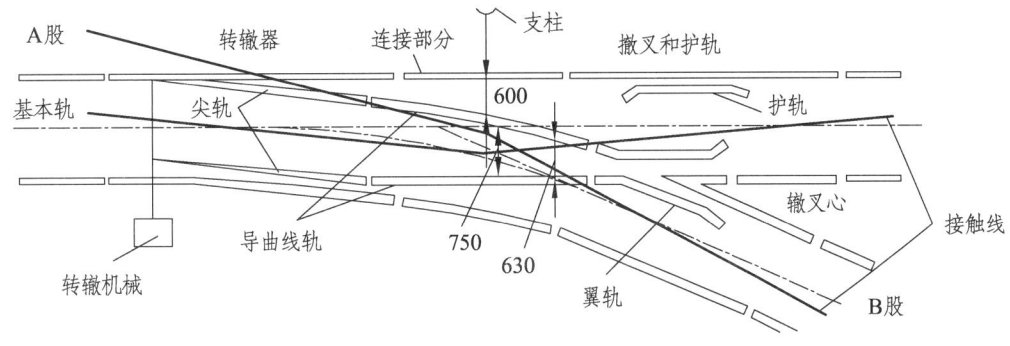

图 2.10.5　单开道岔上方交叉线岔示意图

对于交叉道岔的线岔，两支接触线相交于两渡线中心线的交点处，允许横向偏差 ±50 mm。

线岔交叉点的投影位置不符合标准时，通过调整线岔定位点处拉出值进行调整。

（6）线岔始触区的测量：测量两工作支接触线上安装的线夹位置（必需的吊索线夹除外）：先把测量仪放在 A 股道测量 B 股道接触线上线夹的拉出值，再把测量仪放在 B 股道测量 A 股道接触线上线夹的拉出值。

该拉出值应当小于 400 mm 或者大于 850 mm，超限时将线夹移至受电弓始触区外。

（7）检查线岔本体安装位置及活动间隙。

线岔本体安装位置如图 2.10.6 所示。

检查线岔处两支承力索、两支吊索间是否直接互磨。若直接互磨，可调整承力索、吊索位置或者在线索上加装护套来解决。

检查线岔处接触线磨损情况，若有明显磨损，可通过调整弹性吊索和调整吊弦（增加吊弦）进行调整。

根据现场温度观察线岔交叉点在限制管内的位置是否合理，其偏移量不得超限。

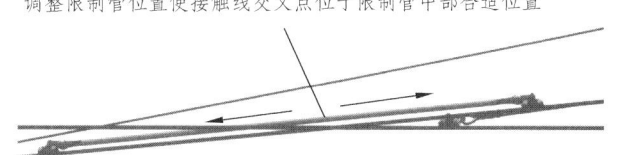

图 2.10.6　线岔本体安装位置图

（8）检查接触网线岔电连接状态。

线岔电连接如图 2.10.7 所示。

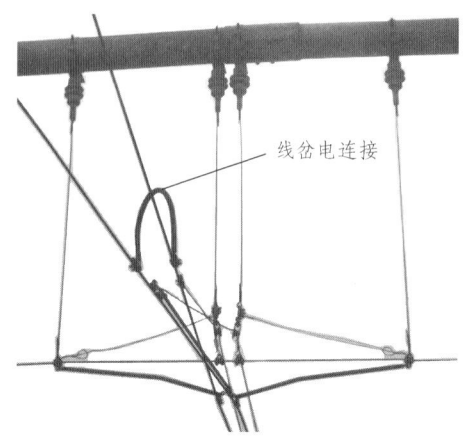

图 2.10.7　线岔电连接

检查电连接的安装位置及与接地体的绝缘距离。

检查电连接长度是否满足温度变化位移量。

检查电连接本体及连接紧固件情况。

（9）检查线岔其他零部件。

检查线岔处支持装置、定位装置、接触悬挂的技术状态，检查接触网各部线夹及防松垫片，紧固螺栓。

（10）螺栓画线。

检查设备技术参数已调整至标准状态。

画线方法及标准：画线应有静态参照物（不仅包括螺母等动态部件，还应包括设备本体等静态部件作为参照物），同一零部件画线方向应统一且一笔成形，避免多笔重复画线造成错觉；对已画线紧固部件调整后，需对原线清除后重新画线，确保所画线路的有效性；画线位置应利于步行巡视观察。

画线部位：无止动垫片的所有螺栓。

（四）交叉线岔检修作业安全注意事项

① 柔性线岔在渡线道岔处，来电方向较多，作业前应确保地线封锁作业区域。

② 推扶梯车过道岔时应注意梯车状态，防止掉道伤人。

③ 梯车在走行中，高空作业人员应面向行走方向，防止头部卡制在岔心。

④ 调整线岔时人员不得站在受力方向的反侧。

⑤ 场段作业信号楼按要求设置防护人员。

三、学习资料

接触网线岔的维护

★ **思政链接**

一个接触网工长的心路历程,献给所有追梦的人!

追梦,是一个目标,是一段成长历程,也是一个新征程的开始。

李华(图 2.10.8),一名普通的接触网工,他也有自己的梦想,他的梦想就是靠自己勤劳的双手能有所作为,在铁路高速发展的事业上贡献自己的力量。

图 2.10.8　接触网工李华

宜万铁路线开通之初,大山里的生活条件非常艰苦,工作环境也很恶劣,尤其是在长阳站。由于地质的问题,这里的水质很差,以至于人的日常饮水和用水都成了问题。李华当时是一名刚从院校毕业的学生,他却选择了在条件最为艰苦的地方工作,这一干就是七年。

这七年,他曾失望过、退缩过、迷茫过,但他始终没有忘记当初为什么选择干铁路供电这一行,没有忘记为什么选择来到这么偏远的大山深处,更没有忘记作为一名合格共产党员的使命——干出一番事业,对铁路事业做出一点贡献。

七年时间,他始终坚持学习,用专业知识武装自己,参加各种技能比赛锻炼自己,在艰苦的环境里磨炼自己。他通过自己的努力,先后获得路局、段先进生产工作者荣誉,2016 年取得了铁路总公司供电系统技能大赛全路个人项目第 6 名的好成绩,同时获得全路技术能手称号。

梦想起航,不忘初心,继续前行!

★ 任务单：交叉线岔检修维护

项　目	任务清单内容
任务情境	在演练场中，对交叉线岔进行参数测量，对不符合要求的参数进行调整
任务目标	1. 掌握交叉线岔的作用、结构； 2. 能够进行交叉线岔的参数测量和调整； 3. 具备团队合作、精益求精的精神
任务问题	1. 简述交叉线岔的作用和结构组成； 2. 简述始触区和始触点的概念； 3. 交叉线岔中，为什么要设置无线夹区？ 4. 在交叉线岔参数测量时，需要测量哪些参数？
任务实施要求	1. 填写工作票； 2. 作业前，准备好材料及工器具，作业人员穿戴好安全防护用品； 3. 作业前，作业小组召开安全预想会，分析作业过程中的安全隐患并制订预防措施，作业过程中做好安全防护； 4. 作业完成后，清理作业现场，材料工器具按要求入库
任务完成效果	1. 工作票填写清晰合理； 2. 交叉线岔参数符合质量标准
任务完成耗时	2 h
实施人员	全体学生
任务点评	小组互评、教师点评

★ 活页笔记：交叉线岔检修维护

项　　目	内　　容
学习笔记	重点： 难点： 学习收获：
任务问题答案	
任务完成过程	（由学生描述具体的作业分工和作业过程中任务完成的步骤）
任务完成 实际耗时	
任务完成 实际效果	

任务十一　分段绝缘器的检修与维护

★ 知识学习

一、供电分段的概念

接触网是一种特殊形式的供电线路,为了保证供电的可靠性和灵活性,并缩小停电事故发生的范围,要进行电气分段。被分段的接触网在电气方面是独立的,并用隔离开关连接。供电分段分为横向分段和纵向分段,如图 2.11.1 所示。

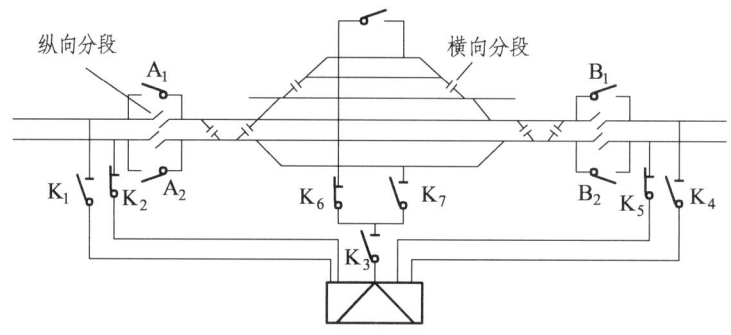

图 2.11.1　供电分段示意图

接触网线路(或线群)之间所进行的分段称为横向分段。

接触网沿线路方向所进行的分段称为纵向分段,如在站场和区间衔接处所进行的分段。

二、分段绝缘器

分段绝缘器又称分区绝缘器,是接触网电气分段的常用设备。它安装在各车站装卸线、机车整备线、电力机车库线、专用线等处。在正常情况下,机车受电弓带电滑行通过。

我国地铁柔性接触网中常用的分段绝缘器是消弧型分段绝缘器,如图 2.11.2~图 2.11.4 所示。

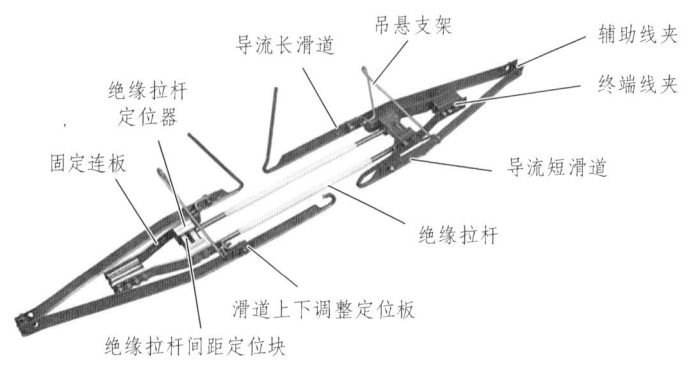

图 2.11.2　四滑道消弧型分段绝缘器(1)

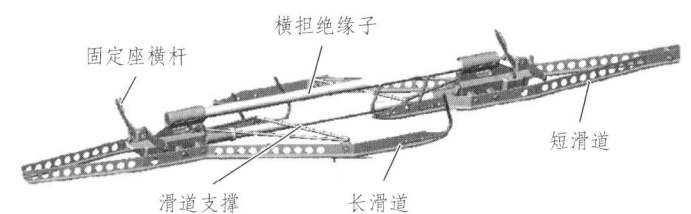

图 2.11.3 四滑道消弧型分段绝缘器（2）（某地铁 14 号线柔性接触网）

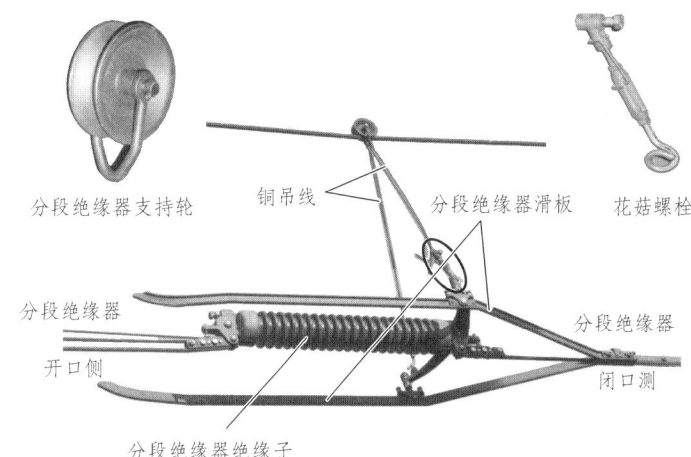

图 2.11.4 双滑道消弧型分段绝缘器

三、柔性分段绝缘器检修

（一）人员条件和作业条件（表 2.11.1）

表 2.11.1 人员条件和作业条件

人员条件	1. 作业组人数不少于 6 人
	2. 工作领导人、安全检查员安全等级不低于四级
	3. 场/段作业设置信号楼防护人员
作业条件	1. 作业区域可能来电方向各接挂 1 组地线
	2. 做好工作票要求其他安全措施

（二）工器具、耗材及备件（表 2.11.2）

表 2.11.2 工器具、耗材及备件

项 目	名 称	型 号	数 量	备 注
安全工器具	地线		2 组	根据检修范围增减
	验电器		1 套	根据现场情况增加
	绝缘手套		1 双	根据现场情况增加
	安全带			根据登高人数配置
	安全帽			根据作业组人数配置

续表

项 目	名 称	型 号	数 量	备 注
安全工器具	照明工具		根据作业组人数配置	
	钢丝刷		1把	根据现场情况增加
作业工器具	铝合金水平尺		1把	
	力矩扳手	20～100 N·m	2把	
	内六角扳手	M8、M10、M12	2把	
	钢卷尺		1把	
	接触网多功能激光测量装置	DJJ-8	1台	
	活动扳手		2把	
	尖嘴钳		1把	
	一字螺丝刀		1把	
	防震橡胶锤		1把	
	游标卡尺		1把	
耗材及辅材	抹布		4块	
	砂纸		2张	
	铁线	直径 4.0/2.0 mm	若干米	
	绑扎带		若干	
	螺栓紧固剂		1瓶	
	画线笔	红色	1个	
	毛刷		2个	
	螺母	M8、M10、M12	若干	
	弹簧垫圈		若干	

（三）柔性分段绝缘器的检修内容

以 DXF-1.6（Ⅱ）型分段绝缘器为例。

1. 分段绝缘器状态参数测量

线路封锁后，测量人员立即测量或参照修前调查数据（表 2.11.3），具体测量位置及内容见表 2.11.4。

（1）测量分段绝缘器安装环境参数。

分段绝缘器安装状态参数包含分段的负弛度、分段绝缘器相对线路中心安装位置、分段绝缘器安装处，接触线和承力索形成的截面必须与轨面垂直关系。

（2）分段绝缘器本体技术参数。

分段绝缘器本体技术参数包含四个消弧角组成的平行四边形区域与轨平面关系。

表 2.11.3 分段绝缘器参数测量图表（修前）

分段绝缘器参数测量图表（修前）

编号	云05	站场	南江口站	杆号	II-006—I-007#	道岔号	1#-3#	测量人		记录人		测量日期	
示意图	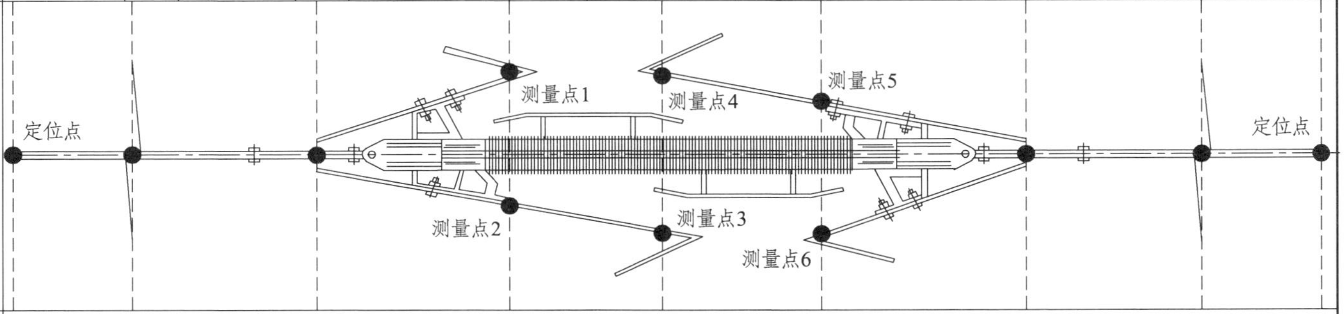												
导高													
拉出值						超高：							
滑板磨耗						测量点1：		测量点3：		测量点5：			
						测量点2：		测量点4：		测量点6：			
吊弦状态													
状态分析												分析人：	

表 2.11.4　分段绝缘器参数测量图表（修后）

编号	云05	站场	南江口站	杆号	Ⅱ-006—Ⅰ-007#	道岔号	1#-3#	测量人		记录人		测量日期	
示意图	分段绝缘器参数测量图表（修后）													
导高													
拉出值	超高：												
滑板磨耗	测量点1：		测量点4：			测量点5：							
	测量点2：		测量点3：			测量点6：							
吊弦状态													
状态													
状态分析	分析人：												

（3）分段状态参数分析（由监护人员完成）。

分析分段安装状态参数是否符合标准，分析分段本体技术参数是否符合标准，确定调整方案。分析方法如下：

分段绝缘器两侧接头线夹处接触线高度（H_1、H_2），与两侧定位点测量数据（取平均值 H_3）比较，查看分段绝缘器顺线路方向是否平行（$\triangle H = H_1 - H_2$）和相对于两侧定位点是否存在一定的负弛度（$\triangle P = H_3 - H$），要求负弛度在 15～20 mm 范围内。

根据分段绝缘器长、短滑板工作面与轨面连线的高度（H_4、H_5），检查垂直线路方向是否平行（$\triangle H = H_4 - H_5$），误差范围为 10 mm。

使用接触网多功能检测仪测量分段绝缘器两侧接头线夹处接触线对线路中心的偏移量，确定绝缘器中心（顺线路方向）与受电弓中心偏移是否超过标准，偏移值不超过 100 mm。

2. 检查分段各零部件状态（由高空人员完成）

检查分段主绝缘、承力索分段绝缘子。检查分段接触线接头的外观；检查各部件连接、紧固情况；测量滑板磨耗及防闪络角隙数值。

（1）检查主绝缘及绝缘子支座有无裂纹、烧伤、破损和老化，清扫绝缘部件。

（2）测量导流板的下部球状部分磨损高度。

（3）检查分段绝缘器的绝缘滑道底面是否形成一条炭化痕迹。

（4）检查分段绝缘子伞裙有无破损、撕裂、气泡、老化，接缝有无开胶等缺陷，电镀层有无剥落现象等。

（5）检查绝缘器与接触线连接是否牢固、过渡是否平滑，各接头线夹有无裂纹、烧伤、腐蚀现象。

（6）检查各部件有无裂纹、损伤、短缺、脱焊，螺栓有无脱扣、锈蚀，各部位连接是否正确。

（7）检查两支防闪络角隙的空气绝缘间隙是否符合要求。

（8）检查调节吊弦有无断股、受力不均现象，检查调节螺栓是否锈蚀、损坏，检查各连接部位工作状态是否符合要求。

3. 分段状态调整（由监护人员指挥、高空人员调整）

根据测量数据及分析情况，对分段绝缘器负弛度不符合标准、分段绝缘器与轨面连线不平行、分段绝缘器中心（顺线路方向）与受电弓中心偏移超过标准等问题进行调整。

4. 模拟受电弓试验（由高空人员完成）

利用模拟受电弓模拟受电弓通过时的状态，检查受电弓过渡情况、导流滑道是否存在打弓情况、受电弓通过时是否存在磨主绝缘下沿情况。

使用水平尺模拟受电弓滑行状态，在接触线至柔性分段绝缘器再到接触线平缓行进，从水平尺进入柔性分段绝缘器的始触点开始至离开分段绝缘器的整个过程中，水平尺所接触的接触线线面、柔性分段绝缘器导流滑道接触面应始终与水平尺的贴面保持密贴接触。水平尺来回过渡应平滑。对撞击、卡滞、偏磨点进行调整。

5. 复测记录（由测量人员完成）

复测各部位技术参数，应符合技术标准；记录分段绝缘器的修后参数。

6. 检查紧固零部件划线（由高空人员完成）

再次检查各紧固部件是否紧固到位，如止动垫片是否煨到位、开口销是否已按要求掰开等。

7. 完成检调工作

（1）向工作领导人汇报检调工作完成情况，清点物料。

（2）收工会上汇报完成情况及存在问题，并提出检调建议。

（四）柔性分段绝缘器的检修方法

（1）绝缘器负弛度不符合标准，检修方法如下：

根据测量数据，确定调整方向和调整量，调整吊弦调节螺栓，使分段绝缘器比相邻定位点适当抬高 15~20 mm，如果分段绝缘器出现较大正弛度，在调整时需考虑分段两侧线岔参数的变化量，保证线岔的运行参数。

（2）分段绝缘器与轨面连线不平行，检修方法如下：

顺线路方向：根据测量数据，确定调整方向和调整量，调整或更换分段绝缘器两侧吊弦，使分段绝缘器顺线路两端等高，最大误差不超过 10 mm。

垂直线路方向：根据测量数据，确定调整方向和调整量，调整一侧吊线调节螺栓，再调节另一侧吊线的调节螺栓，使分段绝缘器平面与其正下方的两轨顶连线平行。

（3）分段绝缘器中心（顺线路方向）与受电弓中心偏移超过规定，检修方法如下：

根据测量数据确定调整量，适当增大或减小相邻定位点拉出值，需考虑分段两侧线岔的线间距及拉出值的标准。

（4）主绝缘滑道有裂纹、烧伤、破损、老化或严重磨损，检修方法如下：

① 在需要更换的分段绝缘器元件两侧接触线适当位置分别安装多功能紧线器，挂上手扳葫芦。

② 通过手扳葫芦紧线，直至安装分段绝缘器位置的线索充分卸载。

③ 做好标记，拆下旧分段绝缘器。

④ 将分段绝缘器骑跨在安装点的接触线上。

⑤ 松开手扳葫芦，使分段绝缘器充分受力，检查各部件受力情况，确认分相绝缘器受力状态良好、安全可靠后，拆卸手扳葫芦及其他紧线工具。

⑥ 安装两条可调整式整体吊弦，通过调整，使分相绝缘器底面对轨面连线平行，不许存在偏斜、不平现象，必要时，整理线面或用平锉整修。

⑦ 用作业车检测弓或水平尺模拟受电弓，沿分相绝缘器滑行，检查各零件衔接处是否存在不平整、硬点，接触是否可靠。

（5）承力索分段绝缘子裂纹、烧伤、破损和老化，检修方法如下：

更换承力索分段绝缘子，处理方法：在分段绝缘子两侧用紧线器连接手扳葫芦，适当紧起手扳葫芦，使分段绝缘子卸载；拔出连接销钉，拆下旧绝缘子，更换新绝缘子；松动手扳葫芦，检查受力情况。

（6）调节吊弦断股、受力不均，检修方法如下：

① 若调节吊弦有断股，调节螺栓锈蚀、损坏，应进行更换。更换后重新调整负弛度、顺线路方向水平、垂直线路方向水平，方法同上。

② 若两调节吊弦受力不均，应在分段绝缘器的安装处，用弹簧秤提起接触线，并记下弹簧秤指示 120～150 N 时接触线到作业平台的高度 H，此高度为安装分段绝缘器的最佳高度，按此高度调整两调节吊弦到受力状态。

（五）柔性分段绝缘器的检修技术标准

（1）分段绝缘器应于线路中心安装，一般情况下误差不超过 100 mm。

（2）滑道应平行于轨面，最大误差不超过 10 mm。

（3）绝缘器相对于两侧的定位点应有一定的负弛度，负弛度要求如下：分段本体留负弛度 15～60 mm，根据列车运行速度而定。当速度≤60 km/h 时，负弛度 15～20 mm；当速度为 60～120 km/h 时，负弛度 30～40 mm；当速度为 120～160 km/h 时，负弛度 40～60 mm。

（4）绝缘器导线接头处过渡平滑。

（5）分段主绝缘子与铜滑道间应保持 2～5 mm 高差。

（6）分段绝缘器不应长时间处于对地耐压状态，尤其在雾、雨、雪等恶劣天气时，应尽量缩短其对地的耐压时间，即当作业结束后应尽快合上隔离开关，恢复正常运行。

（7）绝缘器的主绝缘应完好，其表面放电痕迹应不超过有效绝缘长度的 20%，主绝缘严重磨损应及时更换。

（8）两支防闪络角隙的空气绝缘间隙应为 300 mm。

（9）接头线夹螺栓为 M12 规格，紧固力矩为 55 N·m；并钩线夹螺栓为 M10 规格，紧固力矩为 25 N·m。

（六）柔性分段绝缘器的典型缺陷处理

1. 负弛度问题

案例：分段无负弛度，分段本体比相邻定位点低 60 mm，分段本体参数良好，需微调至标准状态，分段两侧线岔 A 柱处定位正线导高比渡线高 30 mm，正线为标准导高。

处理方法：

（1）根据数据，通过分段法兰螺栓把本段整体提高，具体数值现场调整；

（2）测量两线岔 A 柱抬高拉出值，调整线岔抬高在 0～30 mm 范围内，通过调整正线拉出值保证线间距；

（3）更换松弛吊弦；

（4）根据分段本体测量数据，通过法兰螺栓进行微调。

2. 过渡不平滑

案例：滑板端部存在打击痕迹。

处理方法：从滑板端部向分段中心量取 50 mm，把水平尺放在此处，松开防松螺母，用活扳手紧固调整螺栓，直到水平尺处的导线与滑板在同一水平面内，随后紧固防松螺母。

（七）柔性分段绝缘器的检修安全注意事项及要求

① 工作领导人加强与驻站联络员的联系，在线路上注意道岔，防止挤岔。

② 作业人员在行走过程中注意避开股道轨枕固定螺栓上的涂油，高空人员在上车梯前注意脚底下有没有沾到，防止爬车梯时踩滑摔落。

③ 车梯辅助人员与高空人员密切配合，做好呼唤应答，防止分段绝缘器刮伤高空人员。

④ 检修绝缘器作业时，应用不小于 25 mm² 的等电位线先连接等位后再进行作业。

⑤ 检修时不得碰撞绝缘器和用脚踩踏绝缘器。

⑥ 清扫硅橡胶绝缘时，严禁使用带溶剂的各种清洗剂。

⑦ 分段负弛度调整完成后，需检查电连接的弛度是否存在侵入受电弓动态包络线的可能性。

⑧ 检修记录及测量记录必须由本人签名确认。

⑨ 因时间不足未能及时对分段绝缘器进行精调的，必须确保四个法兰螺栓的定紧螺母已紧固，分段本体基本调平，满足机车通过。

⑩ 需更换吊弦时，必须做好时间的预想，防止由于时间不足导致未能完成吊弦的更换。

四、学习资料

柔性接触网分段绝缘器安装与调整

★ 思政链接

青春不言败、磨炼是财富——电气化公司叶赤铁路接触网团队

今天的中国已经进入高铁时代。可您知道吗，在距离北京 400 多千米的地方，还有一条 80 多岁高龄的铁路，修建于日本侵略中国的"伪满"时期，如今，上面跑的竟然还是内燃机车。

为了让这条"老爷"线路焕发活力，叶赤铁路项目部的一群年轻人来到这里，一干就是三年多。工地的风吹日晒，让他们乍看像青年大叔，其实，他们和鹿晗、杨洋都是同龄人。在 113 km 的战线上，他们来回穿梭，当叶赤铁路安上电力翅膀焕发青春时，这些"小鲜肉"却变成了"老腊肉"。

接触网团队主要成员有 11 人，都是 90 后，平均年龄不到 28 岁，最小的只有 22 岁。项目部担负的"四电"改造任务，涉及通信、信号、电力以及三电迁改等，敷设的各种光缆、线路 1 120 多千米，是施工线路长度的 10 倍！接触网设施是电气化工程的主体，可以说，接触网就是叶赤铁路改造的生命线。

五年前，在赤峰市元宝山区平庄镇一个叫什二脑村的地方，这群刚毕业的学电力牵引供电的大学高才生走下车来，开始了梦的追逐。原以为这里是绿绿的草原，散落着座座洁白的蒙古包，结果放眼望去一片荒凉，破败不堪的村庄如同年久失修的铁路一样孤独凄凉。

带领他们的师傅是一位"中年大叔"李朋飞，其实，他也是一位 90 后，从事接触网工作 8 年之久，先后辗转京广线、成昆线等 4 个项目，从学徒工一步步成长为企业工匠……听了他的赫赫战绩，一个个年轻人摩拳擦掌，盼望早点爬杆架线，像蜘蛛侠一样天马行空织就铁路网。

理想与现实总是有一些差距，有时这个差距是十万八千里。李朋飞教大家的第一项技术竟是"挖基坑"，类似于刨树洞。没几天，大伙腰酸背疼，手上磨出了大大小小的水泡。一商量，找他说理去！

看着徒弟们怒气冲冲的样子，师傅竟笑眯眯地说："我就知道你们要找我，是不是不想挖坑了，想学爬杆接线？"神了，他竟然看透了大家的心思。大家正纳闷时，他继续不愠不火地说："你们的经历，我也有过。你们不想走直接跑，可以，但要回答我几个问题：普通电线杆的基坑一般挖多大？长宽高分别是多少？钢柱基坑多深？……"

小伙子们一下懵了，挖个坑还有这么多学问？见大家一脸不屑的样子，李朋飞循循善诱："你们爬杆高空作业时，如果杆子歪了或者倒了，是不是有生命危险？你们会不会骂人？首先会骂谁？"一连串发问直击心灵，振聋发聩，几个年轻人面面相觑，冲天怒气顿时没了，天空仿佛不再那么灰暗，大家纷纷拿起铁锹，重新开干……

有时，你向着成功出发了，成功却不会自然而然地降临你。随着叶赤铁路改造工程的推进，他们认识接触网零件，挖基坑、爬杆子，再到看图审图，掌握施工技巧，熟悉操作手册等，大家感觉实现了从理论到实践的飞跃，俨然成竹在胸。

2018年4月，马林站改造放接触线，这个年轻团队首次参战。可残酷的现实给了他们一记响亮的耳光。那次天窗点有2个小时，尽管每个人都使出了吃奶的力气，但由于方案不周密，现场一团糟，材料不到位，车辆无人管，人员严重窝工……最终，2小时的天窗点，他们只进行了半个小时的有效作业。开会时，马林站领导毫不客气地批评了接触网团队组织不力。

回到项目部，小伙子们一个个像霜打了的茄子，蔫头耷脑，第二天早上都不想起床。就在这时，宿舍门被推开了，项目经理徐广衍挂着双拐进来了，前不久，他的痛风和滑膜炎老毛病复发。他进来后，不仅没有责怪大家，相反极力安慰他们。看着他苦口婆心的样子，大伙心里的疙瘩慢慢地解开了，自信又回到了年轻的脸上。

这时，有人突然想起来："徐总，您不是今天回北京治病了吗？""唉，还不是你们这帮'小兔崽子'让我不省心。马上就要大会战，我不放心啊！"看着徐广衍离开时那步履蹒跚的背影，大家心里突然涌上一股莫名的感动，还有几丝触动！

为自己争口气！那一刻，他们仿佛一下成熟了很多，开始告别眼高手低，开始自我反省总结。每次天窗点施工前，大家充分利用班前准备会，将各方约在一起，梳理施工流程，将每项任务落实到人，环环相扣，并准备了2套不同的方案。结果，第二次天窗点施工，他们的利用率一下提高到1 h 40 min！

2018年10月28日上午11时，随着平庄站封锁命令的下达，叶赤铁路进行第四次大规模封锁施工。这个团队负责接触网全线逐步平推验收，牵扯近14 km的路段。大家分成4个小组，每组负责4个锚段，经过18 h，他们完成一杆一档平推、测量、验收等工作。

为了这次大封锁施工，接触网团队2个月前就着手准备。从材料进场、工期安排、施组方案，大家都进行了周密策划，甚至对每个点的作业时间，精确计算到分钟。停轮封锁施工牵扯方方面面，仅设备验收单位就有电务段、工务段、车务段等六七家，他们一一对接，并配合站前单位，对施工中可能的光电缆故障等提前进行了抢修，还制订了应急方案。

到10月30日下午3时50分，经过52 h的连续奋战，第四次停轮封锁施工顺利完成！这是一次大捷，为2019年全线开通奠定了基础，受到建设单位的广泛好评。

生活就是这样，当你抱怨它时，它也会指责你，当你对它报以微笑时，它也会对你笑脸相迎。

在这群人中，不得不提"点子大王"——这个团队的"头儿"李发。他和大家一起来到这个项目，开始桀骜不驯，后来突然变得勤奋好学、踏实肯干，没事就往工地跑，跟在老师傅后面问这问那。结果，入职半年多，他就被任命为二标上部施工负责人。

一次煮酒夜话时，小伙伴们纷纷向发哥讨教成功秘诀。"我哪有什么秘诀，现在的一切都是'吓'出来的。"原来，第一次架设承力索时，为了逞能，李发报名领了这个任务。收工时，他抬头一看，猛然发现刚才的承力索上方 1 m 处，有一根 10 kV 架空线！这可不得了，他连忙抓起电话询问这条架空线是否带电，当得到否定回答后，他竟一屁股坐到地上，"兄弟们，如果架空线带电会怎样？我差点就把你们弄'丢'了呀！"说这话时，这个大男孩竟呜咽着哭了起来……

也就是从那一天起，大家的心不再浮躁，安全、质量等这些枯燥的字眼，在他们的心里扎下了根，师傅在班前教育的叽叽喳喳，他们突然感到那样亲切、那么重要！2016 年 5 月进场以来，这个项目先后进行了 4 次大封锁施工，没有发生一起安全质量事故。目前，整项工程进展顺利，完工在即。

青春不言败，磨难是财富。夏天的蛙叫、恼人的虫鸣，还有，冬天里零下 30 多度的刻骨寒冷，爬上杆子戴着三层手套架线，冻得牙齿直打架，寒风一吹，就像光着屁股蛋子……曾经的曾经，叶赤铁路的一切犹如他们面前的一座座大山，而今，这一切不过是风轻云淡！

为什么啊？只因为他们知道，即使有一百种理由苦闷抱怨，但没有一种理由可以放弃理想！在挫折中成长，在逆境中飞翔，艰难困苦就是光合作用！它让这群年轻人收获了胜利，也懂得了强大，更重要的是，向这个世界证明了：他们堪当大任！

★ 任务单：分段绝缘器安装状态参数测量和调整

项　目	任务清单内容
任务情境	在演练场中，对分段绝缘器安装状态进行参数测量，对不符合要求的参数进行调整
任务目标	1. 掌握分段绝缘器的作用、结构； 2. 能够进行分段绝缘器的参数测量和调整； 3. 能够通过参数分析分段绝缘器的状态； 4. 具备团队合作、精益求精的精神
任务问题	1. 简述供电分段和分段绝缘器的作用； 2. 简述分段绝缘器检修的内容； 3. 简述分段绝缘器参数测量的内容； 4. 简述分段绝缘器检修质量标准
任务实施要求	1. 填写工作票； 2. 作业前，准备好材料及工器具，作业人员穿戴好安全防护用品； 3. 作业前，作业小组召开安全预想会，分析作业过程中的安全隐患并制订预防措施，作业过程中做好安全防护； 4. 作业完成后，清理作业现场，材料及工器具按要求入库
任务完成效果	1. 工作票填写清晰合理； 2. 分段绝缘器参数符合质量标准
任务完成耗时	2 h
实施人员	全体学生
任务点评	小组互评、教师点评

★ 活页笔记：分段绝缘器安装状态参数测量和调整

项　目	内　容
学习笔记	重点： 难点： 学习收获：
任务问题答案	
任务完成过程	（由学生描述具体的作业分工和作业过程中任务完成的步骤）
任务完成实际耗时	
任务完成实际效果	

★ 任务单：分段绝缘器零部件更换

项 目	任务清单内容
任务情境	在演练场中，分段绝缘器主绝缘滑道有裂纹，需要对其进行更换
任务目标	1. 能够进行分段绝缘器的参数测量和调整； 2. 能够进行分段绝缘器零配件更换作业； 3. 具备团队合作、精益求精的精神
任务问题	1. 分段绝缘器负弛度不符合要求时，如何进行处理？ 2. 分段绝缘器过渡不平滑时，如何进行处理？
任务实施要求	1. 填写工作票； 2. 作业前，准备好材料及工器具，作业人员穿戴好安全防护用品； 3. 作业前，作业小组召开安全预想会，分析作业过程中的安全隐患并制订预防措施，作业过程中做好安全防护； 4. 作业完成后，清理作业现场，材料及工器具按要求入库
任务完成效果	1. 工作票填写清晰合理； 2. 分段绝缘器本体和状态参数符合质量标准
任务完成耗时	2 h
实施人员	全体学生
任务点评	小组互评、教师点评

★ 活页笔记：分段绝缘器零部件更换

项　目	内　　容
学习笔记	重点： 难点： 学习收获：
任务问题答案	
任务完成过程	（由学生描述具体的作业分工和作业过程中任务完成的步骤）
任务完成实际耗时	
任务完成实际效果	

任务十二　隔离开关的检修与维护

★　知识学习

一、隔离开关介绍

1. 隔离开关的作用

① 对被检修的接触网设备进行电气隔离并形成明显断开点,以保障检修人员、检修设备的安全。

② 根据供电的需要,连通或切断接触网供电分段间的电路,增加供电的灵活性,以满足检修和不同供电方式运行的需要。

2. 隔离开关的类型

接触网采用电力系统中的 35 kV 单极隔离开关和电气化铁道专用耐污型单极隔离开关,按其用途分为带接地刀闸和不带接地刀闸两种,按操作次数多少分为经常操作和不经常操作两种,按照传动方式分为手动隔离开关、电动隔离开关。

隔离开关如图 2.12.1 所示。

 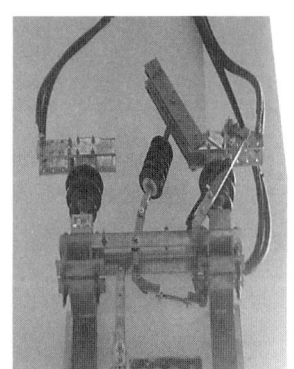

图 2.12.1　隔离开关

3. 隔离开关结构及型号

隔离开关结构如图 2.12.2 所示。

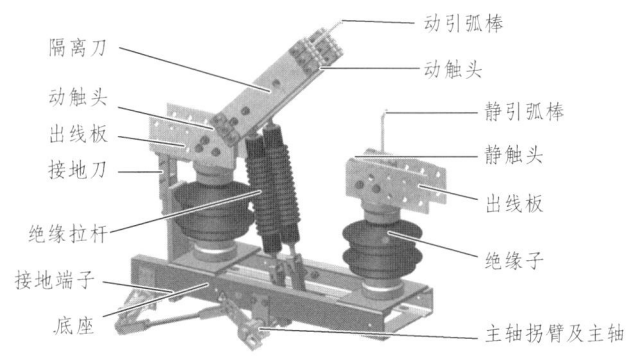

图 2.12.2　隔离开关结构示意图

隔离开关型号有 GW4—35、GW4—35D、GW4—25/630T、GW4—25/630TD，等等。

型号的意义：G——隔离开关；W——户外型；4——产品序号；25、35——额定电压为 25 kV、35 kV；D——带接地刀闸；T——铁路专用；630——额定电流（A）。

二、隔离开关检修

1. 人员条件和作业条件（表 2.12.1）

表 2.12.1　人员条件和作业条件

人员条件	1. 作业组人数不少于 4 人
	2. 工作领导人、安全检查员安全等级不低于四级
作业条件	1. 隔离开关两端上网点外侧各接挂地线 1 组地线
	2. 变电所内直流小车拉至隔离位，正极直流母排接挂地线（上网隔离开关联合作业适用）
	3. 做好工作票要求其他安全措施

2. 工器具、耗材及配件（表 2.12.2）

表 2.12.2　工器具、耗材及配件

项　目	名　称	型　号	数　量	备　注
安全工器具	地线		2 组	根据检修范围增减
	验电器		1 套	根据现场情况增加
	绝缘手套		1 双	根据现场情况增加
	安全带		根据登高人数配置	
	安全帽		根据作业组人数配置	
	照明工具		根据作业组人数配置	
	钢丝刷		1 把	根据现场情况增加
作业工器具	水平尺		1 把	
	塞尺		1 个	
	平锉		1 个	
	力矩扳手	20～100 N·m	1 把	
	钢卷尺		1 个	
	电工螺丝刀具	"十"字刀、"一"字刀	各 1 把	
	梯子/梯车		1 台	
	机构箱钥匙		1 把	
	钢丝钳		1 把	
	内六角扳手	10 mm、4 mm	各 1 把	
	毛刷		1 把	
	活动扳手		1 把	

续表

项　目	名　称	型　号	数　量	备　注
耗材及辅材	白棉布		3块	
	砂纸		2张	
	导电膏		1盒	
	高压绝缘胶带		1卷	
	绑扎带	不锈钢	若干	

3. 隔离开关检修项目及内容

（1）确认开关状态。

检查确认隔离开关刀闸、操作机构位置旋钮（单极隔离开关为远方/0/当地、双极隔离开关为远方/手动/就地）的初始状态。

（2）对开关进行开合试验（手动或电动）。

① 手动操作机构应灵活可靠，分合闸位置正确且应与刀闸的位置相吻合。

② 电动操作机构的两个工作位（电动位、手动位）应能正常可靠工作。

③ 观察开关动作过程应无卡滞和回弹，主刀闸和接地刀闸联动情况应良好，如图 2.12.3 所示。

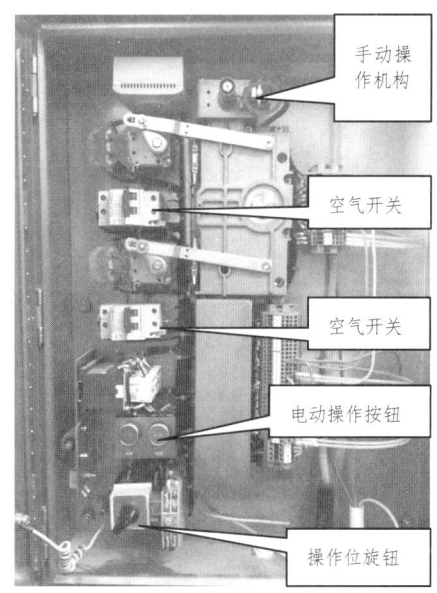

图 2.12.3　开关的开合试验

绿色为分闸按钮，红色为合闸按钮。

手动操作使隔离开关摇把插入手动操作机构，顺时针为合闸，逆时针为分闸。

电动操作时操作旋钮旋至当地位或就地位，手动操作及高空检修时操作旋钮旋至 0 位或手动位。

（3）检查开关主刀闸和接地刀闸，测量参数。

① 如图 2.12.4 所示，分闸时应当检查以下内容：

A. 观察刀闸本体及触点情况，应无烧伤、过热、变色痕迹，触头及铜排无锈蚀。

B. 对原有干燥的导电膏进行清理，均匀涂抹新的导电膏。

C. 测量动、静触头之间距离不得小于 200 mm，双极动静触头距离不得小于 180 mm。

D. 测量带电体和接地体之间的距离不得小于 150 mm。

E. 观察分闸限位止钉无破损，安装正确，间隙合适。

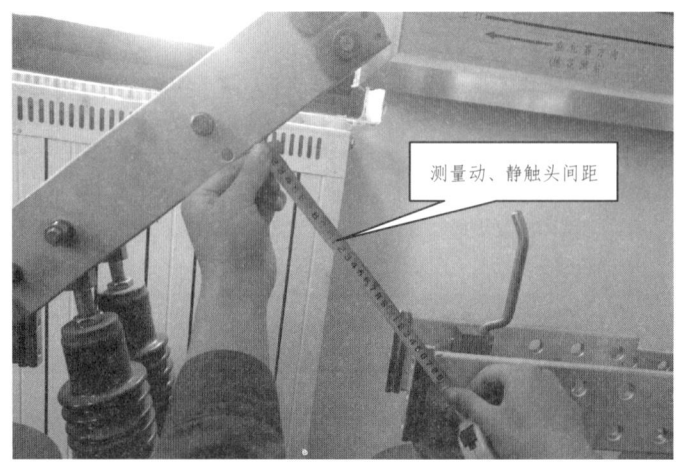

图 2.12.4　动静触头间距测量

② 如图 2.12.5 所示，合闸时应当检查以下内容：

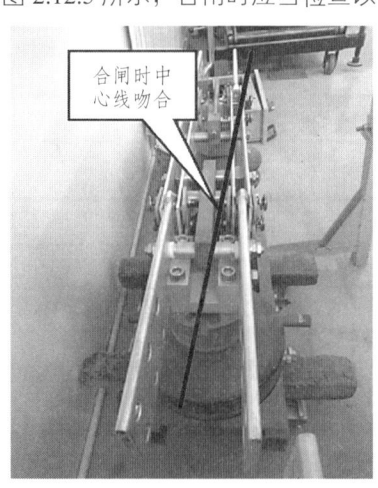
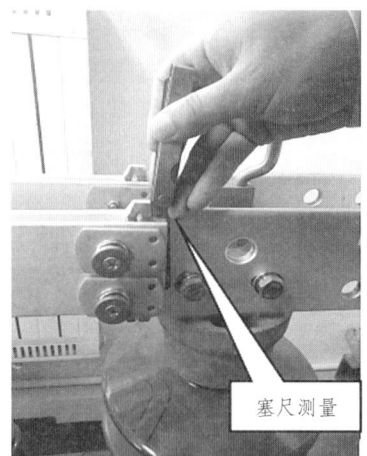

图 2.12.5　合闸是检查内容示意图

A. 观察动、静触头应当水平,其中心线应吻合。

B. 合闸时,使用 0.05 mm×10 mm 的塞尺检查刀闸接触点,应塞不进去。

C. 合闸时,测量接地体与带电体之间距离不得小于 150 mm。

D. 观察合闸限位止钉无破损,安装正确,间隙合适。

E. 观察分合闸过程中,动、静触头消弧棒应当能够轻轻接触。检查消弧棒表面应光滑,若有电弧灼伤毛刺,须用锉刀或砂纸修整平滑。放电灼烧较为严重时,应及时更换。

若合闸时中心线不吻合,可以松开支持绝缘子下部四个螺栓,轻轻转动支持绝缘子,使刀闸中心线吻合后重新紧固。

消弧棒在分合闸过程中未接触或者接触过紧,调整动触头上引弧棒调整滑块使其符合要求。

③ 分合闸不到位时的调整。

A. 分合闸不到位差距较大时,可调整机构箱后法兰盘与连杆连接孔的位置,如图 2.15.6 所示。

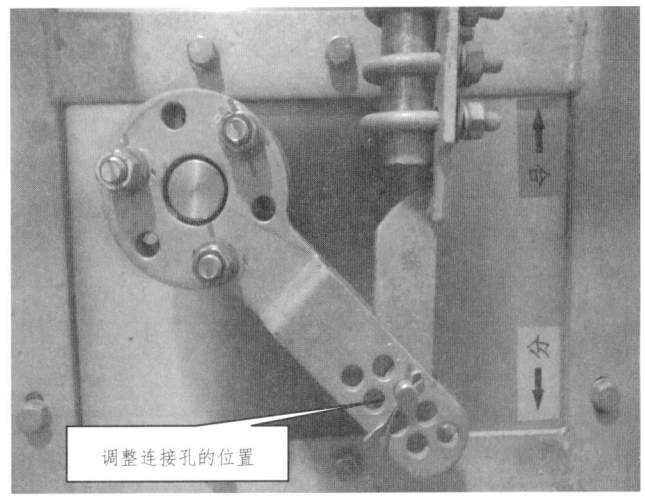

图 2.12.6 调整机构箱后法兰盘与连杆连接孔的位置

B. 调整拉杆绝缘子两端连接螺栓上螺母的位置,如图 2.12.7 所示。

图 2.12.7 连接螺栓位置调整

C. 调整连杆在 U 形螺栓中的位置。

先松开连杆上 U 形螺栓,手动将开关刀闸掰到合适的开、合位置,操作开关的合、开;待空转行程走完,电机开始转动的时候停止操作,紧固 U 形螺栓。

(4)检查清扫绝缘部件。

① 观察隔离开关的支撑绝缘子以及拉杆绝缘子应完好,无贯穿绝缘子的裂纹,无大于 300 mm^2 的破损和瓷釉剥落情况,无脏污和闪络放电痕迹。

② 观察拉杆绝缘子螺栓应当紧固,弹簧垫片压平。

③ 观察拉杆绝缘子与传动部件连接销钉完好,目测开口销掰开不小于 60°。

④ 使用抹布或毛刷对绝缘部件进行彻底清扫。

(5)检查隔离开关电缆。

① 观察隔离开关的 DC1 500 V 电力电缆连接应牢固、正确、完整。

② 观察电缆与铜排连接处螺母划线情况,划线无错位则表示紧固,划线错位则重新打开检查,清理、打磨、涂导电膏后紧固并划线。

③ 观察电缆绝缘层应无破损,接线端子压接处牢固无断股现象。

④ 观察带接地刀闸的隔离开关的引下线应当完整、无破损,与牵引回流轨连接良好,无松动。

(6)检查隔离开关操作机构,如图 2.12.8 所示。

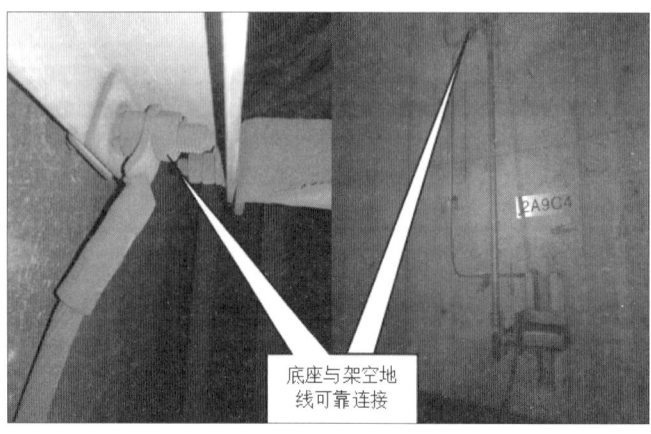

图 2.12.8 检查隔离开关操作机构

① 观察手动隔离开关操作手柄上锁具应完好；电动开关操作机构箱应密封良好，门锁和钥匙完好齐全。

② 水平尺检查隔离开关底座和操作机构底座应大致呈水平状态，安装牢固。

③ 观察隔离开关底座和操作机构底座应与架空地线可靠相连，连接螺栓紧固。

（7）检查隔离开关连锁机构，如图 2.12.9 所示。

① 目测隔离开关中心线应基本铅垂，由两节钢管组成的传动杆应调整在同一条直线上，连接应牢固，无松动现象，铰接处活动灵活。

② 观察连接部分的弹性圆柱销应当完好，无松动、破损和缺失。松动时用铁锤敲击紧固，破损和缺失应当更换和补充。

③ 观察隔离开关分合指示牌标识正确、完好，与隔离开关实际分合位置一致。

④ 观察隔离开关各部螺栓紧固且安装到位。

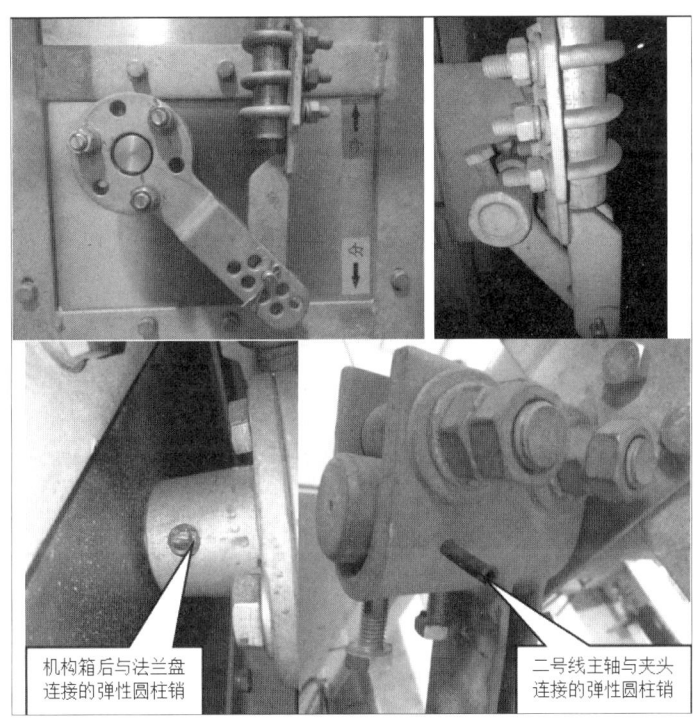

图 2.12.9　检查隔离开关连锁机构

（8）零件除锈、防腐。

对于锈蚀的零部件，要先除锈然后再采取相应防腐措施。

涂油防腐是为了防止螺栓锈蚀，若已涂油，则无须处理。涂油应均匀并覆盖螺纹表面，适量即可。

（9）螺栓紧固和画线。

① 设备技术参数已调整至标准状态，且螺栓紧固到位。

② 画线方法及标准：画线应有静态参照物（不仅包括螺母等动态部件，还应包括设备本体等静态部件作为参照物），同一零部件画线方向应统一且一笔成形，避免多笔重复画线造成错觉；对已画线紧固部件调整后，须对原线清除后重新画线，确保所画线路的有效性；画线位置应利于步行巡视观察。

③ 画线部位：传动杆 U 形螺栓、机构箱法兰盘连接螺栓、开关引线电缆接线端子连接螺母、绝缘部件连接螺栓等螺母。

④ 螺栓紧固：有力矩要求的使用力矩扳手紧固，无力矩要求的以弹簧垫圈压平为准，双螺母以主副螺母均紧不动为准。

⑤ 若螺栓涂有黄油，对画线部位清除黄油后再进行画线，画线应清晰可见。对于确实无法进行画线的螺栓，必须使用扳手进行紧固校验。

（10）检查恢复开关状态。

检查确认隔离开关刀闸、机构箱内空气开关、操作机构位置旋钮（远方/0/当地、远方/手动/就地）恢复至设备检修前状态，并对操作机构进行锁闭。

4. 隔离开关检修作业安全注意事项

① 隔离开关检修开始前，工作领导人必须确认接触网、变电安全措施已完成。

② 使用人字梯必须展开到位，梯子上只准许有一人作业，必须有专人扶梯。

③ 接触网检修时须将操作机构转换开关打到"手动"位，并将机构箱内控制回路、电源回路空气开关断开，以免误操作伤人。

④ 隔离开关进行分合闸试验时，接触网操作人员身体、工器具远离隔离开关及动触头行程区域。

⑤ 隔离开关联合作业结束，隔离开关刀闸、机构箱空气开关、转换开关等均应恢复至检修前的位置状态。

★ 思政链接

疾风知劲草、勤奋创辉煌

刘新庆，1984 年 5 月出生于陕西杨凌，2005 年毕业于西安铁路职业技术学院，先后参建了胶济线、广深四线、大包线、甘青线，通过锻炼，逐步成长为一名优秀的青年项目管理者，现任中铁武汉电气化局城建公司总经理。

在参加工作之初，刘新庆领军的电气化队伍，深处人迹罕至的戈壁大漠，处于新疆著名百里风区的中心地带。这里风速高、风期长、起风速度快，实测最高风速可达 64 m/s，是 12 级风力限值的近 2 倍。

碰到复杂的施工环境、复杂的技术难题，刘新庆总爱去琢磨，刘新庆带领员工先后摸索出滑道运送材料、挡风墙基础浇筑施工法、超长钢筋笼置放法等，在有效施工时间仅 156 天的情况下完成红乌线最艰难的下部基础施工。为保证安全，按照路局《大风区十大禁令》，6 级以上大风是不允许进行高处作业的，经过验证，刘新庆利用作业车自身配备的抓轨器，大幅度提升了大风情况下高空作业安全系数，是施工标准中的一个重大突破，得到了运营单位的默认。

结合工程实际，刘新庆和队员们创新的 13 项工艺工法诞生了，其中 6 项被中铁电气化局集团授予"优秀合理化建议和技术革新项目"。其中撰写的《世界著名百里风区接触网无滚筒模型钢筋笼加工一次成型》成果获集团优秀技术成果二等奖，《强风地区接触网施工工法》获集团局级工法及科学技术奖，研究的成果固化上升成为企业标准和行业标准，足以彰显刘新庆雄厚的技术实力和显著的工作业绩。他带领的技术队伍被建设单位以及上级指挥部亲切地誉为"穿越百里风区尖兵"。

★ 任务单：隔离开关检修

项　目	任务清单内容
任务情境	在演练场中，对单极隔离开关进行周期检修
任务目标	1. 掌握隔离开关的作用和结构； 2. 掌握隔离开关检修的内容和方法
任务问题	1. 简述隔离开关的作用和结构组成； 2. 隔离开关的检修项目有哪些？
任务实施要求	1. 填写工作票； 2. 作业前，准备好材料及工器具，作业人员穿戴好安全防护用品； 3. 作业前，作业小组召开安全预想会，分析作业过程中的安全隐患并制订预防措施，作业过程中做好安全防护； 4. 作业完成后，清理作业现场，材料及工器具按要求入库
任务完成效果	1. 工作票填写清晰合理； 2. 隔离开关本体和状态参数符合质量标准
任务完成耗时	2 h
实施人员	全体学生
任务点评	小组互评、教师点评

★ **活页笔记：隔离开关检修**

项　目	内　　容
学习笔记	重点： 难点： 学习收获：
任务问题答案	
任务完成过程	（由学生描述具体的作业分工和作业过程中任务完成的步骤）
任务完成 实际耗时	
任务完成 实际效果	

任务十三　电连接的检修与维护

★ 知识学习

一、电连接的作用

电连接的作用是将接触悬挂各分段供电间的电路连接起来，保证电路的畅通，通过电连接可实现并联供电减少电阻，减少电能损耗，提高了末端电压，提高供电质量。

电连接线用导电性能好的材料制成，在铜接触线区段采用铜绞线 TJ–95。在钢铝接触线区段，采用 LJ–150 多股铝绞线。为了减少电连接线与接触线连接处的硬点，保持接触网弹性，要求电连接线做成螺旋弹簧状，一般绕 3~5 圈，圈径 80 ± 20 mm，圈距 50 ± 10 mm，底圈距离接触线 200~300 mm。当电连接线在连接处意外烧损时，还可以放开几圈继续使用，以便节约材料。如图 2.13.1 所示。

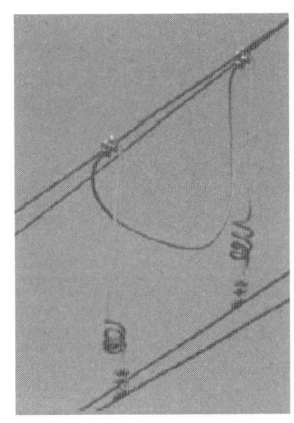

图 2.13.1　电连接

二、电连接的分类

（一）横向电连接

横向电连接能实现并联供电，减小电压损失，提高载流能力，使承力索上的电流通过接触线流向受电弓。如：承力索与接触线间、各股道间安装的电连接，如图 2.13.2 所示。

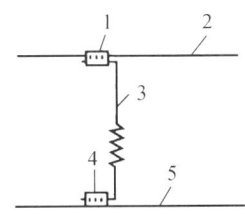

（a）横向电连接图　　　　　　　　　　（b）股道电连接图
1—电连接线夹；2—承力索；3—电连接线；　　1—承力索；2—电连接线夹；3—电连接线；
4—接触线电连接线夹；5—接触线。　　　　　4—接触线；5—接触线电连接线夹。

图 2.13.2　横向电连接

（二）纵向电连接

纵向电连接使供电分段或机械分段处两侧接触悬挂实现电的连通。如：绝缘锚段关节和非绝缘锚段关节、线岔处的电连接，如图 2.13.3 所示。

图 2.13.3　纵向电连接

（三）隔离开关电连接

隔离开关电连接从隔离开关引到接触网上，隧道均采用电缆进行连接，地面和高架根据情况使用铜绞线或电缆，也叫开关引线，如图 2.13.4 所示。

图 2.13.4　隔离开关电连接

（四）避雷器电连接

避雷器电连接从接触网上引到避雷器接线端，主要采用电缆方式，也叫避雷器引线。

三、电连接的常见故障

① 电连接线夹接触不良,引起局部发热烧断电连接线、接触线和承力索。
② 因电连接线载流量不够或接触不良,使附近吊弦因分流被烧坏。
③ 接触线电连接线夹安装位置不正,造成导线偏磨或出现刮弓事故。
④ 电连接线夹安装处的导线,因弹性较差造成硬点,使导线磨耗严重。
⑤ 电连接线最下方弹簧圈距导线间距太小,当气温高、电连接线松弛时,造成碰弓和刮弓事故。

四、电连接的检调和更换

(一)人员和作业条件(表2.13.1)

表2.13.1 人员和作业条件

人员条件	1. 作业组人数不少于6人
	2. 工作领导人、安全检查员安全等级不低于四级
作业条件	1. 检修的区段所在供电分区停电,并可靠接地
	2. 检修区段无存留列车
	3. 做好工作票要求其他安全措施

(二)工器具、耗材及配件(表2.13.2)

表2.13.2 工器具、耗材及配件

项目	名称	型号	数量	备注
安全工器具	地线		2组	根据检修范围增减
	验电器		1套	根据现场情况增加
	绝缘手套		1双	根据现场情况增加
	安全带		根据登高人数配置	
	安全帽		根据作业组人数配置	
	照明工具		根据作业组人数配置	
	钢丝刷		1把	根据现场情况增加
作业工器具	电动液压泵		1台	
	压接钳		1把	
	压接模		1把	
	活动扳手		2把	
	力矩扳手	20~100 N·m	1把	
	扭面器		1套	
	钢丝钳		2把	
	激光测量仪	DJJ-8	1套	

续表

项　目	名　称	型　号	数　量	备　注
耗材及辅材	螺母、垫片	各种型号	若干	
	砂纸		2张	
	导电膏		1瓶	
	线夹本体、中加板		若干	

（三）作业流程与方法

1. 电连接检调

① 目视检查电连接的安装状态。

电连接的安装形式要符合设计规定，接触线电连接线夹在直线处应处于铅垂状态，曲线处应与接触线倾斜度相一致。如不符合要求，须使用扭面器校正导线线面。

② 使用钢卷尺及目视检查电连接线夹。

对于压接式的电连接线夹，电连接线不应有压伤和断股现象；对于并接式电连接线夹，电连接线应伸出线夹外 10～20 mm。有压伤和断股现象须更换，电连接线伸出线夹外不符合要求时须重新安装。

③ 使用激光测量仪测量电连接处高度。

电连接线夹处接触线高度不应低于相邻定位点和吊弦点，允许高于相邻定位点和吊弦点 0～10 mm。参数如超标，须调节相邻点的导高。

④ 使用力矩扳手对电连接线夹螺栓按标准力矩进行紧固。

2. 电连接更换

① 拆除旧电连接。

② 新电连接安装压接。

A. 电连接安装前，要将导线、电连接线表面的氧化物、杂物用磨砂纸或钢丝刷清理干净，如图 2.13.5 所示。

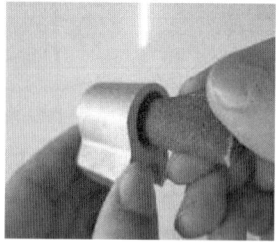
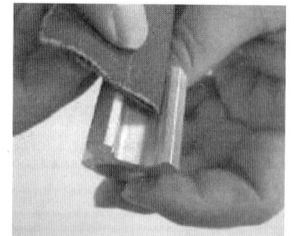

图 2.13.5　去除导线、电连接线表面的氧化物

B. 在导线和电连接线压接表面涂抹一层导电油脂，如图 2.13.6 所示。

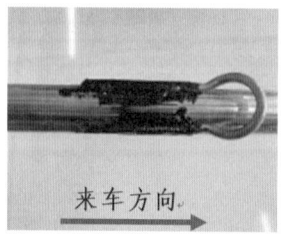
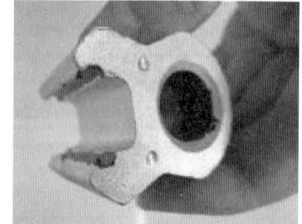

图 2.13.6　涂抹导电膏

C. 卡子两肢必须稳固地卡在接触线沟槽内，卡子的环口朝向来车方向，卡子外露 1～3 mm，如图 2.13.7 所示。卡子和线夹在接触线上固定好后，用手往上提不会掉，检查其是否安装好。

图 2.13.7　卡子的固定

D. 电连接线在线夹外露 20 mm，线夹内压接时不得有胶带或其他杂物。

E. 压接模具：120 型模具压接 120 mm²、85 mm² 接触线用电连接线夹。

F. 压接时电连接线夹必须在压接模具中心，在快接近电连接线夹时，点动压接工具，确认好位置后才开始加压压接，直至模具闭合，压力达到最大（压力表指示不小于 70 MPa），保压 5 s，然后卸压松开模具。

G. 压接好后，确认压接质量是否合格，偏斜度必须小于 2 mm。不得有裂纹，不得有松动，压接接合处不得有胶带等绝缘夹杂物，压接后线夹不得变形。如图 2.13.8 所示。

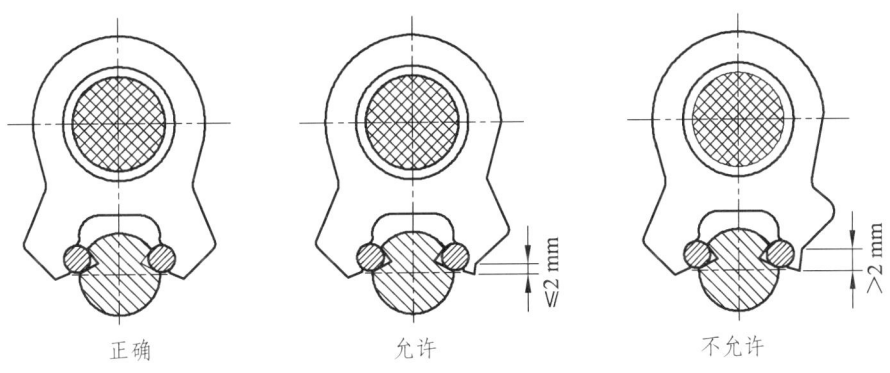

图 2.13.8　电连接接触线压接示意图

H. 承力索带有沟槽（短边）的一边在直径较小的一侧，当承力索及电连接线直径相差不多时，应当将承力索装在线夹短边一侧，电连接线装在长边一侧，如表 2.13.3 所示；穿入中夹板，中夹板两端及线夹本体面平齐，中夹板圆弧应与相应的线索配合，并使打有型号标识的一侧朝外。压接前，线夹本体需要清理干净，并在内部均匀涂抹导电膏。承力索电连接压接示意图如图 2.13.9 所示。

表 2.13.3　承力索电连接压接方向

序号	安装形式	承力索在线夹侧	电连接线在线夹侧
1	JTMH95 及 TJR95	短边侧	长边侧
2	JTMH70 及 TJR95	短边侧	长边侧

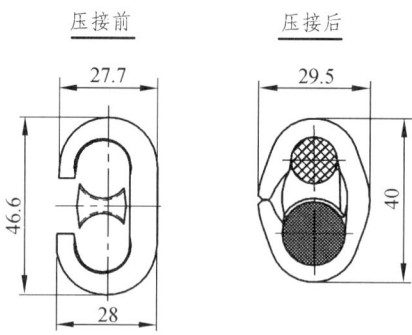

图 2.13.9　承力索电连接压接示意图

(四) 安全、质量、环保注意事项

1. 安全注意事项

① 为保证施工的安全,现场应有专人统一指挥,作业人员安全帽、防护服穿戴整齐,系好安全带,安全带高挂低用。

② 严禁踩踏接触线或给接触线施加压力,以保证接触线的平直度。

③ 梯车在施工过程中行进速度不应大于 5 km/h,严禁突起、突停。

④ 在线路上使用梯车作业时,每辆梯车出车时不得少于 5 人,梯车上的作业人员不得超过 2 人;梯车放稳前不得登梯作业,梯车行进时不得上、下梯车,梯车作业台上不得放置零散工具、材料。

⑤ 在梯车上不得进行有倾倒危险的作业,梯车走到小半径曲线区段时,应在曲线外侧设置拉绳人员,放慢梯车运行速度,以防梯车倾倒。在曲线区段作业时,梯车上作业人员站在曲线外侧作业。

⑥ 每次施工结束,应该把梯车放倒在远离线路的安全地方。

⑦ 在用压接工具压接时,注意不得将指头放入压接槽内,以免压伤。

2. 质量注意事项

① 道岔电连接应安装在始触区以外。

② 凡线索接触面均应涂电力复合脂。

③ 承力索、接触线电连接线夹应垂直安装,且上、下行基本对齐,电连接不得松股、散股、断股,线夹牢固可靠、端正、接触良好,尺寸统一、手法一致。

④ 测量时不要给承力索、接触线施加外力,以免影响测量精度。

⑤ 安装时严禁踩踏接触线或给接触线施加外力,以保证接触线的平直度。

⑥ 电连接线所用材质、线夹规格型号及安装形式应符合设计要求,并预留因温度变化而产生的位移长度。

⑦ 电连接的安装位置应符合设计要求,偏差不大于 ± 500 mm,在任何情况下均应满足带电距离要求。

⑧ 接触线电连接线夹处导高应不低于最近吊弦处的导高(关节电连接以工作支导高),施工允许偏差 0~3 mm。

⑨ 电连接线压接剪切后,剪切处两端应绑扎,以防散股。

⑩ 股道电连接不应设置在站台上、雨棚上方，距站内固定设施（信号机）不小于 2 000 m、距其他固定接地体不小于 300 mm，并设置明显的有电提示牌。

3. 环保注意事项

① 施工期间，所有工机具、材料不能随便扔，注意节约。

② 施工完毕，现场不遗留任何材料、工具，不遗留各种施工垃圾，废弃物及时处理，带工人员应检查现场文明施工情况并做记录。

五、学习资料

柔性电连接的制作与安装

★ 思政链接

铁路线上的"全能人"——接触网作业车司机

在铁路线上，许许多多的普通职工为着同一个方向不断地努力着。而这里面有一个工种虽然很普通，却肩负着很大的使命，那就是——接触网作业车司机。

为什么要这样说呢？那是因为，作为一名接触网作业车司机并不仅仅只要会开车就行。他还必须学会许多技能，比如修理，日常施工作业中，接触网作业车常常会出现各类的大小故障，若司机不懂得如何排除和维修，那么影响的就不仅仅是一个天窗作业点的进度，严重了还会影响到线路的运输行车，造成重大损失；

其次作业车司机还要学会车辆的保养，有道是工作行不行，就看平常做得好不好。日常的维护和定期的车辆保养就是很重要的一个环节，也是每一个作业车司机都要坚决遵守的一项制度；

接下来就是清洁，每一辆接触网作业车对于司机来说它不仅仅是一辆车，一个工作，它更像是一个移动的家，因为作为一名司机，待在车上的时间总要多余待在自己的家，所以生活在那里就要有一种家的感觉，否则不光心情不好，工作也会不顺。而好的环境恰恰就能给人带来好的感受，因此整洁的环境是必不可少。

最后呢，作为一名司机最主要的当然就是行车，行车安全大如天，这话一点儿都不假，若是保障不了安全行车，那么如何保证施工作业的安全性？所以作为一名接触网作业车司机，就要对驾驶技能掌握，并且对信号知识充分理解，熟练运用 GYK 运行监控装置和无线调度通信设备。但是，只要做到这些就能成为一名合格的接触网作业车司机吗？当然不是。能够做到这些，只能算是成为一名司机，但还不算一名合格的司机。那是因为，作为司机，在行车中，工作中，最重要的是始终保持一颗责任心。只有拥有责任心，才能称得上一名合格的司机。

在众多接触网作业车司机里，郑州铁路局洛阳供电段大修工程队的作业车司机就是其中的佼佼者，如图 2.13.10 所示。大修工程队（原大修车间）于 1998 年成立至今，一直致力于段管内各个线路的大型施工，维护和抢修。而作为工程队的一员，轨道车司机多年来也始终贯彻大修精神，不怕苦，不怕累，为铁路安全奉献出自己的一分力量。

图 2.13.10　郑州铁路局洛阳供电段大修工程队的作业车司机

★ 任务单：柔性电连接线检调与更换

项 目	任务清单内容
任务情境	在演练场中，进行柔性电连接线检调时，发现有电连接线出现散股断股现象，需要对其进行更换
任务目标	1. 掌握电连接的作用和类型； 2. 掌握电连接的检调内容和方法； 3. 掌握电连接更换的流程和方法
任务问题	1. 简述电连接的作用和类型； 2. 电连接的常见故障有哪些？ 3. 电连接检调时，需要检查哪些内容？
任务实施要求	1. 填写工作票； 2. 作业前，准备好材料及工器具，作业人员穿戴好安全防护用品； 3. 作业前，作业小组召开安全预想会，分析作业过程中的安全隐患并制订预防措施，作业过程中做好安全防护； 4. 作业完成后，清理作业现场，材料及工器具按要求入库
任务完成效果	1. 工作票填写清晰合理； 2. 电连接安装符合质量标准
任务完成耗时	2 h
实施人员	全体学生
任务点评	小组互评、教师点评

★ 活页笔记：柔性电连接线检调与更换

项　目	内　容
学习笔记	重点： 难点： 学习收获：
任务问题答案	
任务完成过程	（由学生描述具体的作业分工和作业过程中任务完成的步骤）
任务完成 实际耗时	
任务完成 实际效果	

项目三 刚性接触网的检修与维护

知识目标

1. 掌握城市轨道交通刚性接触网的结构组成；
2. 掌握城市轨道交通刚性接触网检修与维护的内容、方法和工艺要求。

技能目标

1. 能够在现场认识各设备及说出其作用；
2. 能够熟练使用各种检修工器具；
3. 能够熟练进行刚性接触网的检修和维护。

素质目标（德育目标）

1. 培养学生的民族自豪、行业自信、专业自强、创新自主、团队自驱和诚实自律；
2. 培养学生吃苦耐劳、乐于奉献和精益求精的工匠精神。

项目任务

1. 什么是刚性接触网；
2. 支持定位装置的检修与维护；
3. 汇流排的检修与维护；
4. 刚性中心锚结的检修与维护；
5. 刚性锚段关节的检修与维护；
6. 刚性线岔的检修与维护；
7. 刚性分段绝缘器的检修与维护；
8. 刚性电连接线的检修与维护。

任务一　认识刚性接触网

★ 知识学习

一、城市轨道交通的发展现状

进入 21 世纪以来，随着中国经济的飞速发展和城市化进程的加快，城市轨道交通也进入大发展时期。截至 2020 年底，中国内地累计有 40 个城市开通城市轨道交通运营，运营线路达到 7 978.19 km。随着城市化进程的进一步加速，中国的城市轨道交通建设有望迎来黄金发展期，预计到 2026 年，运营里程有望突破 12 000 km。

《中华人民共和国国民经济和社会发展第十四个五年规划和 2035 年远景目标纲要》中提到：十四五期间，将新增城际铁路和市域（郊）铁路运营里程 3 000 km，基本建成京津冀、长三角、粤港澳大湾区轨道交通网。新增城市轨道交通运营里程 3 000 km。同时，随着智慧城市轨道中新技术的应用，新兴技术的应用也会推动智慧城市轨道快速发展，即应用云计算、大数据、物联网、人工智能、5G、卫星通信、区块链等信息技术，全面感知、互联和融合乘客、设施、设备、环境等信息，以提高城市轨道交通的数字化、网络化和智能化水平。

目前国内，北京地铁采用第三轨——"接触轨"形式，重庆轻轨较新线采用了"T"形汇流排＋接触线的悬挂形式，而结构简单、性能优良、维护方便的"π"形汇流排＋接触线的悬挂形式自 1895 年首次在美国巴尔的摩第一条电气化铁路中得到了应用之后，1961 年在日本的营团地铁日比谷线投入使用，1983 年在法国巴黎的 PATPA 线投入使用。由于其各方面的优良表现，目前国内外已将其作为地铁接触网的主要悬挂方式。

二、地铁中为什么使用两种架空式接触网

在地铁系统中，柔性接触网常常使用在空间够大的车场、车辆段等高架线路或地面线路，在隧道内几乎不采用安装柔性接触网的方式，地铁里使用的柔性接触网与铁路使用的柔性接触网大部分是相同的，唯一不同的是铁路使用的是交流供电，而地铁使用的是直流供电。柔性接触网具有弹性好的优点，可以支持高速列车的运行，所以铁路上均采用柔性接触网供电，特别是动车和高铁仍在大量使用。但其缺点也不少，柔性接触网架设需要极大的空间，其结构复杂，最主要的是它较刚性接触网更易断裂。

刚性接触网的结构简单，铺设需要的空间也比柔性接触网小很多，所以常常被使用在地铁线路的地下区段。刚性接触网的稳定性非常强，不容易断裂，在维护方面也简单许多。刚性接触网的缺点就是弹性不好，列车受电弓在上面滑行时容易出现拉弧等问题。刚性接触网非常适合地铁低速、大密度、稳定性高的要求，所以它在地铁里面扮演着主角。

三、刚性接触网的特点及组成

（一）刚性接触网的特点

① 刚性悬挂能满足最大离线时间、传输功率、电压电流、受电弓单弓受流电流以及最大行车速度的要求。

② 刚性汇流排和接触线无轴向力，不存在断排或断线的可能，从而避免了钻弓、烧融、不均匀磨耗以及受电弓故障造成的断线故障。刚性悬挂的故障是点故障，所以刚性悬挂事故范围小。

③ 刚性悬挂的锚段关节简单，锚段长度短，因此，固定金具窜动回转范围小，相应地提高了运行中的安全性和适应性。

④ 实际运营中，受电弓维修周期长。接触线方面，从磨耗情况推算使用寿命约 20 年。

刚性接触网是一种没有弹性的接触网形式，适合于隧道内安装，设计速度一般不大于 160 km/h。

刚性悬挂分成若干锚段，每个锚段长度一般不超过 250 m，跨距一般为 6～12 m，且与行车速度有密切的关系，如表 3.1.1 所示。

表 3.1.1　PAC110 型汇流排，速度与跨距的关系表

速度/（km/h）	60	70	80	90	100	110	120
跨距/m	12	11	10	9	8	7	6

（二）刚性接触网的组成

刚性接触网主要由接触悬挂、支持定位装置、绝缘部件以及架空地线等部分组成。

1. 接触悬挂

接触悬挂由汇流排、接触线、伸缩部件、中心锚结、刚柔过渡、锚段关节等组成。

整个悬挂布置成正弦波的形状，一个锚段形成半个正弦波，各悬挂点与受电弓中心的距离一般不大于 200 mm，如图 3.1.1 所示。

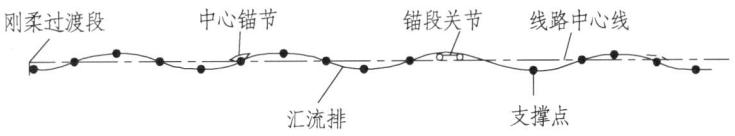

图 3.1.1　刚性接触悬挂布置示意图

2. 支持和定位装置

支持和定位装置的作用是通过绝缘子把铝合金汇流排、接触线等固定在隧道顶或隧道壁的规定位置上。接触悬挂的支持和定位装置安装在隧道顶或隧道壁上，其安装形式目前最普遍的是"Π"形结构等形式，如图 3.1.2 所示。

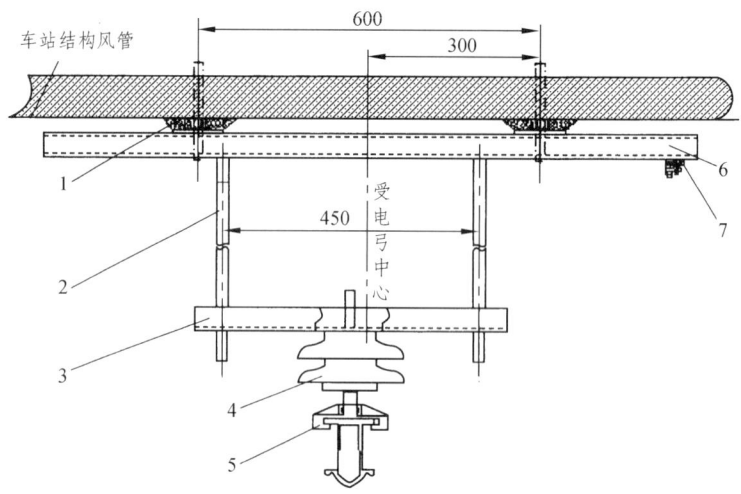

1—螺杆锚栓；2—T形头螺栓；3—B型单支悬吊槽钢；4—刚性悬挂用针式绝缘子；
5—B型汇流排；6—A型垂直悬吊安装底座；7—120型地线线夹。

图 3.1.2 典型刚性悬挂示意图

3. 绝缘部件

绝缘部件一般采用公称泄露距离不小于 250 mm 的表面上釉的瓷质绝缘子。

绝缘子下部为内胶装的 M16 内螺纹式不锈钢附件，上部为内胶装的 M16 外露螺杆，外露螺纹有效长度为 55 mm，螺杆材质为不锈钢，如图 3.1.3 所示。

4. 架空地线

架空地线在隧道内吊柱上的下锚如图 3.1.4 所示。

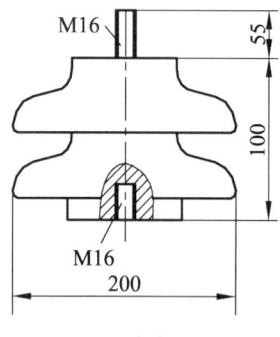

图 3.1.3 柱式绝缘子示意图

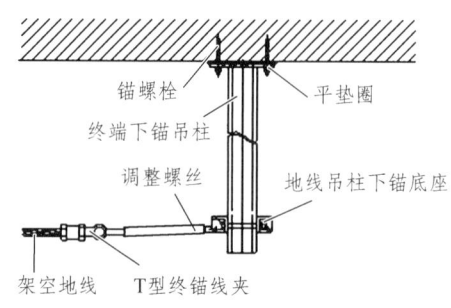

图 3.1.4 架空地线终端锚固安装图

★ **任务单：刚性接触网参观认知**

项　目	任务清单内容
任务情境	在演练场中，参观刚性接触网
任务目标	1. 对刚性接触网有整体认知； 2. 能够说出各部件名称
任务问题	1. 刚性接触网与柔性接触网相比，特点是什么？ 2. 刚性接触网由哪几部分组成？
任务实施要求	1. 在演练场中，注意安全防护； 2. 以小组为单位进行参观，并对刚性接触网各组成部件拍照； 3. 以小组为单位进行参观汇报
任务完成效果	1. 照片清晰； 2. 汇报 PPT 制作美观； 3. 学生对刚性接触网有整体的认知，能够说出各组成部位的名称
任务完成耗时	2 h
实施人员	全体学生
任务点评	小组互评、教师点评

★ 活页笔记：刚性接触网参观认知

项　目	内　　容
学习笔记	重点： 难点： 学习收获：
任务问题答案	
任务完成过程	（由学生描述具体的作业分工和作业过程中任务完成的步骤）
任务完成 实际耗时	
任务完成 实际效果	

任务二 支持定位装置的检修与维护

★ 知识学习

一、支持定位装置检修

（一）作业条件（表 3.2.1）

表 3.2.1 支持定位装置检修作业条件

人员条件	1. 作业组人数不少于 6 人
	2. 工作领导人、安全检查员安全等级不低于四级
作业条件	1. 检修的区段所在供电分区停电，并可靠接地
	2. 检修区段无存留列车
	3. 做好工作票要求其他安全措施

（二）工器具、耗材及备件（表 3.2.2）

表 3.2.2 支持定位装置检修工器具、耗材及备件

项目	名称	型号	数量	备注
安全工器具	地线		2 组	根据检修范围增减
	验电器		1 套	根据现场情况增加
	绝缘手套		1 双	根据现场情况增加
	安全带		根据登高人数配置	
	安全帽		根据作业组人数配置	
	照明工具		根据作业组人数配置	
	钢丝刷		1 把	根据现场情况增加
作业工器具	水平尺	600 mm	1 把	
	力矩扳手		2 把	
	钢卷尺		1 个	
	电工螺丝刀具	—	1 把	
	钢丝钳	200 mm	1 把	
	内六角扳手	8 mm、4 mm	各 1 把	
	活动扳手	250 mm	1 把	
	接触网多功能激光测量装置	DJJ-8	1 台	
	开口扳手	24 mm、30 mm	各 2 把	
	防震橡胶锤		1 把	

续表

项目	名称	型号	数量	备注
耗材及辅材	白棉布		若干	
	砂纸		2张	
	画线笔		2支	
	毛刷		1个	
	螺母	M16、M20	若干	

（三）检修项目及内容

1. 参数测量、调整

利用激光测量仪对即将检修的悬挂点参数进行测量。

接触线高度：标准值 4 040 mm，允许误差 ± 5 mm。相邻两悬挂点的相对高差一般不得超过跨距值的 0.5‰（一般为 4 mm），设计变坡段工作支不应超过 1‰，跨中弛度不大于跨距值的 1‰，碎石道床接触线高度保持整体平顺。

接触线拉出值：主要悬挂点拉出值符合标准值，允许误差 ± 10 mm。以主要悬挂点为主，辅助悬挂点的拉出值以将汇流排调整成圆滑的正弦波形状为原则。

1）接触线高度的调整

低净空绝缘横撑形式：通过调整横撑两侧与化学锚栓连接的 4 个螺母的上下位置完成，如图 3.2.1 所示。

图 3.2.1　低净空绝缘横撑形式导高调整

化学锚栓 + A 型单支悬吊槽钢形式：通过调整槽钢两侧与化学锚栓连接的 4 个螺母的上下位置完成。如图 3.2.2 所示。

图 3.2.2　化学锚栓 + A 型单支悬吊槽钢形式导高调整

垂直悬吊安装底座＋单支悬吊槽钢形式：通过调整槽钢两侧与 T 形头螺栓连接的 4 个螺母的上下位置完成。如图 3.2.3 所示。

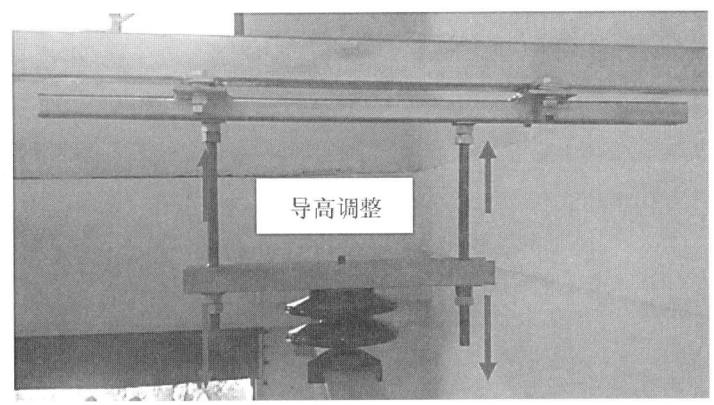

图 3.2.3　垂直悬吊安装底座＋单支悬吊槽钢形式导高调整

利用螺母调整接触线高度，螺母每旋转 1 圈（6 个面），接触线高度变化约 2.5 mm。

2）接触线拉出值的调整

垂直悬吊安装底座＋T 形头螺栓形式：通过调整 T 形头螺栓在底座槽道中的左右位置完成。如图 3.2.4 所示。

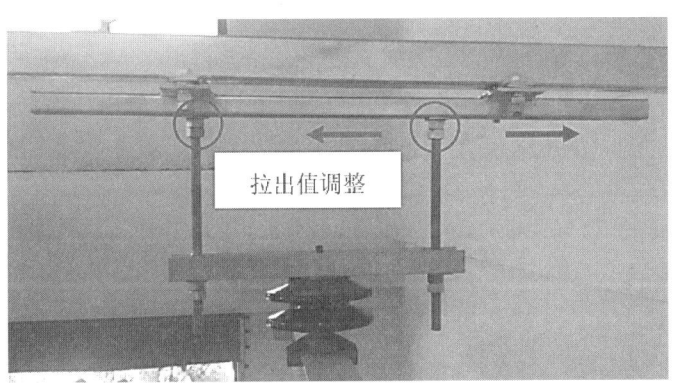

图 3.2.4　垂直悬吊安装底座＋T 形头螺栓形式拉出值调整

A 型单支悬吊槽钢形式：通过调整绝缘子在槽钢槽道中的左右位置完成。如图 3.2.5 所示。

图 3.2.5　A 型单支悬吊槽钢形式

低净空绝缘横撑形式：通过调整 C 型汇流排定位线夹在横撑上的左右位置完成。如图 3.2.6 所示。

图 3.2.6　低净空绝缘横撑形式拉出值调整

2. 检查化学锚栓

（1）目视检查预埋的化学锚栓，应无松动、变形、锈蚀，周围混凝土无放射状裂纹；如图 3.2.7 所示。

（2）检查化学锚栓上与吊柱、垂直悬吊安装底座连接的 M16 螺母紧固情况，通过螺栓画线检查。如图 3.2.8 所示。

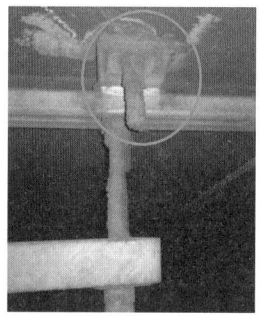
图 3.2.7　化学锚栓

图 3.2.8　螺栓紧固情况检查

3. 检查支持定位装置

（1）检查吊柱和底座（图 3.2.9）。

① 目视检查吊柱和垂直悬吊安装底座，应安装牢固水平，无裂纹、变形、锈蚀。

② 检查可调吊柱调节孔 M16 螺栓、吊柱与垂直悬吊安装底座处 M16 连接螺栓应紧固。

图 3.2.9　吊柱和底座

（2）检查 T 形头螺栓和单只悬吊槽钢。

① 目视检查槽钢及 T 形头螺栓，安装方向应正确（T 形头长边应垂直于底座槽道），螺母垫片应齐全无缺损，如图 3.2.10 所示。

② 目视检查外观应无裂纹、变形及锈蚀；

③ 目视曲线区段，斜垫片安装方向正确，如图 3.2.11 所示。

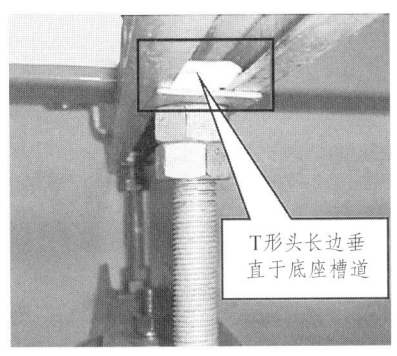

图 3.2.10　检查槽钢及 T 形头螺栓

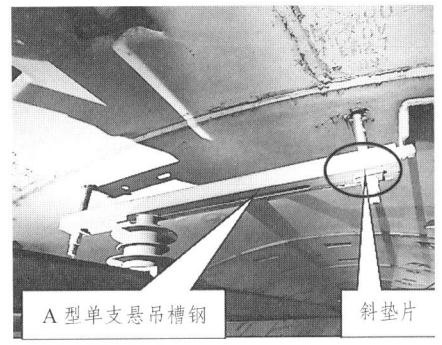

图 3.2.11　斜垫片安装方向检查

T 形头若有偏斜、不垂直于底座槽道，应立即调整：松动 T 形头端螺母及槽钢处螺母，使 T 形头螺栓在底座处不受力后顺时针转动调整 T 形头螺栓方向。

（3）检查汇流排定位线夹（图 3.2.12）。

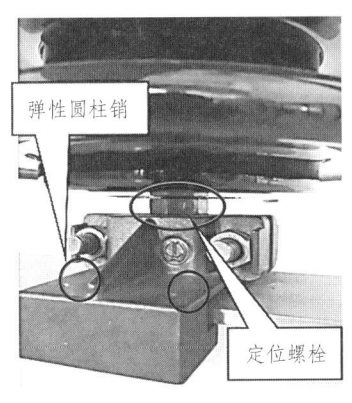

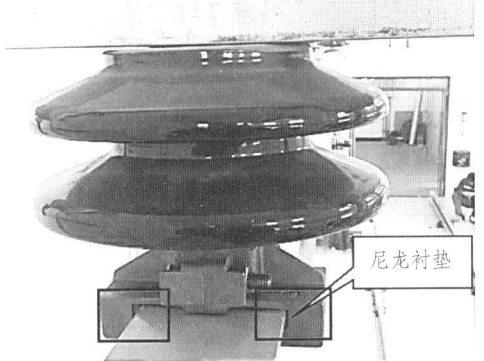

图 3.2.12　汇流排定位线夹检查

① 目视检查汇流排定位线夹表面应无裂纹、无缺损；

② 用 φ8 mm 内六方扳手（弹性绝缘组件用 φ4 mm 内六方扳手）检查线夹螺栓应紧固；

③ 目视检查线夹内衬尼龙垫应齐全、无松动和破损，卡销式衬垫与线夹两端应对齐一致，连接尼龙衬垫的弹性圆柱销应完好无松动、脱落；

④ 双手晃动汇流排，检查定位线夹处汇流排应无卡滞现象，线夹内留有因温度变化使汇流排产生位移而需要的间隙；

⑤ 定位线夹与绝缘子连接的定位螺栓应用 M24 mm 薄扳手紧固。

若定位线夹处汇流排卡滞，可用橡胶槌敲击定位线夹使其端正。若仍然卡滞，可松开定位线夹螺栓后进行调整，或使用斜垫片调整槽钢顺线路方向的倾斜度来消除卡滞。

4. 检查、清扫绝缘部件

① 使用抹布进行清洁（复合绝缘子除外）。

② 目视检查绝缘子安装端正，瓷质绝缘子瓷釉表面无裂纹、缺釉（剥落总面积不大于 300 mm^2）、斑点、气泡等缺陷；

③ 目视检查复合绝缘子（硅橡胶）表面无明显放电痕迹，其破损和裂纹长度不得大于 5 mm。

5. 安全注意事项

① 严格落实验电接地制度，工作领导人必须确认地线接好后，方可允许作业人员开始检修作业。

② 高空作业人员必须持有登高证，必须系好安全带，安全带高挂低用。

③ 作业中不得抛掷、传递工具材料，推行梯车人员戴好安全帽，作业中不得抬头。

④ 作业人员戴好安全帽，系好帽带。梯车推动时，高空人员面向梯车推进方向。

⑤ 利用激光测量仪对设备参数进行测量，按照接触网检修规程对设备进行参数调整和检修。

⑥ 目测定位线夹无卡滞现象，用扳手紧固或查看划线螺栓无缺失、无松动。

⑦ 目测线索无烧伤断股，用扳手紧固或查看划线电气连接牢固。

⑧ 目测绝缘子无裂纹，瓷体无破损、烧伤，瓷釉剥落面积不大于 300 mm^2。使用抹布清扫绝缘子。

二、学习资料

刚性支持定位装置的作用和分类

刚性定位绝缘子更换

刚性定位线夹更换

★ 思政链接

那个淳朴的接触网工人——记中国中铁电气化局集团一公司高级技师巨晓林

巨晓林是中国中铁电气化局集团一公司高级技师,参加工作28年来,他总计研发和革新工艺工法98项,创造经济效益900多万元。他主编的《接触网施工经验和方法》,也成为铁路一线接触网工的教科书。一名普通的农民合同工,现已成长为国家级技能大师、全国劳动模范,当选为党的十八大代表、第十二届全国人大代表。

1. 坚守工地　奋斗在一线

1987年3月,24岁的关中汉子巨晓林离开家乡,成为中国中铁电气化局集团一公司的一名普通农民合同工,从事接触网施工工作。

当年,中国中铁电气化局集团的接触网作业内容多以体力劳动为主,个子不高的巨晓林很不占优势。此外,接触网作业集多种专业知识于一身,对员工的技术水平有很高的要求,就连当时的许多大学生也未必能够胜任,这让只有高中学历的巨晓林感到了压力。

面对重重困难,巨晓林并没有低头。他不断给自己鼓劲:农民工也要懂技术,技术好就不会被淘汰!白天,他认真总结技术要点与施工心得,遇到不明白的地方,便追着师傅与技术人员问,直到彻底搞清楚为止;晚上,他会将当天学习的知识记录在笔记本上,进行巩固与消化。就这样,巨晓林在短短两年时间内,就成长为一名合格的接触网工人,也为他日后成为一名高技能人才奠定了坚实基础。

2010年5月,巨晓林被选调到京沪高铁参加施工技术攻关。初到京沪高铁的施工现场,巨晓林每天连走路、吃饭时都会拿着笔记本。很快,各种施工标准与技术规范便在他心里扎下了根。

2013年9月,巨晓林和工友们又转战到合福高铁。在这里,胸有成竹的巨晓林每天奔走在现场,对每道工序都认真思考,并带领攻关团队成员一起进行改进试验。

公司领导也多次表态,希望他不要"逞强",多从事更加适合的教学工作。但巨晓林始终把工地当作第二个家,不管被书记和队长"训"多少次,只要一有时间,他就会返回工地。

2. 巧干创新　实现人生价值

1989年夏天,巨晓林参与北同蒲铁路施工接触网架线作业。这项工作每到一个悬挂点,都要有人肩扛电线爬上爬下。为节省工时,他尝试用一个铁丝套挂住滑轮,获得成功。从那时起,他迷上了工艺改进与创新。

如今的高铁施工与以往的普通铁路施工相比,在工艺和标准的要求上有很大区别。为提高效率,巨晓林习惯性地琢磨起了工艺改进。

2011年,在京沪高铁施工中,面对接触网毫米级误差的极高施工要求,巨晓林带领QC(质量控制)课题小组,先是解决了H型钢柱基础下部调整螺母的问题,接着又探索研发了导线精调一次到位施工工艺。他主持发布的《提高京沪高铁腕臂数据测量一次合格率》的革新成果，获得全国工程建设 QC 成果发布会一等奖。

2012 年，"巨晓林接触网工国家级技能大师"工作室成立，主要任务是进行技术创新与人才培养。如今，工作室共完成项目合理化建议 15 个，工艺工法改进 21 项，QC 成果 2 项，国家专利 1 项，实现科技成果转化 500 余万元。

3. 不忘初心　保持淳朴本色

"全国劳动模范""全国五一劳动奖章"获得者、"国家级技能大师""全国创先争优优秀共产党员"……不熟识巨晓林的人，往往会惊叹于他身上的诸多荣誉光环。但只有巨晓林身边的工友知道，走下领奖台，回到施工工地，他还是那个淳朴的接触网工人。

全国两会刚刚闭幕，作为全国人大代表的巨晓林便急忙乘坐火车回到合福高铁的工地。第二天，当穿着工装的巨晓林出现在施工现场时，队长还责怪他为什么不休息几天，他说："班组的兄弟们都在忙活，我哪好意思啊！"

不忘初心，方得始终。生活中的巨晓林也始终坚持着关中汉子的那份淳朴。但凡参加公务活动，他都乘坐公交或者地铁。在合福高铁施工的两年多时间，他多次去北京参加会议和活动，几乎每次买的都是普通列车硬座票。

巨晓林：写出一本铁路基层接触网工都看得懂的书

★ 任务单：刚性接触网参数调整

项　目	任务清单内容
任务情境	在演练场中，对刚性接触网进行导高和拉出值调整
任务目标	1. 将刚性接触网导高和拉出值调整至标准值； 2. 对刚性支持定位装置进行检查
任务问题	1. 简述刚性支持定位装置拉出值的调整方法； 2. 简述刚性支持定位装置导高的调整方法； 3. 简述刚性支持定位装置检查的内容
任务实施要求	1. 在演练场中，注意安全防护； 2. 以小组为单位进行导高和拉出值调整，做好任务分工和调整记录
任务完成效果	1. 刚性支持定位装置导高、拉出值符合标准要求； 2. 刚性支持定位装置螺栓紧固力矩符合标准要求； 3. 针式绝缘子外表擦拭干净
任务完成耗时	2 h
实施人员	全体学生
任务点评	小组互评、教师点评

★ 活页笔记：刚性接触网参数调整

项　目	内　　容
学习笔记	重点： 难点： 学习收获：
任务问题答案	
任务完成过程	（由学生描述具体的作业分工和作业过程中任务完成的步骤）
任务完成 实际耗时	
任务完成 实际效果	

任务三　汇流排的检修与维护

★　知识学习

一、汇流排的作用

汇流排的作用是夹持固定接触线，承载和传输电能，并靠它自身的刚性保持接触线的恒定水平位置，使接触线不因重力而产生弛度。

汇流排按结构形式分为两种类型，分别为"Π"形结构和"T"形结构。重庆轻轨较新线采用了"T"形汇流排+接触线的悬挂形式，而结构简单、性能优良、维护方便的"Π"形汇流排+接触线的悬挂形式自 1895 年首次在美国巴尔的摩第一条电气化铁路中得到了应用之后，1961 年在日本的营团地铁日比谷线投入使用，1983 年在法国巴黎的 PATPA 线投入使用。由于其各方面的优良表现，目前国内外已将其作为地铁接触网的主要悬挂方式。本书中主要讲解"Π"形汇流排。

"Π"形汇流排由截面为"Π"形的铝合金挤制型材构成，一般有 PAC110 和 PAC80 两种，是刚性接触悬挂的主要组成部分；目前，国内主要采用 PAC110，其截面为异形敞开结构，两个垂直边末端形成夹口。夹口可进行弹性张开，使接触线嵌入，并在撤除外力后自然还原，其弹性产生压力夹持接触线，可有效防止汇流排在伸缩时和接触线产生相对滑动。如图 3.3.1 所示。

图 3.3.1　"Π"形结构汇流排

二、汇流排的分类

汇流排按照作用可分为标准型汇流排、终端汇流排和刚柔过渡元件。

1. 标准型汇流排

标准型汇流排如图 3.3.2 所示。

汇流排高度：110 mm；

汇流排顶部宽度：85 mm；

汇流排的最大电阻：15.5×10^{-6} Ω/m；

汇流排载流：3 700 A；

汇流排重量：5.9 kg/m；

汇流排单位制造长度为定尺长度 12^{+0}_{-5} mm，定尺长度制造允许偏差为 −5 mm，其两端无切口余量。

汇流排表面质量要求如下：

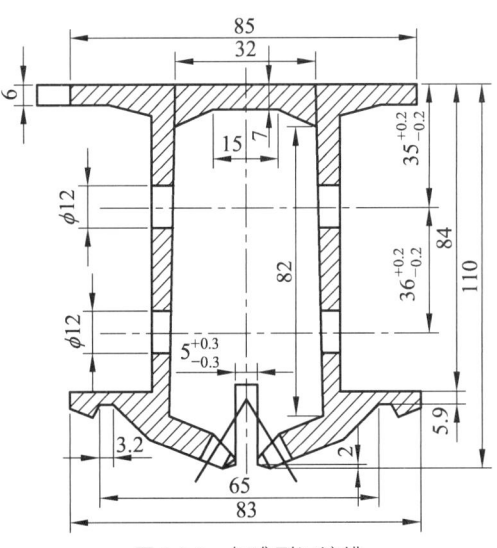

图 3.3.2　标准型汇流排

① 汇流排表面不允许有裂纹、腐蚀斑点和硝盐痕迹。

② 汇流排表面允许有不超过缺陷所在部位壁厚公称尺寸 8% 的起皮、气泡、表面粗糙和局部机械损伤,但最大深度不得超过 0.5 mm。

③ 汇流排需加工的部位,表面允许缺陷深度不得超过加工余量。

④ 为了确保铝排的夹口可以牢固地夹住接触线,必须检查夹口能够被撑开放入接触线并且不会产永久变形。一旦接触线嵌入之后,铝排的弹力足以使得接触线被夹紧。

2. 终端汇流排

终端汇流排如图 3.3.3 所示。

终端汇流排的弯头由一端弯曲的 7.5 m 的汇流排制成。弯头的斜面长 1 500 mm,端部抬高 70 mm,这是为了满足最大斜度不超过 1/20。弯曲处的半径是 6 m。弯曲时必须保证汇流排夹口的开口在 4.7～5.3 mm 之间。在弯头另一端钻有连接用孔。

弯头安装在每段的端部,用作膨胀接头、绝缘分段或者是道岔。斜面部分是出于安全的需要。实际上,例如在膨胀接头处的弯头按下面方法调整:受电弓从一段弯头的直线部分过渡到另一弯头的直线部分,不接触斜面部分。

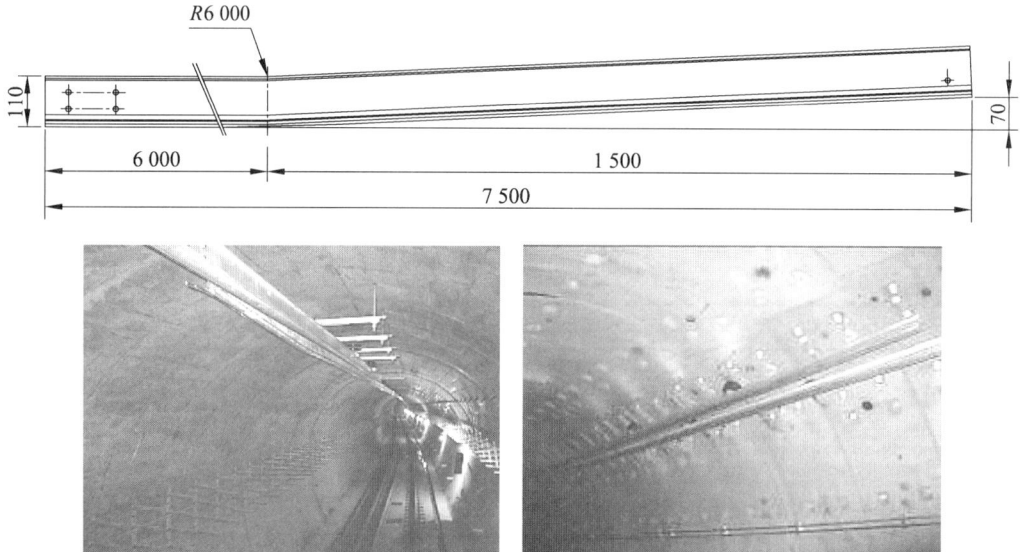

图 3.3.3　终端汇流排

3. 刚柔过渡元件

刚柔过渡元件如图 3.3.4、图 3.3.5 所示。

图 3.3.4　刚柔过渡元件

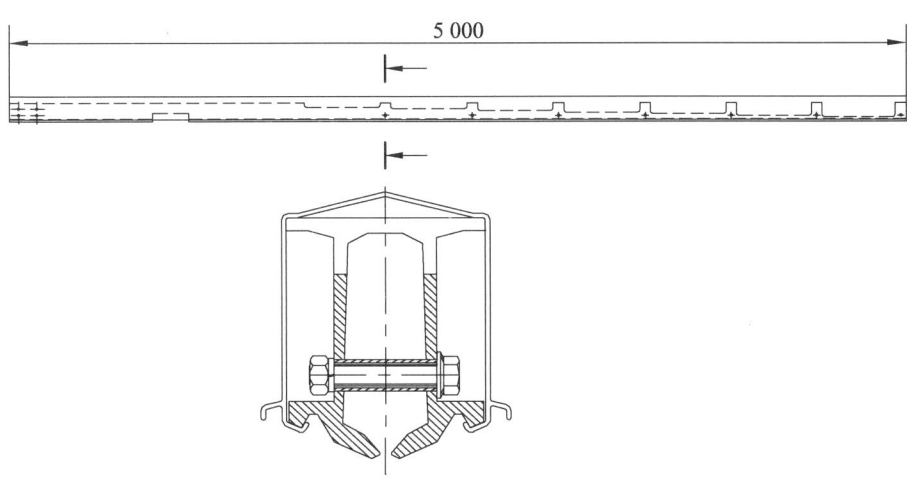

图 3.3.5　刚柔过渡元件

刚柔过渡元件由 5 m 汇流排加工制造，顶面加工成不同深度的切槽（截面面积逐渐减小），以逐步减小惯量和增加末端的弹性；底部加工缺口，用于放置接触线接头线夹，防止接触线在汇流排内滑动。

刚柔过渡元件安装在刚性接触网和柔性接触网的过渡处，避免产生硬点。

三、汇流排检修

1. 汇流排及中间接头检查

① 检查汇流排状态：目视检查汇流排表面不允许有裂纹；不得扭曲变形，无明显转折角；表面光洁，无缺损、无毛刺、无污迹、无腐蚀。

② 检查汇流排接头状态：汇流排中间接头（如图 3.3.6）、外包式接头（如图 3.3.7）应确保接触良好；目视检查被连接的两汇流排在同一直线上；接头部位螺栓未画线的，应使用力矩扳手按规定的力矩进行检查和校核后方可画线（如图 3.3.8）；检查螺栓的垫片应当齐全和完好（双叠自锁垫片应当两片垫片吻合并锁死）。

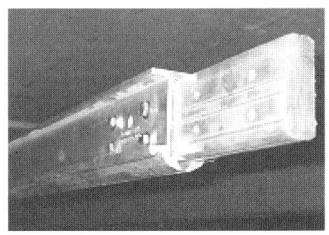

图 3.3.6　汇流排中间接头

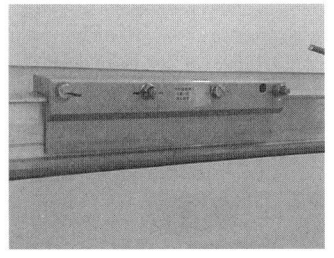

图 3.3.7　外包式中间接头

图 3.3.8　中间接头螺栓画线

③ 检查汇流排上方无漏水点,避免隧道渗水、漏水(包括黏稠状矿物质)对汇流排造成氧化和腐蚀。

若发现两汇流排接头处未在同一直线上,可松开接头螺栓,调整两端汇流排成一条直线,固定好后重新紧固螺栓并画线。

2. 检查接触线、测量接触线磨耗

① 检查汇流排中接触线的状态:接触线应可靠嵌入汇流排内,若发现局部出槽,可使用橡胶槌轻击使其入槽,如图 3.3.9 所示。

② 接触线无硬弯、烧伤,如有烧伤,须简单处理并使用砂纸打磨平滑。

③ 接触线的磨耗要均匀,若发现局部磨耗增大,要使用游标卡尺深度功能测量、记录,并与上次测量数值进行对比,如图 3.3.10 所示。

图 3.3.9 接触线出槽

图 3.3.10 接触线磨耗测量

3. 汇流排检修质量标准

① 汇流排中间接头及汇流排两端连接孔的尺寸误差符合产品质量要求。

② 汇流排中间接头接触面清洁,紧固件安装齐全。使用扭矩扳手紧固螺栓,紧固力矩为 16 N·m。

③ 汇流排中间接头的连接,应保证连接的两汇流排在同一条直线上。

④ 汇流排对接口密贴,连接缝两端夹持接触线齿槽连接处平顺、光滑,连接端缝平均宽度不超过 1 mm。

⑤ 汇流排中轴线应垂直于所在处的轨面连线,偏斜不大于 1°。

⑥ 导高、拉出值符合设计要求。

⑦ 汇流排、汇流排终端、中间接头规格型号、截面尺寸均应符合设计要求,表面无毛刺、腐蚀斑点和硝盐痕迹。

⑧ 隧道渗水地段应加装防护罩,防护罩性能应满足设计要求,安装稳固、无老化现象。

⑨ 安装汇流排定位线夹时,使用内六角专用扳手紧固两螺栓,所有螺栓统一穿向。

四、学习资料

汇流排的作用及类型

汇流排中间接头制作

★ 思政链接

"小设计"彰显地铁人创新"大智慧"

地铁具有设备设施多、专业性强等特点,地铁维修人在进行维保工作时,不仅需要具备精湛的技术及丰富的维修经验,一些看似不起眼的小发明、小改造往往能起到关键性作用。

汇流排是一种刚性接触网中用于夹持、固定接触线,承载和传输电能的铝排装置。地铁维修人制作的"汇流排钻孔模具"可有效防止打孔不精准导致连接螺栓无法穿入孔位等情况。如图 3.3.11 所示。

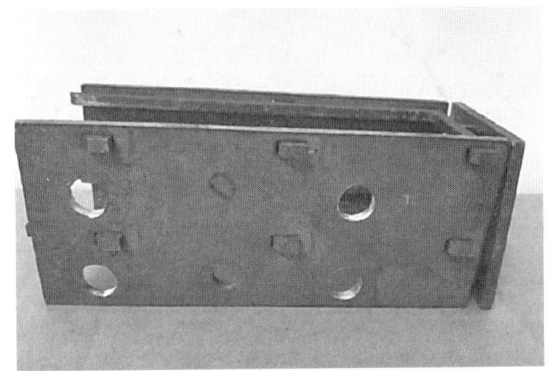

图 3.3.1 汇流排钻孔模具

这些看似简单的小发明、小改造,很大程度节约了维修成本,在生产中取得了良好的成效,展现出地铁维修人的"大智慧"。

★ 任务单：汇流排检修维护

项　目	任务清单内容
任务情境	在演练场中，对汇流排进行检修维护
任务目标	1. 对汇流排进行检查检修； 2. 进行汇流排中间接头制作
任务问题	1. 简述汇流排的作用； 2. 简述汇流排按照作用不同可以分为哪几类； 3. 简述每类汇流排的结构特点
任务实施要求	1. 在演练场中，注意安全防护； 2. 以小组为单位进行汇流排检修维护，做好任务分工和检修维护记录
任务完成效果	1. 汇流排安装质量符合标准要求； 2. 汇流排接头符合标准要求
任务完成耗时	2 h
实施人员	全体学生
任务点评	小组互评、教师点评

★ 活页笔记：汇流排检修维护

项　目	内　　容
学习笔记	重点： 难点： 学习收获：
任务问题答案	
任务完成过程	（由学生描述具体的作业分工和作业过程中任务完成的步骤）
任务完成 实际耗时	
任务完成 实际效果	

任务四　刚性中心锚结的检修与维护

★ 知识学习

一、刚性中心锚结的作用与结构

1. 作　用

防止分段刚性接触网在热胀冷缩过程中产生偏离，或者在受电弓的冲击作用力下向受电弓的运行方向偏离。

2. 结　构

刚性中心锚结由调整螺栓、中心锚结绝缘子、中心锚结线夹、连接件组成，如图 3.4.1 所示。

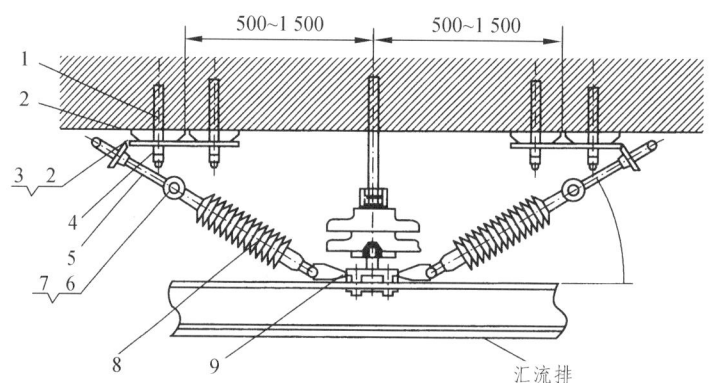

1—锚栓；2、3—调节螺栓；4—下锚底座；5—调整螺杆；
6、7—销钉；8—绝缘子；9—中心锚结线夹。

图 3.4.1　刚性中心锚结结构

中心锚结线夹主要包括线夹本体、线夹夹板、线夹连板、轴套、销轴等零件，如图 3.4.2 所示。中心锚结线夹与中心锚节下锚绝缘子、调节螺栓、中心锚结下锚底座等零部件相连接，组成一整套中心锚结下锚装置。

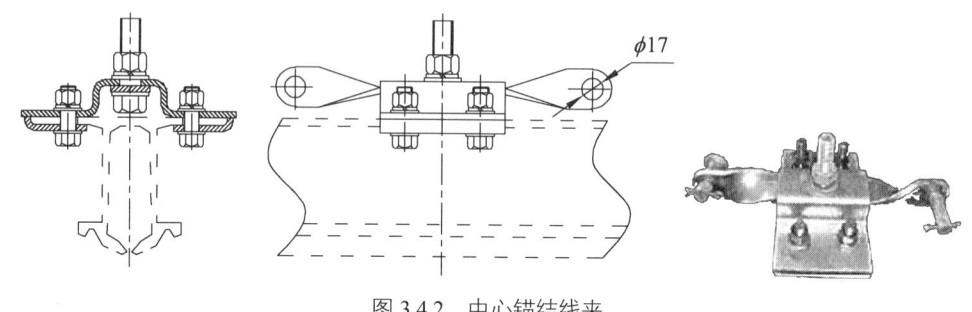

图 3.4.2　中心锚结线夹

二、刚性中心锚结检修

1. 作业条件（表 3.4.1）

表 3.4.1　刚性中心锚结检修的作业条件

人员条件	1. 作业组人数不少于6人
	2. 工作领导人、安全检查员安全等级不低于四级
作业条件	1. 检修的区段所在供电分区停电，并可靠接地
	2. 检修区段无存留列车
	3. 做好工作票要求其他安全措施

2. 工器具、耗材及备件（表 3.4.2）

表 3.4.2　刚性中心锚结检修的工器具、耗材及备件

项目	名称	型号	数量	备注
安全工器具	地线		2组	根据检修范围增减
	验电器		1套	根据现场情况增加
	绝缘手套		1双	根据现场情况增加
	安全带		根据登高人数配置	
	安全帽		根据作业组人数配置	
	照明工具		根据作业组人数配置	
	钢丝刷		1把	根据现场情况增加
作业工器具	水平尺	600 mm	1把	
	力矩扳手		2把	
	钢卷尺		1个	
	电工螺丝刀具	—	1把	
	钢丝钳	200 mm	1把	
	内六角扳手	8 mm、4 mm	各1把	
	活动扳手	250 mm	1把	
	接触网多功能激光测量装置	DJJ-8	1台	
	开口扳手	24 mm、30 mm	各2把	
	防震橡胶锤		1把	
耗材及辅材	白棉布		若干	
	砂纸		2张	
	画线笔		2支	
	毛刷		1个	
	螺母	M16、M20	若干	

3. 刚性中心锚结检查内容

① 中心锚结的锚固点应安装在汇流排的正上方；检查中心锚结线夹，中心锚结线夹安装应与汇流排平行，保证悬挂两侧受力均匀；中心锚结线夹与汇流排固定牢固、可靠，螺栓紧固力矩符合设计要求；线夹无裂纹、折断现象，中心锚结线夹与汇流排夹连接应牢固，不能滑动，连接螺栓无锈蚀、紧固良好；中心锚结线夹处接触线应平顺、无负弛度。

② 检查中心锚结绝缘棒，用手横向推动中心锚结绝缘棒，检查其受力状况，应受力良好无松弛；调整螺栓应处于可调状态；表面无明显放电痕迹，其破损和裂纹长度不得大于 5 mm；中心锚结绝缘子型号应符合设计和产品技术条件，表面无损伤；带电端至接地体距离，一般情况下应不小于 150 mm，困难情况不应小于 115 mm。

4. 刚性中心锚结检修质量标准

① 中心锚结基座中心偏离汇流排中心应控制在 ± 30 mm。

② 中心锚结绝缘子表面应无损缺，中心锚结线夹处接触线应平顺，无负弛度。

③ 中心锚绝缘子及拉杆受力均衡适度，与汇流排的夹角不能大于 45°；中心锚结与汇流排要固定牢固，螺栓紧固力矩要符合设计要求，应调整螺栓，使其处于可调状态。

三、学习资料

刚性中心锚结的安装与维护

★ 思政链接

"武铁之星"——漯阜公司供电段接触网工高俊

黝黑的脸庞，憨厚的笑脸，一双炯炯有神的眼睛里总是透射着刚毅坚定的目光。在段领导和同事们的口里，他有一个响当当的名号——"铁人高俊"；在全班职工的平常称谓中，他拥有"高班""高工""高叔"三个平和亲切的名称。他就是漯阜公司供电段太和车间接触网工长——"三高铁人"高俊，如图 3.4.3 所示。

图 3.4.3 "三高铁人"高俊

一个春末夏初的下午，一场多年罕见的狂风暴雨突然袭击了皖西地区，太和车间管内60 km线路半数地段出现严重水害。雨情就是命令！高俊立即带领全班30多名职工兵分六路分段巡查线路，当高俊所带领的小组巡查到177 km+500 m时，发现一棵大树浸泡在水中摇摇欲坠，如不立即处理，这棵水桶粗的大树随时会倒向铁路线而造成断线跳闸的重大事故。情况十分紧急，高俊顾不得多想，他立即向电力调度员报告险情请求区间停电，安排人上线拦停列车，得到调度员"做好安全防护，立即排除险情"的指示，在做好搭接地线等防护措施后，他顾不上脱掉身上的衣服，毫不犹豫地只身跳入冰冷湍急的水中，奋力向危树游了过去。他在水中用绳子捆绑好大树，指挥大家在对岸用力拉，经过30 min奋战，这棵大树被拉向了远离铁路的另一边。险情排除了，高俊穿着湿透的衣服被工友们拉上岸时，已经冻得浑身发抖、嘴唇发紫，一句完整的话都说不出来。

"高叔每次抢险都冲在最前面，他付出的体力精力和大无畏劲头我们年轻人都感觉吃不消，有时候我们看着都心疼，劝他不要这么拼命，但是每次都劝不住，在他看来只有供电正常心里才踏实。有一次，为了抢险，他跳入一个化工厂的废水沟里，当时高温加上化工废料发酵，恶臭的气味让人直反胃，他硬是在臭水沟了撑了十几分钟，终于把一棵危树齐根锯掉了。那一次，高叔身上起了好多好多的皮疹，痒得他夜里睡不着，把皮肤都挠烂了，光抗过敏的药就吃了半个月，到现在身上还有好多疤痕。"说起高俊的事迹，在高俊班组工作已经5年的接触网青工刘鹏飞满是敬佩之情。

因为多次跳入河水、泥潭、污水沟里抢修抢险，其行为和当年的铁人王进喜一样，"铁人高俊"的名号慢慢地在全车间传开了。之所以"铁人"称号后来又多了"三高"的定语，源于高俊在全车间的"高班、高工、高叔"三个称谓。

"'高班'即'高班长'的简称，这是他的职务；'高工'寓意'高级工程师'，这是他的雅称；'高叔'则是'90后'青年职工对他的尊称。他首先是一个高明的班长，他严管厚爱，把班组治理得纪律严明、团结和谐，带出了一个能征善战的尖刀班。这么多年了，高俊班组没有出过一件事故，连续三年获得公司、段先进班组。其次他是全车间的'技术总教头'，虽说由于学历低而无职称，但他的实战能力水平不亚于一个高级工程师，每次有疑难问题他都能手到病除，连我们聘请的国铁老师都叹服。现在班组成员都是他的徒弟，但很少有人喊他师傅，感觉喊师傅看低了他，大家也更乐意喊他'高工'。高叔则是'90后'年轻人对他这个长辈的尊称，因为他把每一个青工都当成自己的孩子看待，和这些孩子们打成一片，从吃到住处处关心，想着法设计一些篮球赛、乒乓球赛、象棋比赛、趣味运动来丰富他们的业余文化生活，孩子们打心眼里感激他。"说起高俊的三个称谓，已经50多岁的太和车间主任董旭东如数家珍。

"5年前，他不顾家人阻拦，义无反顾来到这个偏远工区。这几年，高俊把人生中最饱满的精力都洒到了班组建设上，爱人骨折住院两个月顾不上照看，孩子考大学、考研究生、出国留学顾不上照顾……"说起高俊的付出，供电段副段长李瑞自豪之余还有几分伤感和愧疚。

"高叔不光教我们学技术，还教我们做人做事，每年我们种的油菜熟了，我们把打出来的菜籽油分给大家，我从中感受到了分享的快乐；他每年组织我们捐款捐物去慰问附近村庄的孤寡老人，给这些孤寡老人送去米、面、油和钱，让我学会了扶危帮困；每逢节假日，他都和我们这些离家远的职工一起会餐，给我们做拿手菜，让我们感受到了家的温暖。"老家远在新乡的青工曹志杰说。

★ 任务单：刚性中心锚结的检修维护

项 目	任务清单内容
任务情境	在演练场中，因施工安装或维护不到位，造成中心锚结线紧固螺栓松动，汇流排随温度变化而发生少量位移
任务目标	使刚性中心锚结安装状态符合标准要求
任务问题	1. 简述刚性中心锚结的作用和结构组成； 2. 简述刚性中心锚结的检修质量标准
任务实施要求	1. 在演练场中，注意安全防护； 2. 以小组为单位进行刚性中心锚结检修维护，做好任务分工和检修维护记录
任务完成效果	刚性中心锚结安装质量符合标准要求
任务完成耗时	2 h
实施人员	全体学生
任务点评	小组互评、教师点评

★ 活页笔记：刚性中心锚结的检修维护

项　目	内　　容
学习笔记	重点： 难点： 学习收获：
任务问题答案	
任务完成过程	（由学生描述具体的作业分工和作业过程中任务完成的步骤）
任务完成实际耗时	
任务完成实际效果	

任务五　刚性锚段关节的检修与维护

★ 知识学习

一、刚性锚段关节的作用和结构

为了缩小停电范围，方便故障查找，灵活安排作业，刚性接触悬挂也设有绝缘锚段关节和非绝缘锚段关节。

1. 绝缘锚段关节

绝缘锚段关节两终端采用汇流排终端，可防止机车通过刚性悬挂锚段关节时发生打弓、刮弓等事故，保证机车受电弓平稳过渡。绝缘锚段关节两终端的水平距离为 300 mm，接触线外露长度为 150 mm。绝缘锚段关节的结构如图 3.5.1 所示。

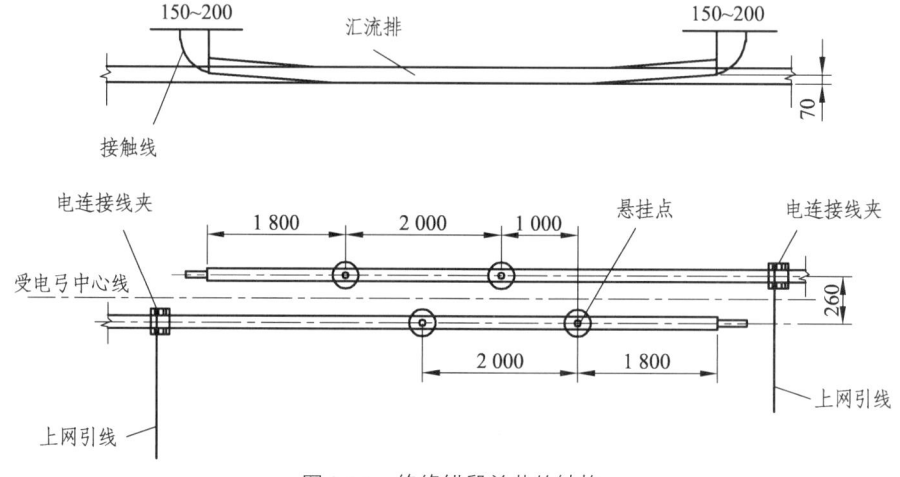

图 3.5.1　绝缘锚段关节的结构

2. 非绝缘锚段关节

非绝缘锚段关节两终端的水平距离为 150 mm，其水平距离为 200 mm，其余与绝缘锚段关节相同。

二、刚性锚段关节检修

1. 作业条件（表 3.5.1）

表 3.5.1　刚性锚段关节检修的作业条件

人员条件	1. 作业组人数不少于 6 人
	2. 工作领导人、安全检查员安全等级不低于四级
作业条件	1. 检修的区段所在供电分区停电，并可靠接地
	2. 检修区段无存留列车
	3. 做好工作票要求其他安全措施

2. 工器具、耗材及备件（表 3.5.2）

表 3.5.2 刚性锚段关节检修所需工器具、耗材及备件

项目	名称	型号	数量	备注
安全工器具	地线		2 组	根据检修范围增减
	验电器		1 套	根据现场情况增加
	绝缘手套		1 双	根据现场情况增加
	安全带		根据登高人数配置	
	安全帽		根据作业组人数配置	
	照明工具		根据作业组人数配置	
	钢丝刷		1 把	根据现场情况增加
作业工器具	水平尺	600 mm	1 把	
	力矩扳手		2 把	
	钢卷尺		1 个	
	电工螺丝刀具	—	1 把	
	钢丝钳	200 mm	1 把	
	内六角扳手	8 mm、4 mm	各 1 把	
	活动扳手	250 mm	1 把	
	接触网多功能激光测量装置	DJJ-8	1 台	
	开口扳手	24 mm、30 mm	各 2 把	
	防震橡胶锤		1 把	
耗材及辅材	白棉布		若干	
	砂纸		2 张	
	画线笔		2 支	
	毛刷		1 个	
	螺母	M16、M20	若干	

3. 刚性锚段关节检修作业内容及标准

（1）测量两支接触线各悬挂点的导高及拉出值。

如图 3.5.2 所示，在关节中间悬挂点处应等高，允许 0~3 mm 的误差；转换悬挂点处非工作支不得低于工作支，可以比工作支高出 3~8 mm，困难情况下不超过 10 mm；非绝缘锚段关节两支接触悬挂的拉出值均为 ±100 mm，汇流排中心线之间距离为 200 mm，允许误差 ±20 mm；绝缘锚段关节两支接触悬挂的拉出值均为 ±150 mm，汇流排中心线之间距离为 300 mm，允许误差 ±20 mm。

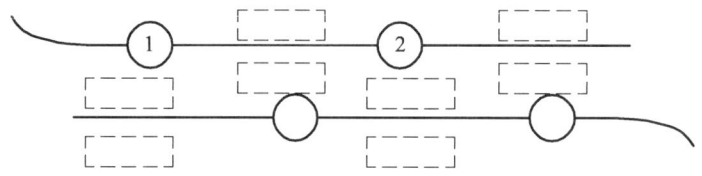

图 3.5.2 测量两支接触线各悬挂点的导高及拉出值

进行锚段关节高差测量与计算时,应当先测悬挂点,再测对应点。高差以悬挂点导高减对应点导高确定,最外侧两悬挂点高差必须为正值,中间两个过渡悬挂点高差应当同正或同负(可同为 0,可同为正值或同为负值,也可一个 0 一个正值或一个 0 一个负值)。

如果技术参数不符合标准,可以通过调整悬挂点处导高、拉出值来进行调整。

(2)检查两支接触线过渡状态。

可利用水平尺模拟受电弓滑行或者观察接触线底部磨耗情况来检查两支接触线过渡状态,受电弓在双向通过时应平滑无撞击。

(3)检查电连接线及线夹。

如图 3.5.3 所示,电连接线夹应完全入槽;电连接线夹应无变形、裂纹,线夹过渡处无电腐蚀痕迹;电连接线与接线端子压接应良好;电连接线夹与电连接线端子接触良好,螺栓紧固,弹簧垫片压紧,接触面应涂电力复合脂;线夹安装应端正牢固,螺栓紧固,弹簧垫片压紧,汇流排不发生变形;裸铜软绞线不得有断股、散股;电连接线距接地体距离不小于 150 mm。

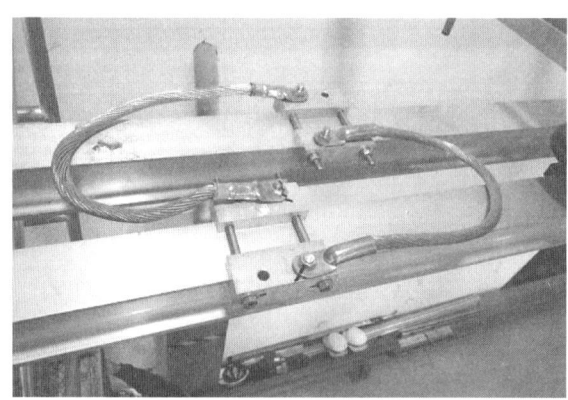

图 3.5.3 电连接线

电连接线的安装方式应为 S 形,确保两组电连接线夹四个铝块均能够通过电流。电连接线与接线端子的压接情况检查,必要时用手拔一下,发现松动应重新压接或更换。如果发现电连接线夹有烧伤情况,必须将线夹打开检查。烧伤较轻的可用砂纸打磨后涂抹导电膏重新安装,烧伤较重的则必须进行更换。

三、学习资料

刚性锚段关节维护

★ 思政链接

"最美奋斗者"——窦铁成

窦铁成，1956年10月生，1986年5月加入中国共产党，全国劳动模范、全国优秀共产党员、十八大代表，中铁一局电力工工匠技师，被誉为"专家型技术工人""金牌工人"。先后参与建设了京山铁路、京秦铁路、西安地铁等上百个工程项目。历任中铁一局电务处四队电力工，电气设备安装、试验班班长，电力工高级技师，电力试验所质量负责人、窦铁成技能大师工作室负责人、工匠技师、陕西省总工会副主席（兼职）。

窦铁成1979年通过招工考试，被铁一局电务处录取。1980年，他以优异成绩，取得了参加中铁一局电力培训班学习的机会。每天晚上，窦铁成都是第一个走进教室，最后一个离开。周末，别的同学都回家了，或者结伴出游了，他却一头扎进教室，沉浸在知识的海洋里。凭借这股子钻劲，7个月培训结业的时候，他拿了电力内外线考试的最高分。

1983年，窦铁成满怀信心来到京山压煤改线和京秦线之间的沱子头变电所，这也是他第一次接触变配电施工。望着一寸半厚的各种图纸和两层高的变电所大楼，他不由得倒吸了一口凉气，自己的那点知识根本无法应对。但是倔强的他告诫自己："再难的知识，只要一点点啃、一点点琢磨、分析，总能悟出个道道来。"于是，窦铁成白天干活，晚上把自己关在备用调压器房里，对照专业书籍，一张张图纸、一条条线路、一个个节点地分析，解读设备如何安置、电缆怎么走。施工期间，他把加起来一寸半厚的七套各类不同技术图纸齐齐地画了一遍。最后，工程不仅顺利完工，还获得了国家优质工程银质奖。

1999年，变配电设备的测试开始采用电脑进行分析，已经40多岁的窦铁成立刻买来计算机教材，从最基本的原理学起，慢慢地学会了表格制作、工程制图等，成为中铁一局3万员工中掌握电脑设计绘制电力图纸的第一人。

为了能提高电力知识及施工技术，在工资不高、生活不宽裕的情况下，他先后花了近万元购买《高等数学》《电工学》《电磁学》《电子技术》《电机学》等技术书籍，利用工余时间进行自学，向身边的工友、技术人员甚至徒弟请教。40多年的工程生涯里，窦铁成边学边干，累计写下了90余本200多万字的学习笔记，密密麻麻记满了他成长成才足迹。

"世界上没有两个完全一样的工程，不同的地点、不同的时间就要用不同的办法来施工，可以说每个工程都要创新。在这个过程中，施工技术人员因地制宜将知识、技术创造性地用于工程，解决难题，就会从中享受到快乐。"这是窦铁成秉承的，也是他坚持的。参加工作以来，他勤于思考，善于结合，攻关新课题，解决新难题，累计为企业创造和节约成本近1 800万元。

在西康铁路秦岭变电所，他利用现场废料研制了一套煨弯器，提高工效近5倍；在浙赣铁路板杉铺牵引变电所，面对国内没有铜板双导线间隔棒这一定型产品的严峻形势，他提出"简化结构、保证功能"的加工方案，并利用自有设备加工出了替代产品，保证了送电目标；在北京地铁昌平线施工过程中，他发现地线支架的绝缘装置不合理，于是联系厂家优化设计，新产品不但杜绝了加工过程中有害气体对人体的损害，每套还将节约劳动力 80%，提高工效 4 倍，获国家知识产权局专利证书。在西成高铁施工抢工大干期间，窦铁成发现了设备 A 相的直流电阻差值过大的异常情况，经过反复试验和与设备厂家协调沟通，最终修复设备，避免了变压器烧毁的重大事故。

参加工作 40 多年来，窦铁成先后解决技术难题 69 项，提出设计变更 7 次，解决送电运行故障 400 余次。"一个人可以没有文凭，但不能没有知识。"窦铁成用实际行动印证了这句话，并赋予了它新的内涵。

窦铁成是"名人"，是"工人主席"，可办公室里总是找不到他。简单的工装、一个黑色的双肩挎包，他行走在施工一线，一直如此。作为电力试验所质量负责人，他在大连、佛山、西安、天津工地上来回跑，尽职尽责、毫无怨言，重大工程节点，都有他指导施工的身影。

2011 年 11 月，窦铁成技能大师工作室成立，作为全国首批挂牌成立的工作室，窦铁成主动担当，发挥劳模的影响力和引领作用，带领技术攻关小组先后成功研发了疏散平台测量小车、刚性悬挂接触网垂直向上钻孔平台等多项成果。累计获得国家高新技术企业认证 2 项、各类专利 42 项、工法 39 项、获奖科研项目 48 项、BIM 大赛获奖 11 项、软件著作权 10 项。

多年来，窦铁成授课和举办专场讲座 300 余场次，签订师徒协议 400 余份。为了能将优秀的施工工艺留下来、传下去，他自学 CAD 制图软件，和两个徒弟一道完成了 443 页、10.6 万字的"牵引变电所施工工艺"和中铁一局电力试验所第一刊 4 万多字的《电气试验作业指导书》。2009 年，他带头完成 24.8 万字的《变配电所安装与试验操作法》的编纂工作，尽最大的力量把自己的所知所学传授给更多的人。

窦铁成锲而不舍地在他热爱的岗位上展现一个大国工匠的情怀和担当精神，是新时代最美奋斗者。

★ 任务单：刚性锚段关节的检修维护

项　目	任务清单内容
任务情境	在演练场中，因施工安装或维护不到位，造成刚性锚段关节参数不正确，现需要对刚性锚段关节进行参数测量和调整作业
任务目标	使刚性锚段关节安装状态符合标准要求
任务问题	1. 简述刚性锚段关节的作用和结构组成； 2. 简述刚性锚段关节的检修质量标准
任务实施要求	1. 在演练场中，注意安全防护； 2. 以小组为单位进行刚性锚段关节检修维护，做好任务分工和检修维护记录
任务完成效果	刚性锚段关节安装质量符合标准要求
任务完成耗时	2 h
实施人员	全体学生
任务点评	小组互评、教师点评

★ **活页笔记：刚性锚段关节的检修维护**

项目	内容
学习笔记	重点： 难点： 学习收获：
任务问题答案	
任务完成过程	（由学生描述具体的作业分工和作业过程中任务完成的步骤）
任务完成实际耗时	
任务完成实际效果	

任务六　贯通式刚柔过渡检修与维护

★ 知识学习

一、检修作业准备

1. 作业条件（表 3.6.1）

表 3.6.1　贯通式刚柔过渡检修作业准备

人员条件	1. 作业组人数不少于 6 人
	2. 工作领导人、安全检查员安全等级不低于四级
作业条件	1. 作业区域可能来电方向各接挂 1 组地线
	2. 做好工作票要求其他安全措施

2. 工器具、耗材及备件（表 3.6.2）

表 3.6.2　贯通式刚柔过渡检修所需工器具、耗材及备件

项目	名称	型号	数量	备注
安全工器具	地线		2 组	根据检修范围增减
	验电器		1 套	根据现场情况增加
	绝缘手套		1 双	根据现场情况增加
	安全带		根据登高人数配置	
	安全帽		根据作业组人数配置	
	照明工具		根据作业组人数配置	
	钢丝刷		1 把	根据现场情况增加
作业工器具	激光测量仪	DJJ-8	1 台	
	水平尺		1 把	
	钢卷尺		1 把	
	橡胶槌		1 把	
	螺丝刀		2 把	
	套筒扳手	16、18	1 把	
	活动扳手		2 把	
	力矩扳手	10~100 N·m	1 把	
	开口扳手	24#、30#	各 1 把	
	圆头锤	1.5 磅	1 把	
	克丝钳		2 把	

续表

项目	名称	型号	数量	备注
耗材及辅材	螺母、垫片	M10、M12、M16、M20	若干	
	砂纸		若干	
	螺栓紧固剂		1瓶	
	划线笔		1支	
	铁线	$\phi 4.0$ mm、$\phi 2.0$ mm	若干	

二、检修项目及内容

1. 测量过渡处两支悬挂的参数

（1）利用激光测量仪对过渡处刚性锚段关节两支悬挂静态参数进行测量，如图 3.6.1 所示。标准和方法参见刚性锚段关节检修与维护。

（2）测量切槽汇流排处导高变化均匀。

汇流排对接触线不应产生下压力或上抬力，连接线夹的螺栓紧固力矩符合设计要求。

共计测量 4 个点，如图 3.6.2 所示。

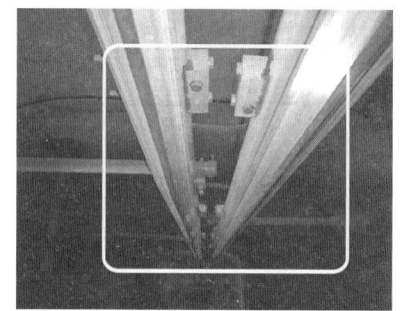

图 3.6.1 过渡处刚性锚段关节两支悬挂

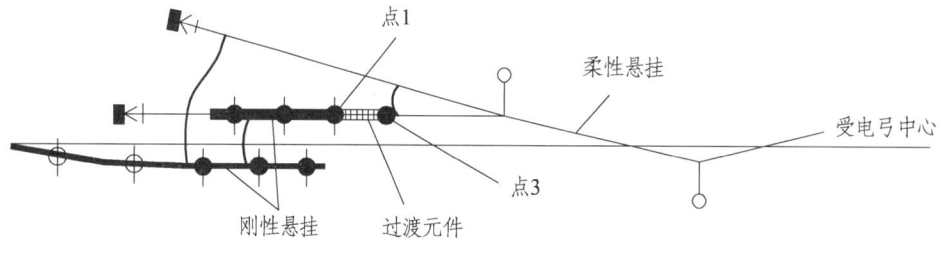

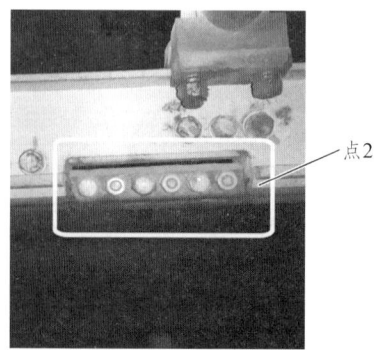

图 3.6.2 测量切槽汇流排处导高

① 刚柔过渡元件向刚性侧第一个悬挂点导高；
② 刚柔过渡元件中部接触线接头线夹处导高；
③ 刚柔过渡元件端头与柔性衔接处导高；
④ 刚柔过渡元件向柔性侧第一个吊弦处导高。

四个导高应当相等或者均匀抬高。

当导高变化较大汇流排对接触线产生下压或上抬力时，可通过调节固定汇流排的水平腕臂高低来调整导高，如图 3.6.3 所示。

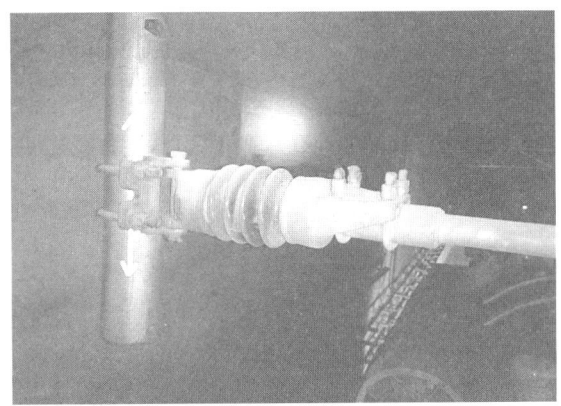

图 3.6.3　调节固定汇流排的水平腕臂高低

2. 检查过渡处两支悬挂状态

① 使用水平尺模仿受电弓从过渡点处双向水平滑动，检查刚柔过渡交界点接触线过渡平顺无硬弯；目测检查导线磨耗，存在明显磨耗时进行磨耗测量。柔性部分使用游标卡尺测量导线残高，刚性部分参见刚性悬挂接触网综合检修指导书。

② 检查两支汇流排接触线无出槽。如有出槽现象，将局部导线用放线小车导出，检查汇流排槽内有无异物并清理，再将导线重新导入。

③ 检查两支汇流排无明显塑性变形，无裂纹。如汇流排发生明显塑性变形，需整根更换汇流排。

④ 检查刚柔过渡处外部运行环境，存在漏水及时安装汇流排防护罩，柔性线索应当加装绝缘护套。汇流排防护罩对露天汇流排覆盖完全，汇流排防护罩安装稳固。

⑤ 刚性悬挂带电体距柔性悬挂下锚底座、下锚支悬挂等接地体不应小于 150 mm。

受电弓距柔性悬挂下锚底座、下锚支悬挂等接地体不应小于 100 mm。

测量吊柱下沿高度及拉出值，高度应大于 4 100 mm，高度不满足的情况下拉出值应大于 850 mm。

3. 检查电连接线状态

① 检查柔性电连接线及线夹，预留因温度变化使接触悬挂产生伸缩而需要的长度，电连接线最大弛度时与导线工作面间距不小于 30 mm，如图 3.6.4 所示，以最小弛度时电连接线不受拉力为原则。（可通过调节电连接线夹相对位置来改变电连接弛度，必要时可重新预制电连接线。）

② 直式电连接线夹的电连接线与 CTHA150 接触线连接时应完全入槽，螺栓紧固，弹簧垫片压紧，电连接线夹无变形、裂纹，线夹过渡处无电腐蚀痕迹，接触面应有导电介质（不符合要求时应更换线夹）；如图 3.6.5 所示。

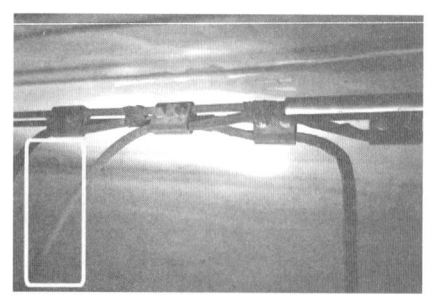 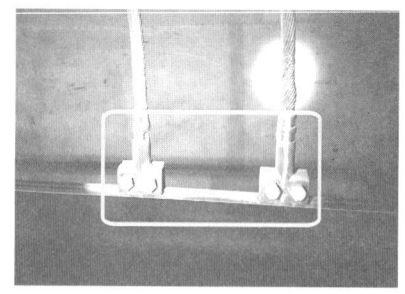

图 3.6.4　柔性电连接线及线夹　　图 3.6.5　直式电连接线夹的电连接线与 CTHA150 接触线连接

③ 电连接线夹（D1 型）连接电连接线与 TJ150 承力索时应包裹良好，螺栓紧固，弹簧垫片压紧，电连接线夹无变形、裂纹，线夹过渡处无电腐蚀痕迹，接触面应有导电介质（不符合要求时线夹需重新安装或更换），如图 3.6.6 所示。

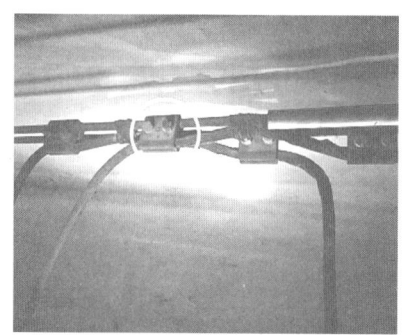

图 3.6.6　电连接线夹（D1 型）连接电连接线与 TJ150 承力索

④ 刚性电连接线夹安装应端正牢固，螺栓紧固，弹簧垫片压紧，汇流排不发生变形。电连接线与接线端子压接良好；电连接线夹与接线端子接触良好，接触面应涂电力复合脂；如图 3.6.7 所示。

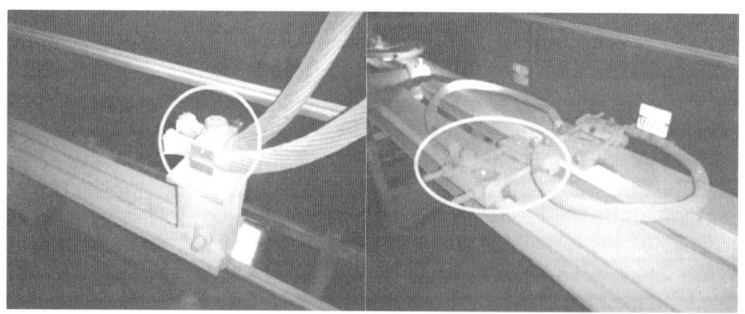

图 3.6.7　刚性电连接线夹安装

⑤ 裸铜软绞线不得有断股、散股；电连接线距接地体距离不小于 150 mm。（如有断股、散股，需更换新的裸铜软绞线；与接地体距离不小于 150 mm 时，可调节电连接位置进行调整，必要时更换电连接线。）

4. 检查零部件及螺栓状态

① 检查切槽汇流排夹紧螺栓连接状态。螺栓紧固力矩符合要求（30 N·m），弹簧垫片压紧，如图 3.6.8 所示。

② 检查切槽汇流排接触线接头线夹安装正确，导线入槽，螺栓紧固力矩符合要求（44 N·m），弹簧垫片压紧，如图 3.6.9 所示。

图 3.6.8　切槽汇流排夹紧螺栓连接状态

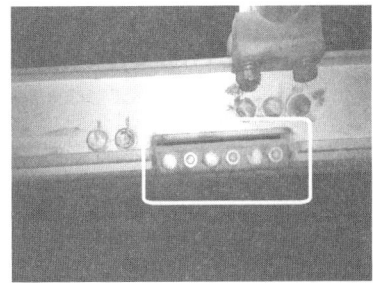
图 3.6.9　切槽汇流排接触线接头线夹

③ 检查刚柔过渡水平刚性悬挂 SA 型隧道棒式绝缘子 U 形螺栓连接状态。螺栓紧固力矩符合要求，弹簧垫片压紧；各部无变形及裂纹。如图 3.6.10 所示。

④ 检查 C 型汇流排定位线夹连接紧固状态。安装端正，螺栓紧固力矩符合要求，弹簧垫片压紧；各部无变形及裂纹，如图 3.6.11 所示。

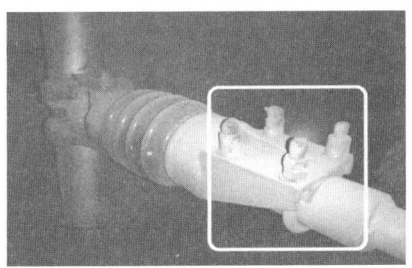
图 3.6.10　刚柔过渡水平刚性悬挂 SA 型隧道棒式绝缘子 U 形螺栓连接状态

图 3.6.11　C 型汇流排定位线夹连接紧固状态

⑤ 检查吊柱腕臂底座连接紧固状态，应连接牢固，无滑移现象。如图 3.6.12 所示。

5. 螺栓画线

① 画线的前提：设备技术参数已调整至标准状态。

② 画线方法及标准：画线应有静态参照物（不仅包括螺母等动态部件，还应包括设备本体等静态部件作为参照物），同一零部件画线方向应统一且一笔成形，避免多笔重复画线造成错觉；对已画线紧固部件调整后，需对原线清除后重新画线，确保所画线路的有效性；画线位置应利于步行巡视观察。

③ 画线部位：刚柔过渡装置上所有螺栓及棒式绝缘子 U 形螺栓等，如图 3.6.13 所示。

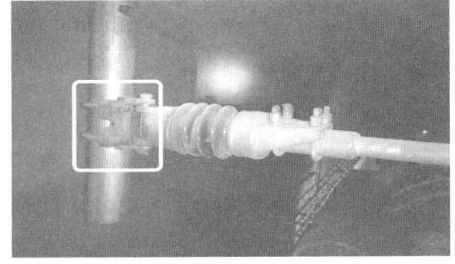
图 3.6.12　吊柱腕臂底座连接紧固状态

图 3.6.13　螺栓画线

★ 任务单：贯通式刚柔过渡检修维护

项　目	任务清单内容
任务情境	在演练场中，对贯通式刚柔过渡进行检修维护
任务目标	使贯通式刚柔过渡状态符合标准要求
任务问题	1. 简述刚柔过渡的作用； 2. 简述贯通式刚柔过渡检修的内容
任务实施要求	1. 在演练场中，注意安全防护； 2. 以小组为单位进行贯通式刚柔过渡检修维护，做好任务分工和检修维护记录
任务完成效果	贯通式刚柔过渡安装质量符合标准要求
任务完成耗时	2 h
实施人员	全体学生
任务点评	小组互评、教师点评

★ 活页笔记：贯通式刚柔过渡检修维护

项　目	内　容
学习笔记	重点： 难点： 学习收获：
任务问题答案	
任务完成过程	（由学生描述具体的作业分工和作业过程中任务完成的步骤）
任务完成实际耗时	
任务完成实际效果	

任务七　刚性线岔的检修与维护

★ 知识学习

一、刚性线岔的作用及结构

刚性线岔的作用是使列车运行到两股道交叉处时,由一股道平滑无撞击地过渡到另一股道上运行。刚性线岔为无交叉线岔。单开道岔形成的线岔平面布置如图 3.7.1 所示。交叉渡线形成的线岔如图 3.7.2 所示。

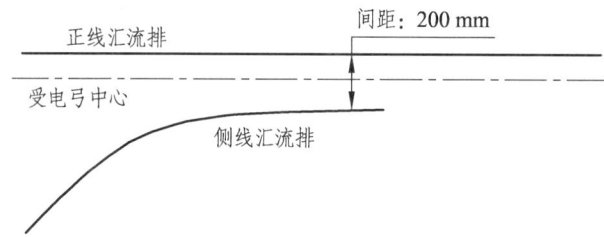

图 3.7.1　单开道岔形成的刚性线岔平面布置图

图 3.7.2　交叉渡线形成的线岔

1. 单开道岔形成的线岔

① 两根互为线岔的汇流排及导线。
② 3 组刚性定位点装置,正线 1 组定位,侧线 2 组定位。
③ 线岔电连接 5 组,其中铜铝过渡电连接线夹 20 件,120 mm² 电连接线 10 根。
④ 汇流排终端夹紧螺栓 1 支,用于渡线汇流排终端导线的夹紧。
⑤ 接地跳线 3 根。

2. 交叉渡线道岔形成的线岔

① 两根互为线岔的汇流排及导线。
② 两组刚性定位点装置,其中正线和侧线各 1 组。(定位点装置的结构见刚性定位章节)

③ 线岔电连接 5 组，其中铜铝过渡电连接线夹 20 件，120 mm² 电连接线 10 根。

④ 接地跳线 2 根。

二、刚性线岔检修

1. 作业条件（表 3.7.1）

表 3.7.1　刚性线岔检修作业条件

人员条件	1. 作业组人数不少于 6 人
	2. 工作领导人、安全检查员安全等级不低于四级
作业条件	1. 作业区域可能来电方向各接挂 1 组地线
	2. 做好工作票要求其他安全措施

2. 工器具、耗材及备件（表 3.7.2）

表 3.7.2　刚性线岔检修工器具、耗材及备件

项目	名称	型号	数量	备注
安全工器具	地线		2 组	根据检修范围增减
	验电器		1 套	根据现场情况增加
	绝缘手套		1 双	根据现场情况增加
	安全带		根据登高人数配置	
	安全帽		根据作业组人数配置	
	照明工具		根据作业组人数配置	
	钢丝刷		1 把	根据现场情况增加
作业工器具	激光测量仪	DJJ-8	1 台	
	水平尺		1 把	
	钢卷尺		1 把	
	橡胶锤		1 把	
	螺丝刀		2 把	
	套筒扳手	16、18	1 把	
	活动扳手		2 把	
	力矩扳手	10~100 N·m	1 把	
	开口扳手	24#、30#	各 1 把	
	圆头锤	1.5 磅	1 把	
	克丝钳		2 把	
耗材及辅材	螺母、垫片	M10、M12、M16、M20	若干	
	砂纸		若干	
	螺栓紧固剂		1 瓶	
	划线笔		1 支	
	铁线	φ4.0 mm、φ2.0 mm	若干	

3. 刚性线岔检修作业内容及标准

（1）测量两支接触线各悬挂点的导高及拉出值。

如图 3.7.3 所示，线岔处在受电弓可能同时触及两支接触线范围内的两支接触线应等高；在受电弓始触点后至岔尖方向，渡线非支定位点接触线导高应比正线接触线高出 3～8 mm，困难时不大于 10 mm；单开道岔悬挂点的拉出值距正线汇流排中心线为 200 mm，允许误差 ±20 mm；交叉渡线道岔处的线岔，在交叉渡线处两线路中心的交叉点处，两支悬挂的汇流排中心线均距交叉点 100 mm，间距 200 mm，允许误差 ±20 mm。

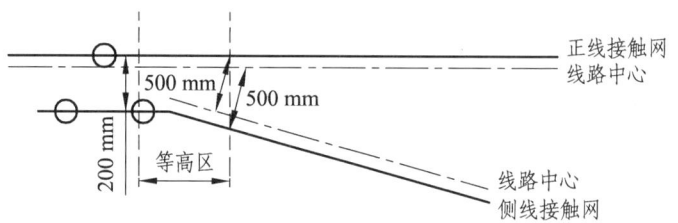

图 3.7.3　单开道岔形成的线岔平面布置参数

线岔处在受电弓可能同时触及两支接触线范围内的两支接触线应等高是指：从线岔开口方向任一支悬挂接触线距离另一股道线路中心 500 mm 处开始至线岔范围内第一个悬挂点，两支刚性悬挂应当等高。

当参数不符合标准时，按照悬挂点导高、拉出值调整方法进行调整。

（2）检查两支接触线过渡状态，受电弓在双向通过时应平滑无撞击（用水平尺进行检查）。

（3）检查电连接线及线夹。

电连接线夹应完全入槽；电连接线夹无变形、裂纹，线夹过渡处无电腐蚀痕迹；电连接线与接线端子压接应良好；电连接线夹与电连接线端子接触良好，螺栓紧固，弹簧垫片压紧，接触面应涂电力复合脂；线夹安装应端正牢固，螺栓紧固，弹簧垫片压紧，汇流排不发生变形；裸铜软绞线不得有断股、散股；电连接线距接地体距离不小于 150 mm。

三、学习资料

刚性线岔维护

★ 思政链接

电气化铁路发展之路——宝成铁路全线电气化

在渡过"三年困难"时期之后，经过"调整、巩固、充实、提高"，国民经济恢复生机，"三线建设"掀起高潮，铁路运输进入繁忙时期。1965 年，为强化宝成铁路运输能力，疏通广元"咽喉",铁道部决定宝成全线实现电气化。1966年开展初步设计,1967年进行初步设计鉴定。鉴于当时的形式和任务,结合线路的具体情况,铁道部决定宝成铁路分段进行电化设计,分段进行施工,分段交付运营,先后顺序是:广元至马角坝至绵阳;凤州至广元;绵阳至成都。1975年7月1日,全长668 km的中国第一条电气化铁路宝成线贯通,如图3.7.4所示。

图3.7.4 新中国第一条电气化铁路建成通车

如果说宝凤段的电化设计是在苏联专家指导下拄着"拐杖"完成的,那么凤成段电气化铁路设计则是在"自力更生、艰苦奋斗"精神鼓舞下,丢开"拐杖"完全依靠自己的力量,根据国情结合实际完成的。相比于宝凤段,凤成段电气化设计在技术标准、技术水平方面都有长足的进步和提高,采用了许多新设备、新材料和新工艺。例如,牵引变电所内采用27.5 kV室内六氟化硫气体断路器、少油断路器和馈线晶体管成套保护;接触网采用全补偿链型悬挂,在净空6 m的隧道内采用简单补偿悬挂,支柱采用横腹杆式预应力钢筋混凝土支柱,全部采用绝缘腕臂。大量采用钢铝接触导线,并在广汉至成都区段安装BT吸流变压器—回流线装置。

★ 任务单：刚性线岔检修与维护

项　目	任务清单内容
任务情境	刚性接触网上，单开道岔形成的线岔由于螺栓松动，造成线岔安装参数发生变化，不符合标准要求，需要对其进行调整作业
任务目标	使刚性线岔状态符合标准要求
任务问题	1. 简述刚性线岔的作用和结构； 2. 简述刚性线岔的检修内容及质量标准
任务实施要求	1. 在演练场中，注意安全防护； 2. 以小组为单位进行刚性线岔检修维护，做好任务分工和检修维护记录
任务完成效果	刚性线岔安装质量符合标准要求
任务完成耗时	2 h
实施人员	全体学生
任务点评	小组互评、教师点评

★ **活页笔记：刚性线岔检修与维护**

项 目	内 容
学习笔记	重点： 难点： 学习收获：
任务问题答案	
任务完成过程	（由学生描述具体的作业分工和作业过程中任务完成的步骤）
任务完成 实际耗时	
任务完成 实际效果	

任务八 膨胀接头的检修与维护

★ 知识学习

一、膨胀接头的作用

膨胀接头能在一定范围内自由伸缩,同时又能满足电气性能的要求,即既能保证电气上的良好接触和导电的需要,又能保证机械上的良好伸缩性。一般一个锚段安装一个膨胀元件,其作用是补偿铝合金汇流排与银铜接触线因热胀系数不同而产生的热膨胀误差。如图 3.8.1 所示。

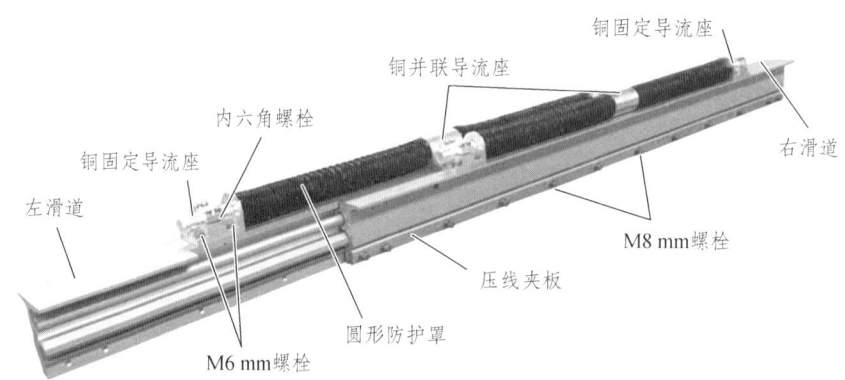

图 3.8.1 膨胀接头

二、膨胀接头检修

1. 作业条件(表 3.8.1)

表 3.8.1 膨胀接头检修作业条件

人员条件	1. 作业组人数不少于 6 人
	2. 工作领导人、安全检查员安全等级不低于四级
作业条件	1. 检修的区段所在的供电分区停电,并可靠接地
	2. 做好工作票要求的其他安全措施
	3. 检修区段无留存列车

2. 工器具、耗材及备件(表 3.8.2)

表 3.8.2 膨胀接头检修工器具、耗材及备件

项目	名称	型号	数量	备注
安全工器具	地线		2 组	根据检修范围增减
	验电器		1 套	根据现场情况增加
	绝缘手套		1 双	根据现场情况增加

续表

项目	名称	型号	数量	备注
安全工器具	安全带		根据登高人数配置	
	安全帽		根据作业组人数配置	
	照明工具		根据作业组人数配置	
	钢丝刷		1把	根据现场情况增加
作业工器具	水平尺		1把	
	力矩扳手	5~100 N·m	2把	
	内六角扳手	M4 mm	2把	
	钢卷尺		1把	
	接触网多功能激光测量装置	DJJ-8	1台	
	活动扳手		2把	
	十字螺丝刀		1把	
	防震橡胶锤		1把	
	锉刀		1套	
耗材及辅材	抹布		块	
	砂纸		2张	
	螺栓紧固剂		1瓶	
	画线笔	红色	2支	
	毛刷	1寸	2个	

3. 膨胀接头检修作业内容及标准

（1）测量、调整膨胀接头装置参数。

① 测量膨胀接头装置前后相邻四个悬挂点接触线高度。

调整膨胀接头装置前后四个相邻悬挂点接触线高度：膨胀接头四个悬挂点应等高，中间两个悬挂点允许略高 1~3 mm。

② 测量膨胀接头装置两侧定位点拉出值。

调整膨胀接头装置两侧定位点拉出值：膨胀接头应安装在轨道中轴线正上方、拉出值为零的位置上。调整时，在条件允许的情况下拉出值宜调整为 0。

③ 测量膨胀接头装置左右滑道内接触线高度。

调整膨胀接头装置左右滑道内接触线高度：膨胀接头装置左右滑道接触线高差不大于 0.8 mm，调整时通过松开压线夹板上 M8 螺栓完成。

（2）检查膨胀接头装置左右滑道过渡情况。

使用水平尺模拟受电弓滑行状态，从接触线膨胀接头再到接触线平缓行进，从水平尺进入膨胀接头的始触点开始至离开膨胀接头的整个过程中，水平尺所接触的接触线面、膨胀接头滑道接触面应始终与水平尺的贴面保持密贴接触,水平尺来回过渡应平滑。对撞击、卡滞、偏磨点、硬点进行调整。

(3)检查左右滑道内接触线,测量接触线磨耗。

① 梯车(作业车)行进过程中,作业人员应当目视观察或用手触摸的方式检查左右滑道内接触线和压线夹板夹口状态。接触线应可靠嵌入压线夹板内,无烧伤且磨耗均匀。

发现接触线局部出槽,使用橡胶槌轻击入槽。如有烧伤,需简单处理并使用砂纸打磨平滑。

② 测量膨胀接头装置左右滑道内接触线磨耗应均匀。

其最大磨耗量控制在残余接触线面距离压线夹板夹口不得小于 2 mm。

③ 检查接触线端部是否有撞击现象和拉弧现象。

如果存在撞击现象,说明接触线端头处理不当或紧固螺栓松动,应重新处理端头或紧固螺栓进行固定。

(4)检查膨胀接头装置滑动状态。

通过膨胀接头温升曲线和产品自带的刻度尺检查是否出现卡滞现象,如出现卡滞,应对膨胀接头进行更换。其中 $G = 1\,925 + 10a$(a 为膨胀接头标尺刻度值,在当前环境温度下,G 值满足"膨胀接头安装间隙控制温度曲线"要求,偏差不超过 ± 30 mm;温升曲线详见接触网设施设备检修规程附录 L),如图 3.8.2 所示。

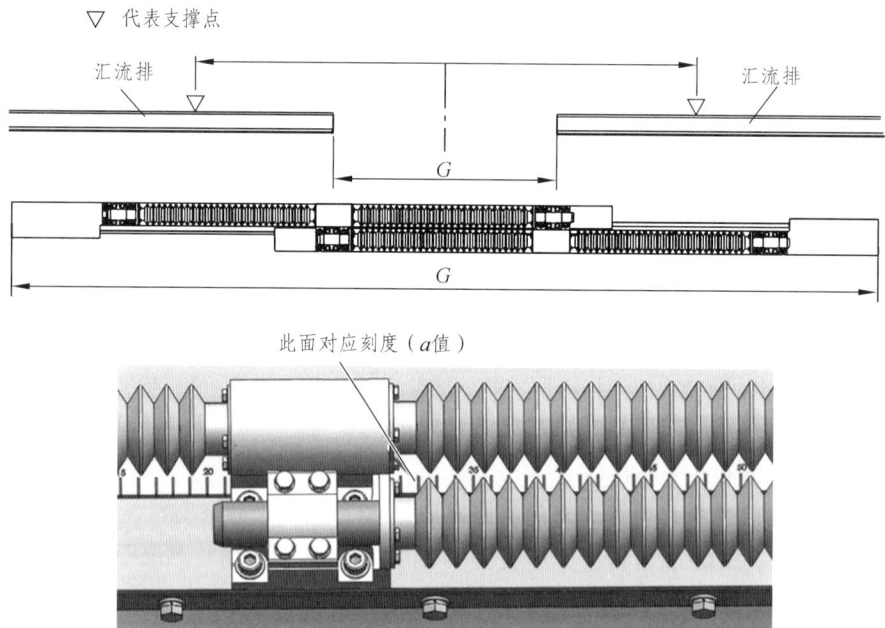

图 3.8.2 检查膨胀接头装置滑动状态

(5)检查其他零部件和紧固螺栓。

① 膨胀接头装置上各金属部件均要求状态良好,无缺损、无裂纹、无锈蚀。圆形防护罩无破损、无裂纹。

② 外包式接头应确保接触良好,外包式接头处膨胀接头两端与两端汇流排紧密贴合。

③ 螺栓按照标准力矩进行紧固，M12 力矩要求为 56 N·m；M8 力矩要求为 13 N·m；M6 力矩要求为 6 N·m。无力矩要求的以弹簧垫圈压平为准。

（6）螺栓紧固和画线。

① 设备技术参数已调整至标准状态，且螺栓紧固到位。

② 画线方法及标准：画线应有静态参照物（不仅包括螺母等动态部件，还应包括设备本体等静态部件作为参照物），同一零部件画线方向应统一且一笔成形，避免多笔重复画线造成错觉；对已画线紧固部件调整后，需对原线清除后重新画线，确保所画线路的有效性；画线位置应利于步行巡视观察。

③ 画线部位：压线夹板 M8 螺栓、导流座上 M6 螺栓、外包式接头螺栓、十字槽盘头螺钉、内六方螺栓等。

④ 螺栓紧固：有力矩要求的使用力矩扳手紧固，无力矩要求的以弹簧垫圈压平为准，双螺母以主副螺母均紧不动为准。

⑤ 若螺栓涂有黄油，须将画线部位黄油清除后再进行画线，画线应清晰可见。对于确实无法进行画线的螺栓，必须使用扳手进行紧固校验。

三、学习资料

刚性接触网膨胀接头的检修与维护

★ 思政链接

全国劳模闫伟：为地铁智能化建设添创新动力

参加工作 8 年来，闫伟在创新创造中攻坚克难，填补多项行业技术空白，为天津地铁智能化建设添动力。

闫伟主要负责地铁建设管理工作和安全质量监控、前期规划体系建设。参加每条地铁线建设，他都主动选择到施工难度最大的地方。2013 年完成天津地铁 2 号线建设后，他已成长为一名有经验的工程师。此时，天津地铁开始规模化、网络化建设。因为建设点位日益增多，安全风险人力控制难度突增，于是，集团把组建"天津地铁建设监控中心"的重要任务交给他。

"监控中心"在当年只是个概念，闫伟和唯一的队友学习全国相关领域经验，结合天津地铁特点，明确定位，筹划功能，对接各部门需求，对比各运营商技术优缺点，完善数据链路，不分昼夜地讨论、修改方案，只用 5 个月就把"监控中心"变为现实，成为天津地铁系统搭建领域的一个奇迹。他一鼓作气，按照"全天候、全方位、全过程、全覆盖"理念，建立完善了一个中心、五支队伍、七项功能的安全管理平台并研发了APP客户端。这就是天津地铁建设监控中心智能管理系统，极大地降低了地铁施工风险，提高了安全管控水平。这一系统成就了当时"三个之最"——全国地铁行业最先创立、用时最短、理念与技术最先进。

当年，天津地铁6号线育梁道站被列为天津地铁四大风险源之一，闫伟主动请战，到一站两区间做现场管理，把研发的天津地铁建设监控中心智能管理系统应用于实践。基坑开挖时，他与工人一起探挖每条墙缝，盾构掘进时昼夜盯守分析施工参数、调整盾构姿态，风餐露宿几个月，顺利通过3处一级风险源、6处二级风险源，提前1个月竣工。当地铁5号线南段成为影响全线开通的最难点时，他再次主动请战，把来自不同部门、不同专业的成员凝聚起来，攻克了天津地铁建设史上最长的液化地层盾构区间，追回了半年的工期。

此外，闫伟还主持或参与了多项地铁施工工法创新。他组织完成科研项目6项，其中国家级1项、省部级2项，申请专利2项。他参与研发了"盾构应急抢险模板台车""隧道橡胶囊"等地铁建设应急抢险工具，将盾构应急抢险时间从24 h缩短到12 h。

当前，随着天津市智能轨道交通人才创新创业联盟成立，在天津轨道交通集团和地铁集团领导下，闫伟正联合相关部门结合天津市地铁运营实际，力争在线路规划设计阶段就解决机电、供电、热电、安防、火灾监控等系统的突发情况处理问题，更好地支持天津地铁8号线全自动无人驾驶线路运营。

★ 任务单：膨胀接头的检修与维护

项　目	任务清单内容
任务情境	刚性接触网上，由于螺栓松动，造成膨胀接头安装参数发生变化，不符合标准要求，需要对其进行调整作业
任务目标	使膨胀接头状态符合标准要求
任务问题	1. 简述膨胀接头的作用； 2. 讨论一下膨胀接头和锚段关节的作用和优缺点
任务实施要求	1. 在演练场中，注意安全防护； 2. 以小组为单位进行膨胀接头检修维护，做好任务分工和检修维护记录
任务完成效果	膨胀接头安装质量符合标准要求
任务完成耗时	2 h
实施人员	全体学生
任务点评	小组互评、教师点评

★ **活页笔记：膨胀接头的检修与维护**

项　目	内　　容
学习笔记	重点： 难点： 学习收获：
任务问题答案	
任务完成过程	（由学生描述具体的作业分工和作业过程中任务完成的步骤）
任务完成实际耗时	
任务完成实际效果	

任务九　刚性分段绝缘器检修与维护

★ 知识学习

一、刚性分段绝缘器的结构

1. 四滑道刚性分段绝缘器

四滑道刚性分段绝缘器的结构及部件名称如图 3.9.1 所示。

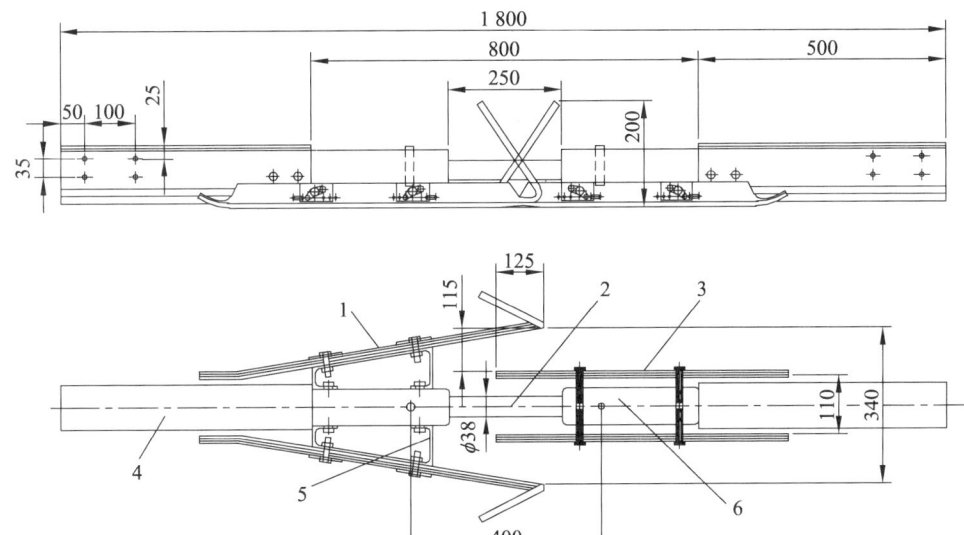

1—长导流板；2—绝缘子；3—短导流板；4—汇流排连接体；5—滑道上下调整定位板；6—主连接体。

图 3.9.1　四滑道分段绝缘器示意图

2. 双滑道刚性分段绝缘器

双滑道刚性分段绝缘器的结构及部件名称如图 3.9.2 所示。

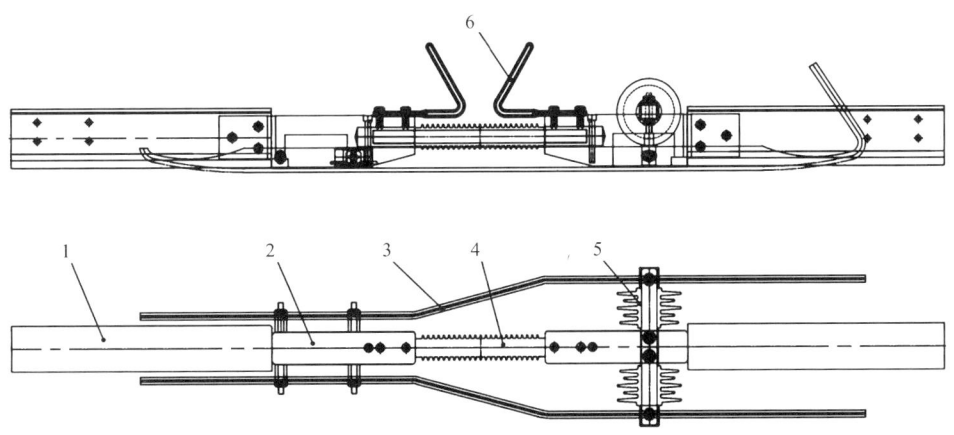

1—汇流排连接体；2—绝缘棒接头；3—导流滑板；4—绝缘棒；5—横担绝缘子；6—消弧角。

图 3.9.2　双滑道分段绝缘器示意图

二、刚性分段绝缘器检修

1. 作业条件（表 3.9.1）

表 3.9.1　刚性分段绝缘器检修作业条件

人员条件	1. 作业组人数不少于 6 人
	2. 工作领导人、安全检查员安全等级不低于四级
作业条件	1. 作业区域可能来电方向各接挂 1 组地线
	2. 做好工作票要求的其他安全措施

2. 工器具、耗材及备件（表 3.9.2）

表 3.9.2　刚性分段绝缘器检修工器具、耗材及备件

项目	名称	型号	数量	备注
安全工器具	地线		2 组	根据检修范围增减
	验电器		1 套	根据现场情况增加
	绝缘手套		1 双	根据现场情况增加
	安全带		根据登高人数配置	
	安全帽		根据作业组人数配置	
	照明工具		根据作业组人数配置	
	钢丝刷		1 把	根据现场情况增加
作业工器具	水平尺		1 把	
	力矩扳手	20～100 N·m	2 把	
	内六角扳手	M8、M10、M12	2 把	
	钢卷尺		1 把	
	接触网多功能激光测量装置	DJJ-8	1 台	
	活动扳手		2 把	
	尖嘴钳		1 把	
	一字螺丝刀		1 把	
	防震橡胶槌		1 把	
	锉刀		1 套	
	游标卡尺		1 把	
耗材及辅材	抹布		若干块	
	砂纸		2 张	
	铁线	直径 4.0/2.0 mm	若干米	
	绑扎带		若干	
	螺栓紧固剂		1 瓶	
	画线笔	红色	2 支	
	毛刷	1 寸	2 个	
	螺母	M8、M10、M12	若干	
	弹簧垫圈		若干个	

3. 刚性分段绝缘器检修项目及内容

（1）测量刚性分段绝缘器参数。

① 四滑道刚性分段绝缘器：

A. 测量四滑道刚性分段绝缘器两侧定位悬挂点高度和拉出值。

B. 测量四滑道刚性分段滑道最外端拉出值（图3.9.3中6、7两个点）。

C. 测量四滑道刚性分段绝缘器滑道的高度，包括：四滑道刚性分段两端头与汇流排接头处接触线距轨面的高度，横向两侧导流滑道始触点距轨面的高度，横向四片导流滑道对轨面的高度，共计10处导高。如图3.9.3所示。

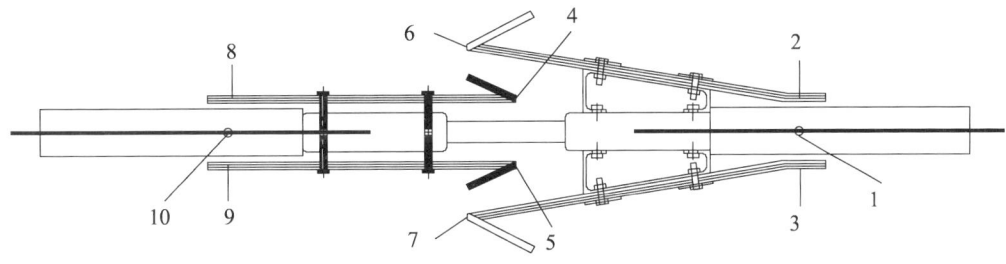

图3.9.3　四滑道分段绝缘器参数测量示意图

② 双滑道刚性分段绝缘器：

A. 测量双滑道刚性分段绝缘器两侧定位悬挂点高度和拉出值。

B. 测量双滑道刚性分段绝缘器是否位于轨面连线的中垂线位置。

C. 测量双滑道刚性分段绝缘器滑道的高度。

双滑道刚性分段绝缘器从本体绝缘子中点纵向向小开口方向350～400 mm的位置（导流板小开口方向，导流板第一个固定孔左右）、纵向向大开口方向400～450 mm的位置（导流板大开口方向横担绝缘子固定孔后第三个大圆孔左右或汇流排与主连接体双固定螺丝处前后）接触线及两侧导流滑道下沿距轨面的高度，共计6处导高（图3.9.4中1、2、3、4、5、6共6个点），同一过渡位置处相邻点高差不大于3 mm。

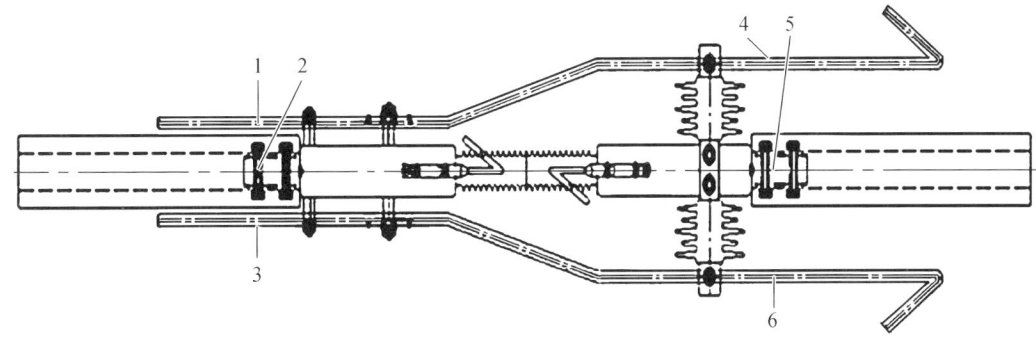

图3.9.4　双滑道刚性分段绝缘器

（2）调整刚性分段绝缘器参数。

① 四滑道刚性分段绝缘器。

四滑道刚性分段绝缘器如图3.9.5所示。

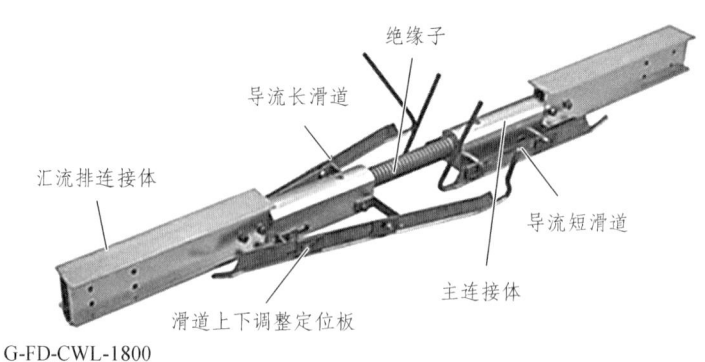

G-FD-CWL-1800

图 3.9.5 四滑道刚性分段绝缘器

A. 分析测量数据,对不合格的数据进行调整。因分段各个数据之间相互影响,联动性较高,所以数据调整前应当对整个测量数据进行分析,统筹考虑确定调整的方向和调整量。

B. 调整刚性分段滑道最外端拉出值:该拉出值应当小于线路最大设计拉出值,通过调整分段两端刚性悬挂点拉出值即可,条件允许的情况下拉出值最好调整为 0。

C. 调整刚性分段绝缘器滑道整体高度:测得的 10 处导高与刚性分段绝缘器两侧定位悬挂点距轨面的高度相等,同一过渡位置处相邻点高差不大于 3 mm。过渡点短滑道宜比长滑道高出 0～3 mm,不得低于长滑道。

D. 通过调整滑道上下调整定位板左右位置,对长、短滑道逐点进行调整。调整板每移动 1 mm,滑道下缘变化 0.46 mm,使其整体接触面与轨面连线平行。调整好后拧紧固定螺母。

② 双滑道刚性分段绝缘器。

A. 分析测量数据,对不合格的数据进行调整。因分段各个数据之间相互影响,联动性较高,所以数据调整前应当对整个测量数据进行分析,统筹考虑确定调整的方向和调整量。

B. 调整刚性分段滑道最外端拉出值:该拉出值应当小于线路最大设计拉出值,通过调整分段两端刚性悬挂点拉出值即可,条件允许的情况下拉出值宜调整为 0。

C. 调整刚性分段绝缘器滑道整体高度:测得的两滑道 6 处导高与刚性分段绝缘器两侧定位悬挂点距轨面的高度相等,同一过渡位置处相邻点高差不大于 3 mm。

D. 通过调整滑道上下调整定位板左右位置,对滑道逐点进行调整。调整板使其整体接触面与轨面连线平行。调整好后拧紧固定螺母。

(3)检查刚性分段绝缘器滑道、接头过渡情况。

使用水平尺模拟受电弓滑行状态,从接触线至刚性分段绝缘器再到接触线平缓行进,从水平尺进入刚性分段绝缘器的始触点开始至离开分段绝缘器的整个过程中,水平尺所接触的接触线线面、刚性分段绝缘器导流滑道接触面应始终与水平尺的贴面保持密贴接触,水平尺来回过渡应平滑。对撞击、卡滞、偏磨点进行调整。如图 3.9.6 所示。

(4)检查刚性分段绝缘器与接触线的接头连接情况。

① 刚性分段绝缘器所有紧固件应齐全,连接牢固可靠,长、短滑道固定轴式螺栓紧固后要求螺栓应有外露,并注意两侧外露长度一致。

② 若在端头处接触线未完全镶入汇流排,出现硬点时应使用安装槌及时顺端头方向击打接触线,使其理直并完全镶入汇流排内。

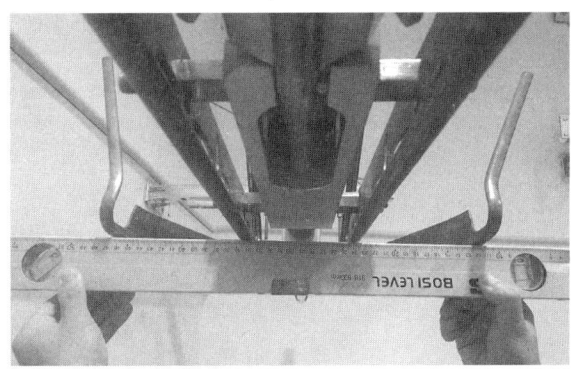

图 3.9.6　检查刚性分段绝缘器滑道、接头过渡情况

（5）检查刚性分段绝缘器绝缘本体情况。

① 检查、清扫刚性分段绝缘器绝缘部件。

② 当刚性分段绝缘器绝缘部件表面出现裂纹或缺损时，应及时给予更换。

③ 检查消弧棒无松动、烧伤、损坏。

（6）检查刚性分段绝缘器导流板磨耗情况及角隙间隔距离。

① 使用游标卡尺对滑道残余高度 h 进行测量。对于 Ⅰ 型滑道，磨耗深度 $= 6.2 - h$，磨耗深度<2.2 mm；对于 Ⅱ 型滑道，磨耗深度 $= 9 - h$，磨耗深度<4.5 mm。磨耗超标时对滑道进行更换。如图 3.9.7 所示。

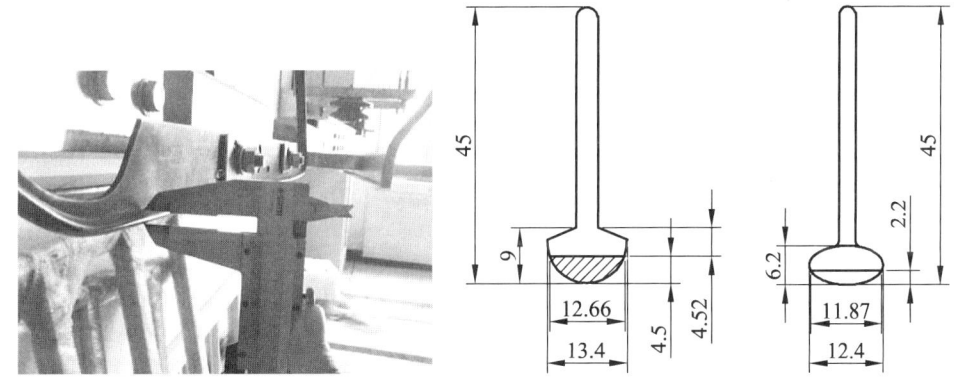

图 3.9.7　磨耗测量方法及滑道示意图

② 使用钢卷尺或者水平尺进行角隙间隔距离测量，如图 3.9.8 所示。

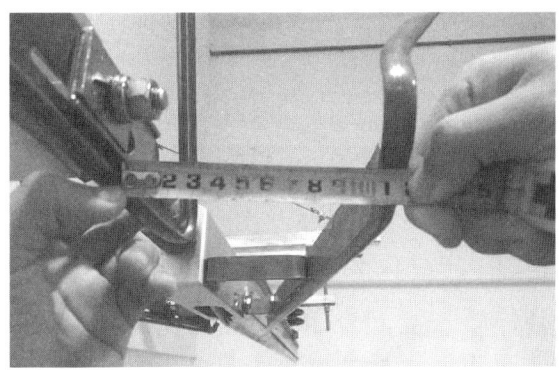

图 3.9.8　角间隙距离测量

（7）检查其他零部件和紧固螺栓。

① 螺栓按照紧固力矩的要求进行紧固，并用红色标记笔对已紧固的所有螺栓、螺帽进行画线标示。零部件存在裂纹、螺栓锈蚀严重者应及时给予更换。

② 刚性Ⅰ、Ⅱ型分段绝缘器 M10 螺栓力矩要求：与分段绝缘器主体连接的 35 N·m，固定滑道的 45 N·m。

③ 刚性双滑道分段绝缘器力矩如图 3.9.9 所示。

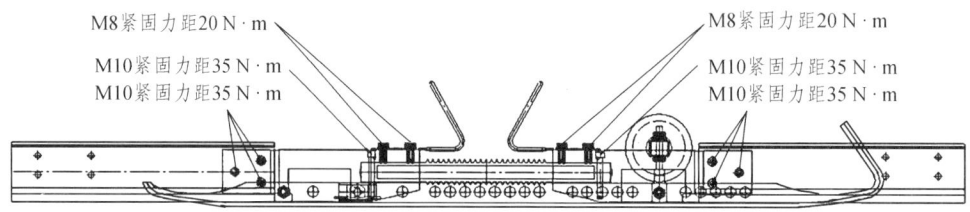

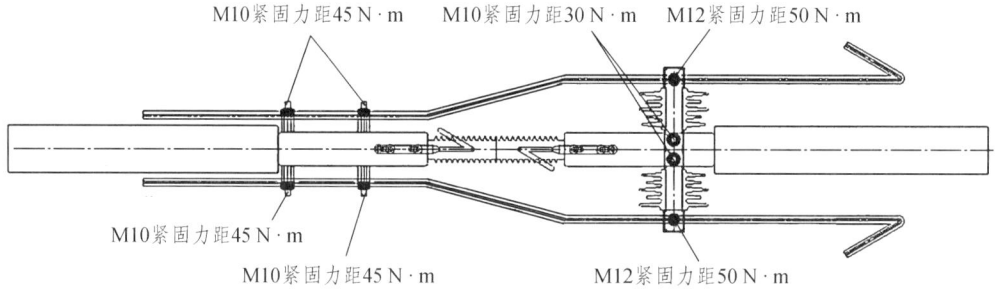

图 3.9.9　刚性双滑道分段绝缘器力矩标准

（8）螺栓紧固和画线。

① 设备技术参数已调整至标准状态且螺栓紧固到位。

② 画线方法及标准：画线应有静态参照物（不仅包括螺母等动态部件，还应包括设备本体等静态部件作为参照物），同一零部件画线方向应统一且一笔成形，避免多笔重复画线造成错觉；对已画线紧固部件调整后，需清除原线后重新画线，确保所画线路的有效性；画线位置应利于步行巡视观察。

③ 画线部位：两端连接板螺栓、滑道上下调整定位板螺栓等螺母。

④ 螺栓紧固：有力矩要求的使用力矩扳手紧固，无力矩要求的以弹簧垫圈压平为准，双螺母以主副螺母均紧不动为准。

⑤ 若螺栓涂有黄油，须将画线部位黄油清除后再进行画线，画线应清晰可见。对于确实无法进行画线的螺栓，必须使用扳手进行紧固校验。

★ **思政链接**

违章作业事故找，遵章守纪保平安

某公司配电站在进行电路改造时，发生了一起触电事故，造成 1 名外来施工人员（男 37 岁）死亡，直接经济损失 155 万元。事故调查组经调查认定，该事故是一起"外来作业人员管理不严、电工无证上岗、违章作业造成的生产安全事故"。

从现场勘查来看，有几个致命的隐患导致悲剧的发生：① 配电站在作业时未全部断电，发生地裸铜排未做安全绝缘防护；② 作业现场未进行认真勘查和风险辨识；③ 个人防护用品（劳保鞋、手套）缺失。

分析该起事故，可以看出，事故的直接原因是作业人员（死者）在进行电缆线穿线时，碰掉了边上带电电缆的保护盖，作业人员在把保护盖复位的时候触碰到带电电缆，导致触电后死亡。可以说，作业人员是在毫无意识和防备的情况下，误触碰带电线缆，导致触电身亡的，确实让人心疼。

每个事故的背后，总有令人警醒的"故事"，这是我们认真学习和反思事故的原因。就该起事故来看，类似的线路改造工程，按说是要制订作业方案并经过审批的。或许是因为工程太小，于是很随意地就开展工作，于是很随意地管理，然后在小项目、简单作业过程中发生了悲剧。这也警示我们"勿以恶小而为之"，细节往往决定成败。类似的外包作业，按说是要签订专门的安全生产管理协议，作业电工需要经认真地资质审查和安全技术交底的，并且作业过程中须配备安全帽、劳保鞋等防护用品，但是由于大家对这种"临时性小项目"不以为然，所有的程序都被简化和松懈地"放行"了，于是一步错步步错，一个环节失效，个个环节难以管控，违章被刻意放大，失去节制，终究酿成悲剧。

★ 任务单：刚性分段绝缘器检修与维护

项　目	任务清单内容
任务情境	刚性接触网上，由于已到 12 个月的检修周期，需要对四滑道刚性分段绝缘器进行检修与维护作业，如果不符合标准要求，需要对其进行调整作业
任务目标	使四滑道刚性分段绝缘器状态符合标准要求
任务问题	1. 简述刚性分段绝缘器的作用和结构组成； 2. 简述刚性分段绝缘器的检修内容
任务实施要求	1. 在演练场中，注意安全防护； 2. 以小组为单位进行四滑道刚性分段绝缘器检修维护，做好任务分工和检修维护记录
任务完成效果	四滑道刚性分段绝缘器安装质量符合标准要求
任务完成耗时	2 h
实施人员	全体学生
任务点评	小组互评、教师点评

★ 活页笔记：刚性分段绝缘器检修与维护

项　目	内　　容
学习笔记	重点： 难点： 学习收获：
任务问题答案	
任务完成过程	（由学生描述具体的作业分工和作业过程中任务完成的步骤）
任务完成 实际耗时	
任务完成 实际效果	

项目四　接触轨的检修与维护

知识目标

1. 了解城市轨道交通接触轨的发展历史；
2. 掌握接触轨的类型与材料特点；
3. 掌握接触轨及其他设备的结构、维护方法和标准；
4. 掌握接触轨系统常见故障的处理方法。

技能目标

1. 可以在现场熟练分辨各种接触轨系统设备，能够说出接触轨及其他设备的结构和作用；
2. 能够进行接触轨及其他设备的检修与维护；
3. 能够处理接触轨系统常见故障。

素质目标（德育目标）

1. 培养学生的民族自豪感和爱国情怀；
2. 培养学生吃苦耐劳、乐于奉献和精益求精的工匠精神。

项目任务

1. 地铁接触轨概述；
2. 接触轨设备检修与维护。

任务一　地铁接触轨概述

★ 知识学习

一、接触轨系统概述

接触轨系统是地铁牵引供电系统的重要子系统，是接触轨沿着走行轨布置并供给列车电能的特殊输电系统，接触轨是接触网的一种形式。接触轨又称第三轨，是敷设在铁路旁的钢轨，电动车组通过伸出的受电靴与其接触而接受电能，其功能与架空接触网一致。接触轨供电方式最早出现在伦敦地铁，从 19 世纪 80 年代开始，接触轨开始广泛应用于城市轨道交通。接触轨供电方式在国内最早应用于 1969 年建成并试运营的北京地铁 1 号线，当时接触轨系统采用直流 825 V 的电压等级，以后随着牵引变电所设备的改造而成为直流 750 V。

目前世界上城市轨道交通中的直流牵引网电压等级繁多，接触轨系统的电压等级有 600 V、630 V、750 V、1 200 V 及 1 500 V 等。国外接触轨系统的标称电压一般在 1 000 V 以下，发展趋势是 IEC 标准中的直流 600 V、750 V。目前北京地铁、天津地铁、武汉轻轨等接触轨系统标称电压为直流 750 V，深圳地铁 3 号线、广州地铁 4 号线、无锡地铁 1 号线等接触轨采用的电压等级是直流 1 500 V。

二、接触轨系统的组成

接触轨系统作为向地铁提供电能的主要供电设备，其无备用，主要由接触轨、绝缘支座、端部弯头、膨胀接头、中间接头、中心锚结（防爬器）、防护罩、电连接、接地线其他零部件等组成。其中接触轨、绝缘支座、防护罩是接触轨系统送电、支持、防护的三大件，如图 4.1.1 所示。

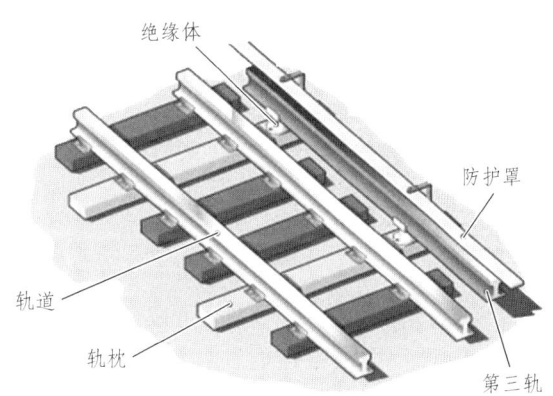

图 4.1.1　接触轨系统示意图

在接触轨系统中，接触轨安装在绝缘支架上，由绝缘支架支撑，绝缘支架与木枕、混凝土轨枕或其他基座相连；轨和轨之间用中间接头（鱼尾板）通过螺母螺栓进行机械连接，形成一种机电连接系统；铝轨会由于周围温度和电流产生的热量的变化而伸缩，所以在锚段与锚段之间安装温度膨胀接头，从而可以保证集电靴和复合轨连续接触；为了防止复合轨通过支撑时发生变形，平衡膨胀接头、端部弯头和复合轨的运动，需要在每个锚段的中间安装中心锚结，以补偿接触轨因温度变化而引起的纵向伸缩；为了使机车车辆的集电靴在复合轨断口处平滑过渡，良好受流，例如道岔、平交道口、轨旁的紧急出口、电器断开点等处，在需要断开接触轨的地方安装端部弯头，以引导集电靴一会儿脱离复合轨，一会儿又滑上复合轨；在接触轨上安装绝缘防护罩，以保证整个系统的安全。

三、接触轨的材料

接触轨材料有低碳钢材料和不锈钢-铝合金复合材料,因此接触轨按材质可分为低碳钢接触轨[图 4.1.2(a)]和钢铝复合接触轨[图 4.1.2(b)]。

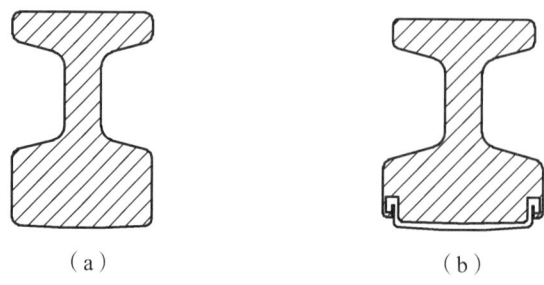

图 4.1.2　接触轨

1. 低碳钢接触轨

早期的接触轨一般由低碳钢制成,它具有磨耗小、制作工艺成熟、价格较低、安装简单等优点,但也存在自重大、电阻率高、电能损耗大等缺点,主要规格型号有 DU48 和 JU52。北京地铁的上接触式接触轨使用的就是我国自行生产的 JU52 型渗铝低碳钢接触轨。

低碳钢接触轨的主要技术参数:单位质量 51.36 kg/m,单位长度电阻 1.91×10^{-5} Ω/m(+15 ℃),标准轨长 12.5 m。

低碳钢接触轨的特点是构造简单,维护方便,运行 30 年,上表面仅磨耗 3~5 mm,约占接触轨截面的 6%,运行良好。

为了降低电阻率,减少供电系统中牵引变电所的数量,降低运营时接触轨能量的损耗,20 世纪 70 年代国外研制出了导电性能及耐磨性能耗好的钢铝复合轨。

2. 钢铝复合接触轨

钢铝复合接触轨由钢和铝组合而成,它是由不锈钢带通过机械方法与铝合金型材结合的接触轨,采用特殊结构使不锈钢卡在铝合金型材上,由于铝合金的热膨胀系数大于不锈钢,所以不锈钢带紧扣在铝合金上,不会出现分层脱离现象,并始终保持铝合金与不锈钢带的良好电导率。钢铝复合轨由高导电性铝型材作为导电主体,用不锈钢作为接触轨的顶部耐磨表面。

与传统的低碳钢接触轨相比,钢铝复合轨具有更多的优越性且具有广阔的发展前景,主要体现在以下几个方面:

① 导电性能好、电流容量大。铝合金的电导率为低碳钢电导率的 3~4 倍,故钢铝复合导电轨的导电性能高于低碳钢导电轨。

② 重量轻,易安装。由于不锈钢耐磨覆层较薄,而铝合金本体所占的体积相对较大,钢铝复合导电轨的重量远小于相同截面下低碳钢导轨的重量,安装无须起重设备且容易弯曲,安装成本低。

③ 耐腐蚀、耐磨性好,使用寿命长。钢铝复合导电轨的滑动接触面多采用铬不锈钢,具有良好的耐腐蚀性和耐磨性,从而可延长接触轨与受电靴的寿命。

④ 经济效益好。主要体现在，相同的运量下，采用钢铝复合导电轨所需的电压降及牵引能耗成比例下降，所需变电站布置可更远、变压器等的容量可减小；钢铝复合导轨重量轻，安装费用少且使用寿命长，也可节省费用。

钢铝复合接触轨的主要技术参数，以载流量为 3 500 A 的复合接触轨为例，单位质量 11.16 kg/m；截面面积约 3 705 mm^2（其中，铝合金柜体截面面积为 3 485 mm^2，不锈钢轨体截面面积为 220 mm^2）；单位长度电阻 0.91×10^{-5} Ω/m（+20 ℃）；标准轨长 15 m。

钢铝复合接触轨的制造较为复杂，我国对钢铝复合接触轨的研究和开发起步较晚，但随着近年的发展，目前已推出较为成熟的产品，实现了钢铝复合轨的国产化。北京地铁 5 号线、天津地铁 1 号线、武汉轻轨线、广州地铁 4 号线和 5 号线等线路的接触轨都采用钢铝复合轨。

四、接触轨的形式

接触轨将电能传给电力牵引车辆，接触轨沿线路敷设，安装在线路前进方向的左侧，从车辆转向架伸出的受流器通过集电靴与接触轨接触取得电能。根据受流器从接触轨的取流接触位置的不同，接触轨可分为上接触式、下接触式和侧接触式三种形式。

1. 上接触式

上接触式即采用接触轨上部接触授流方式，接触轨的授流工作面朝上，固定安装在绝缘子式绝缘支座上并且由固定在枕木上的弓形肩架予以支持。取流时，集电靴自上向下压向接触轨，接触力不由集电靴的重量和磨耗情况决定，而是受弹簧支座特性的控制，可以减少在间隙和道岔等处的电流冲击。此方式授流简单，安装维修方便，但安全性稍差，因为该方式下的防护只能安装在接触轨顶部和线路外侧，接触轨表面容易附着粉尘、冰雪、杂物等，使接触轨与列车集电靴之间的过渡电阻增大，会影响列车的取流。上部接触取流方式接触轨如图 4.1.3 所示。

法国、美国、英国一直采用易于安装的上部接触取流方式；我国北京地铁 1 号线、北京地铁 2 号线工程、北京地铁复八线工程和北京地铁 15 号线等都改用此种取流方式。

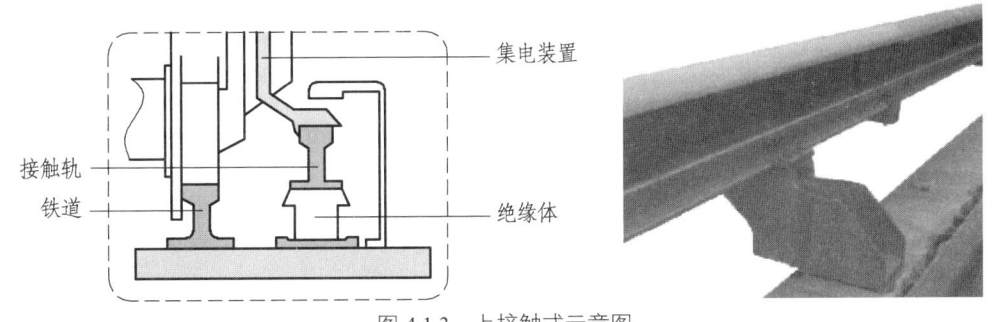

图 4.1.3 上接触式示意图

2. 下接触式

下接触式即采用接触轨下部接触授流方式，接触轨的授流面朝下，紧固在绝缘子上，并且由固定在枕木上的弓形肩架予以支持。取流时，列车集电靴通过上抬力取流，集电靴的上抬力与接触轨的挠度方向相反，有助于提高取流质量。接触轨的安装高度即水平方向均可作适度调整，不需要设计多种高度的零部件就可以满足实际需要；其安全性能更高，可以通过防护罩紧密地罩住接触轨，对其顶部和内、外侧进行防护，可以有效防止人员无意识接触到接触轨带电部分，安全性能更高的同时，防护更加严密，受天气条件影响小，接触轨不容易附着粉尘、冰雪及杂物。但是该方式安装较为复杂，费用较高，在维修时存在观察不方便，需要拆卸防护罩等问题。普遍用于因经常冰冻和下雪造成集电困难的地区。下部接触取流方式接触轨如图 4.1.4 所示。

德国、俄罗斯、奥地利等国家主要采用下部接触取流方式；我国投入运营的武汉地铁 1 期、深圳地铁 3 号线、北京机场线、广州地铁 4、5 号线等均采用此种取流方式。

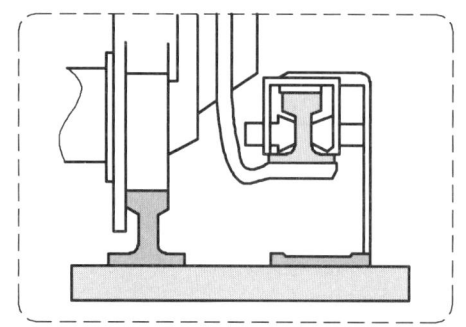 

图 4.1.4　下接触式示意图

3. 侧接触式

侧接触式即采用接触轨侧部接触授流方式，集电靴的授流面与道床面垂直，接触轨轨头端面朝向走行轨，集电靴通过侧向压力从侧面取流，接触轨受到的压力较为稳定，不会因为集电靴脱轨而对接触轨和支架产生过多的侧向推力，运行更加可靠。此方式下接触轨的终端弯头向侧面外弯，不占下部空间，离积雪较远，也不占上部空间，容易处理与车体的距离关系，在线间距较宽的道岔区，它可以顺道岔导曲线延伸，缩短道岔区的去电区长度；同时接触轨其表面不易附着杂物，但只能从顶部和线路外侧对接触轨进行防护，也存在防护不够严密、安全性稍差的问题。

侧部授流方式的特点适用于"牵引轨 + 回流轨"（即"三轨 + 四轨"）的布置形式。跨座式独轨车辆就采用侧部接触式取流，其集电靴装在转向架下部。侧部接触取流方式接触轨如图 4.1.5 所示。重庆轻轨采用侧部接触授流方式。

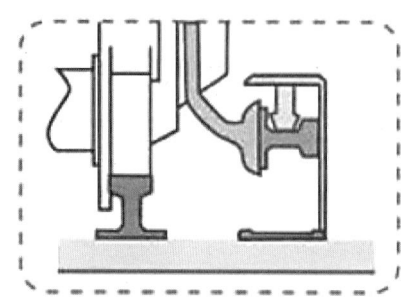 

图 4.1.5　侧接触式示意图

★ 任务单:接触轨的形式与结构

项 目	任务清单内容
任务情境	参观某一段接触轨线路
任务目标	1. 了解接触轨系统的组成; 2. 了解接触轨各主要设备的特点
任务问题	1. 接触轨系统主要由哪几部分组成? 2. 按取流方式不同,接触轨由哪些分类,分别有什么特点? 3. 接触轨主要设备有哪些?简述每个设备的作用及特点
任务实施要求	1. 实地观察; 2. 小组讨论; 3. 小组画出一段接触轨的简要结构图,包含本节中涉及的接触轨的主要设备,并备注出各设备的主要作用及特点
任务完成效果	1. 小组分工清晰合理; 2. 绘图中设备位置标注正确,备注完整; 3. 问题回答正确
任务完成耗时	1 h
实施人员	全体学生
任务点评	小组互评、教师点评

★ 活页笔记：接触轨的形式与结构

项　目	内　　容
学习笔记	重点： 难点： 学习收获：
任务问题答案	
任务完成过程	（由学生描述具体的作业分工和作业过程中任务完成的步骤）
任务完成 实际耗时	
任务完成 实际效果	

任务二　接触轨设备检修与维护

★ 知识学习

接触轨系统主要设备有：接触轨、绝缘支座、防护罩、中间接头（普通接头、电连接接头）、端部弯头、膨胀接头、中心锚结、电连接和接地线等。下面我们将对接触轨系统主要设备进行介绍。

一、接触轨

接触轨一般是刚性的、无偏转的、固定安装在轨道旁车辆限界之外的支架上，其作用是将电能传送给电力牵引车辆。

接触轨整体结构大部分与普通钢轨相似，有些形状虽比普通钢轨复杂，但一般也是由轨头、轨腰、轨底三部分构成，其材料多采用钢铝复合接触轨。轨头部分与受电靴接触部位的材料一般为不锈钢，轨的主体材料为铝合金，此为钢铝复合接触轨区别于普通钢轨的一个显著特征。不同制造厂家的钢铝复合轨的整体结构、钢铝结合的形式、不锈钢带厚度、截面面积等都有所不同。

典型的钢铝复合轨从整体结构上可以归为两大类，即 C 型和工字型。其中工字型结构使用的历史长，比较成熟，也是目前采用较多的一种结构。钢带的结构有两大类，即多槽型（C 型轨）和单槽型（工字型轨）。从钢铝复合工艺上分为钢铝共挤复合、机械复合、机械加焊接复合等 3 种形式。常见的钢铝复合轨不锈钢带的厚度一般为 2~6 mm，不锈钢含铬量一般为 17%~19%，并根据不同的系统需求设有不同的截面面积，有 2 750 A、3 500 A、3 800 A、4 500 A、4 700 A 等多种规格。

以下分别就几种常见的钢铝复合接触轨进行介绍。

1. C 型钢铝复合接触轨

C 型钢铝复合接触轨的整体结构为 "C" 形，如图 4.2.1（a）所示，轨头位于 "C" 形的左侧，轨底位于 "C" 形开口侧。轨底支撑面被 C 形开口分为两个 L 形支撑脚。两支撑脚的宽度总和约为整个轨底宽度的 1/3。轨头顶面为矩形平面，轨头内面中心沿纵向有一 V 形槽；V 形槽的两肩在复合前为一平肩；复合后，临近开口处的部分，随 V 形槽变深而凹陷，使两肩由平肩变成台阶肩；V 形槽的两肩下各有一个沿纵向通长的圆孔，可以增加铝本体的表面积，有利于接触轨的通风散热。在铝合金本体与不锈钢的结合面上，沿纵向开有四条直角梯形槽，槽的一个侧斜边有 2°的斜角，槽口宽，槽底窄，便于异型钢带上突起的筋条在钢铝复合前顺利嵌入；复合变形后，槽口变窄，与钢带上的筋条相吻合，使铝本体与不锈钢带紧紧地扣合在一起，不致分离。斜边与槽底的过渡圆角部分有沿纵向的微小沟槽，相邻两沟槽间形成细牙齿；牙齿在复合时，受钢带接触面的反压作用而变形，从而破坏铝本体表面形成的氧化膜，保证接触面间的导电性能。作为轨头顶面的异型不锈钢带，其横截面结构由两部分组成，即直接与受流器接触并接受磨损的钢带本体，以及嵌入铝本体而主要起连接支撑作用的筋条。钢带本体为宽 100 mm、厚 6 mm 的矩形，顶面与受电靴接触，其宽度和平直度能够保证可靠供电，厚度能满足寿命要求。钢带本体与铝本体结合部分有 4 条沿纵向通长的立筋条，筋条的横截面也近似为一直角梯形，梯形的两个外角以及与钢带本体相交的两个内角均为圆弧过渡，斜边的根部过渡圆弧向筋的实体内部凹进，形成一内凹圆弧，使筋条的顶部宽于根部。筋条顶部的宽度与铝本体上梯形槽的槽底宽度一致，保证能够较自由地置入铝本体。复合后，筋条根部的内凹圆弧被受压变形的铝本体材料填充，使铝本体上的梯形槽变成槽口窄、槽底宽，从而保证了复合后钢带和铝轨之间的可靠连接，难以剥离。铝本体和钢带的同一侧面（仅在一侧）分别有沿纵向的小沟槽，用于钢铝复合工艺和安装时的定位标识。

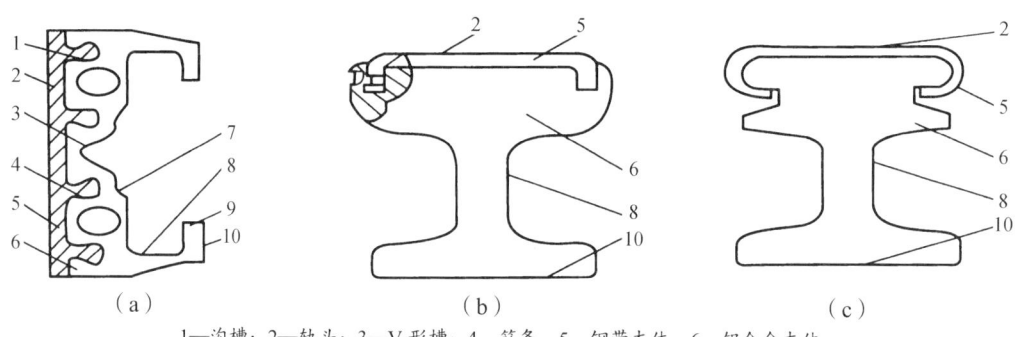

1—沟槽；2—轨头；3—V 形槽；4—筋条；5—钢带本体；6—铝合金本体；
7—两肩；8—轨腰；9—L 形支撑脚；10—轨底。

图 4.2.1 钢铝复合接触轨

2. 工字形双包式钢铝复合接触轨

工字形钢铝复合接触轨的整体横断面形状与普通工字形钢轨类似。其中一种结构如图 4.2.1（b）所示，整体横断面形状由轨底、轨头及轨腰三部分构成，以铝合金为主体，轨头顶面与集电靴接触部位包覆厚度为 4~6 mm 的钢带。钢带的结构与包覆的工艺有关，不同制造厂家的结构有所不同。钢带及其包覆工艺的差异性，也使整个轨头部分的结构各不相同。钢带的典型结构之一为沙槽型，槽底的整个宽度与受电靴接触，是轨头的有效工作宽度，其厚度则取决于寿命周期内的腐蚀和磨损量。槽的壁板主要是嵌入铝本体，内壁包覆在铝本体上，外壁被铝本体所包覆（因此又称为双包式），保证钢铝复合后，钢带不至于剥离或产生纵向和横向的滑移。由于壁板的两侧均与铝本体接触，从而还增加了钢铝之间的结合面积，保证了钢铝间机械和电气连接的可靠性。壁板的内侧高度一般为 10 mm 左右，在壁板的高度中心沿横向钻有小孔，小孔的直径约为壁板内侧高度的一半。以保证孔在壁板的顶部不豁口，在壁板的根部不与槽底干涉。孔沿钢带的纵向均匀分布，孔距约为孔径的 4 倍。孔的作用为：在钢铝包覆的过程中，使壁板外侧的铝在压力的作用下挤入其内，如同铝本体上形成了一个个圆柱形凸起，嵌入钢带的孔内，类似于无间隙的销轴连接。因此，钢带上的孔是钢铝可靠复合的一个关键结构，使铝嵌入孔内，也是钢铝复合工艺工程的一个重要环节。

3. 工字形外包式钢铝复合接触轨

工字形外包式钢铝复合接触轨的整体结构如图 4.2.1（c）所示，其整个钢带均包在铝本体的外面,为了达到外包且能包得牢、不剥离,其钢带的整体结构如两个 J 形对接起来,整体形成一个 C 形,J 字的竖线作为钢带的顶部,双钩作为钢带的侧壁,钩在铝本体轨头侧面的半圆弧凸起上,铝本体的侧面有能够容入钢带钩头部分的倒 V 形槽。V 形槽又将铝本体头部侧面分为上下两部分,侧面的上部分为凸起的半圆弧,与钢带钩部内侧半圆弧的半径相同。铝本体顶面有宽 10 mm、深 0.5 mm、沿纵向开通的矩形槽,两个 J 形钢带在槽的中心线沿纵向形成对接焊缝。矩形槽可容纳焊接时的多余焊料,使焊缝的高度大于被对接钢带的厚度,既保证了焊接强度,又使钢带上形成一条嵌入铝本体的纵向筋条。

二、中间接头

钢铝复合接触轨的连接为中间接头连接方式。中间接头用于固定、连接相邻接触轨并传导电流;中间接头的材质与系统所用接触轨的材质相同并且尺寸要配套。中间接头按用途可分为普通中间接头(见图 4.2.2)和电连接用中间接头(见图 4.2.3)。

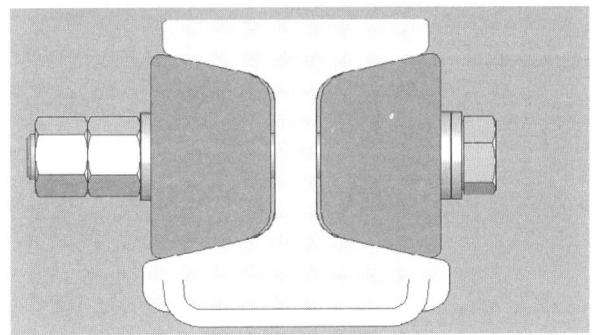

图 4.2.2　普通中间接头结构图与安装效果图

普通中间接头(鱼尾板)适用于固定连接相邻接触轨并传导电流。其接头本体毛坯采用挤压成型,表面强度高,粗糙度低,外形尺寸准确,加工时只需根据需要长度锯断并打孔即可。在普通中间接头本体上打 4 个 ϕ17 孔且对称分布,每一套普通中间接头配有紧固件 4 套,每套包括螺栓、碟形弹垫各一个,螺母、平垫各两个,螺栓、螺母规格为 M16;其螺栓防松是通过采用双螺母防松的。复合轨的连接孔和鱼尾板都有最小的公差,这样在相互配合时可以保证只有很小的移动或者几乎没有任何相互移动。接触轨接缝部位要求安装平齐,保证覆不锈钢带一侧安装平齐,不允许有高低不平或扭转现象,安装精度为 0.5 mm;其具有足够的强度来满足连接固定的机械要求,同时它的截面面积足够大,可以承受 3 000 A、4 000 A、4 500 A 电流,接头本体的轮廓与接触轨腰面紧密相贴,确保电流续接的要求。

电连接用中间接头除用于连接两根独立的钢铝复合接触轨外，还用于连接供电电缆，并将外部电流引入接触轨。电连接中间接头由两块铝合金零件组成，一块是普通接头本体，要求其材质与钢铝复合接触轨材质相同；另一块是焊接在普通接头本体上的 3~4 个电连接板，电连接板用来连接柔性供电电缆，通过电连接板，每个中间接头可以连接 8~12 根 240 mm² 的电缆，注意接入电缆的长度要有足够的余量，避免向复合接触轨施加额外的力，从而阻碍复合接触轨在纵向移动，也不能给铝轨的侧边造成任何应力。电连接用中间接头将保证至少连接 8 根电缆，同时考虑了接地挂环的安装，主要用于接触轨接地保护用。电连接用中间接头本体及电连接板的截面面积足够大，载流量不低于钢铝复合接触轨载流量，可以承载接触轨系统的持续电流，保证输送满负荷接触轨额定电流时不过热。它能安装在接触轨的任何位置，如牵引变电所出口、接头、弯头、电分断或道岔处，安装时每一套电连接用接头配有紧固件 4 套，每套包括螺栓、碟形弹垫各 1 个，螺母、平垫各 2 个。电连接用中间接头的螺栓防松是通过采用碟形弹垫和双螺母保证的，接头本体的轮廓与接触轨腰面要紧密接触，以确保电流续接的要求。

图 4.2.3　电连接中间接头结构图与电缆连接板

中间接头常见故障及处理方法如表 4.2.1 所示。

表 4.2.1　中间接头常见故障及处理方法

故障	可能的原因	处理方法
过热	轨间的普通接头板松动	检查螺栓、螺帽、垫圈，拆开普通接头，用金属刷清理配合面。在普通接头和轨的配合面涂导电油脂。安装普通接头和螺栓。使用防卡死润滑剂防止不锈钢螺栓卡死。确保螺栓的紧固力矩为 70 N·m

中间接头在维护检修时要注意以下几点：
（1）中间接头与接触轨相连接的接触面应清洁，并应涂抹导电油脂。
（2）中间接头与接触轨轨腹连接应密贴，紧固件安装应齐全，并应按设计力矩值紧固。
（3）中间接头处授流面连接应平顺，检查接头无烧伤、变色现象。
（4）中间接头端面距相邻绝缘支撑的距离应不小于膨胀接头的最大补偿值。

三、膨胀接头

环境温度的变化或运行中电流产生的热量都会造成接触轨温度的变化，使接触轨因热胀冷缩而产生长度变化，因此需要在两根长轨中间的空隙安装膨胀接头（见图4.2.4），用于补偿钢铝复合轨因温度变化而产生的长度变化，实现其机械和电气特性两方面连接。隧道内接触轨一般每隔90 m设置一处，考虑隧道外接触轨温度变化大，一般每隔70 m设置一处。

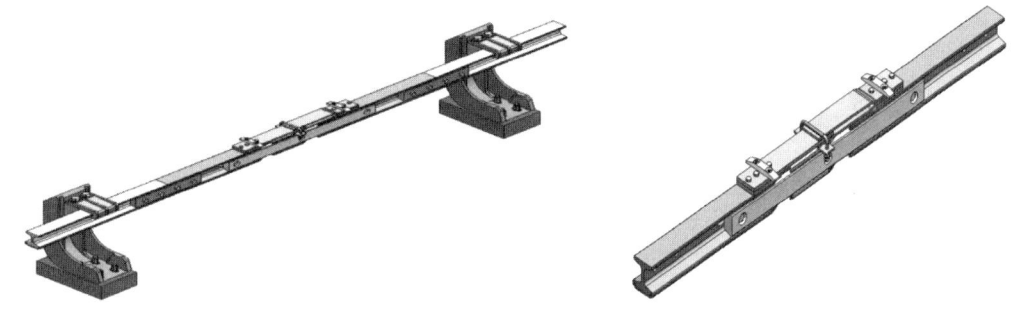

图 4.2.4　膨胀接头结构示意图

国产常见膨胀接头由两根长轨（左右滑轨）和一根短轨组成，膨胀接头长1 975 mm，行程200 mm（2×100 mm），支撑装置间隔在2 500 mm以上，为了保证集电靴顺利通过膨胀接头，长轨和短轨的对角均切成15°斜角，这样可以使表面连续，间隙可以调整并且可以重合，以便使集电靴可以平滑地从一端过渡到另一端；左右滑轨的作用是让集电靴在膨胀点过渡时减小运行中产生的电弧。为了帮助电能转换，在设计上考虑了一个中间块，用来协助集电靴完成电能转换，从而保证了电气连接的可靠性。

膨胀接头组件要求与相邻行车轨之间接触面对齐，保证列车受电靴的平滑通过。在安装时，长轨和短轨的连接靠锚固夹板（特殊的长普通接头）通过三个螺栓安装在左右滑轨及中间轨的两侧，锚固夹板与短轨为固定连接，而两根长轨在连接锚固夹板的位置开有长孔，这种锚固夹板是一种特殊的夹板，与左右滑轨接触的面比中间低0.1~0.2 mm，而且三个螺栓的紧固力矩也不相同，中间螺栓的紧固力矩为50 N·m，两边为20 N·m。锚固夹板两边在螺栓紧固力矩的作用下发生弹性变形，使其与左右滑轨密切相接，加上锚固夹板与左右滑轨及中间轨的接触面涂有导电脂，因此，具有良好的导电性能。在滑轨外采用双蝶簧和双螺母的防松措施，保证了磨损后和振动的情况下，夹板与滑轨之间始终保持适当的压紧力。总之，膨胀接头这种结构可以满足膨胀接头两侧的接触轨因热胀冷缩而产生长度变化时，使其左右伸缩自如得到补偿，又保证电流续接良好。

电流连接器主片、副片采用紫铜材质，导电性好，表面镀银，使得主副片滑动时接点接触良好，导电性能提高。U形螺栓上配有弹簧，弹簧在螺栓紧固压缩6~11 mm时，弹力为

480～500 N，主副片之间的摩擦力为 124～130 N，这个力使主副片既紧密相切又能左右滑动。铜垫板、U 形螺栓垫板等导电零件也采用紫铜材质，表面镀银，既保证了电气连接的可靠性，又不会产生任何电化学腐蚀。

膨胀接头的载流量一般应大于接触轨的载流量，膨胀接头与接触轨可用普通中间接头进行连接。在直线段，膨胀接头应尽量安装在两个支架装置的中心部位，最少膨胀接头的每一端距支架装置的距离不小于 400 mm。弯道段中设置膨胀接头，则会使绝缘支架及膨胀接头受到很大的张力。膨胀接头的滑动块会因为这一额外张力而加速磨损，绝缘支架也会很快磨损。所以一般不在弯道处设置膨胀接头。在特殊情况下，也会出现半径小于 300 m 的弯道必须设置膨胀接头的情况，此时膨胀接头依然能起到作用，可是会使膨胀接头张开及闭合的张力转移作用于绝缘支架上。

膨胀接头常见故障及处理方法如表 4.2.2 所示。

表 4.2.2　膨胀接头常见故障及处理方法

故障	可能的原因	处理方法
过热	轨间连接松动	重新调整普通接头
	电连接板接触不良	松开 U 形螺栓，调整电连接板主副板位置
	过载	检查负载情况，根据设计要求调整
不锈钢带磨损不均匀	接触轨和受电靴对正不好	参考走行轨检查膨胀接头的接触面。膨胀接头中心与最近的走行轨的内侧的水平距离，接触面间的垂直距离应符合设计要求。如果轨和受电靴的接触面不平，将会减小有效接触面，产生过热，进而可能产生严重的电磨损
		检查支架的紧固件是否松动
在轨间的连接处产生微小的弯曲	轨间的连接松动	重新调整普通接头；使用金属刷清理配合面，并重涂导电油脂

四、端部弯头

端部弯头是安装在一段接触轨断口处、用于引导受电靴可靠进入或平稳离开一区段接触轨的部件。端部弯头如图 4.2.5 所示，其作用是为了保证列车在额定速度运行时，受电靴能够平滑地接触和脱离复合轨。端部弯头一般与接触轨有同样的截面和形状，能与任意成品接触轨断面相匹配，连接部位没有坡度，能够保证受电靴顺利通过。

 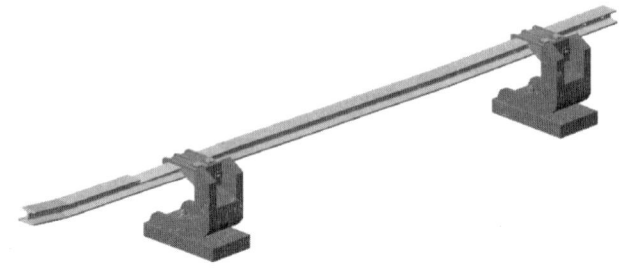

图 4.2.5　端部弯头结构图

端部弯头有不同的分类方法，一种方法可分为高速和低速两种，高速端部弯头长度一般为 5.2 m，端部弯头两端的高度差一般≥126 mm，坡度一般为 1∶41；低速端部弯头长度一般为 3.4 m，端部弯头两端的高度差一般≥129 mm，坡度一般为 1∶22。另一种方法可分为正线端部弯头和车场线端部弯头两种，正线端部弯头长度为 5.2 m，坡度为 1∶40。车场线端部弯头长度为 3.4 m，坡度为 1∶30。端部弯头具有良好的耐电弧烧损、耐冲击特性，具有自熄弧功能；合理的坡度可满足行车速度要求和耐电弧要求，每一个端部弯头的端部都经过预弯，坡度更大一些，这样能保证端部弯头具有更好的自熄弧特性。

端部弯头采用两个绝缘支架进行支撑，一端平直，可直接通过电连接用中间接头或普通中间接头与接触轨进行连接，接口处高度相同，无须打磨，能够确保端部弯头与接触轨之间密贴，保证受电靴顺利通过；经过第一个绝缘支架后，则开始抬升，在第二个绝缘支架处接触轨底面距离走行轨轨顶连线平面距离符合标准，例如高速弯头（5.2 m 弯头）是 243.8 mm，低速弯头（3.4 m 弯头）是 230.5 mm。

端部弯头常见故障及处理方法如表 4.2.3 所示。

表 4.2.3　端部弯头常见故障及处理方法

故障	可能的原因	处理方法
接触轨过度弯曲	振动	检查绝缘支架底座固定螺钉，用正确的力矩紧固
		检查支架的紧固螺栓，用正确的力矩紧固螺栓
	连接电缆松动	清理接触面，重涂导电油脂，重新按照正确的力矩紧固螺栓

在更换检修端部弯头时要注意：

（1）清理接触轨和端部弯头安装端面的污物，修整端面上的毛刺。

（2）检查端面与轨面的垂直度，保证垂直度为 ±0.1°，并涂上一层极薄的接触油脂。

（3）使用 C 形夹具和两块质地软硬适中的木板，上下夹持住接触轨和端部弯头，使其两部分的对接保持在同一平面上，接头处无高低落差。

（4）将所有配合表面清理干净，使用干净的垫子或中粒度磨料钢丝刷打磨，并在端部弯头的连接表面处涂上一层极薄的接触油脂。

（5）将端部弯头安装到要加以连接的普通接头处并将螺栓拧紧。端部弯头的断口与接触轨之间密贴，不得有高低差及由此产生的台阶伤及集电靴。

五、中心锚结

中心锚结亦称防爬器，可防止接触轨向两侧不均匀窜动。中心锚结一般设置在两膨胀接头之间（即一个锚段）的中部，即安装在长轨的中部，每一处采用两套防爬器。防爬器本体的材质有两种——铝合金和铸钢。防爬器安装于绝缘支架两侧，是接触轨锚段中部用来防止接触轨纵向移动的装置，依靠绝缘子或绝缘支架提供的锚固力，保持膨胀区段的中点位置。接触轨中心锚结一般分为普通中心锚结和大坡度中心锚结。一般情况下，中心锚结采用普通中心锚结；当线路纵向坡度超过一定数值（如 2%）时，采用大坡度中心锚结。

1. 普通中心锚结

普通中心锚结一般设置在锚段的中部，安装在整体绝缘支架两侧，如图 4.2.6 所示。普通中心锚结一般由两组普通防爬器组成，每套普通防爬器由一对梯形截面铝块组成，用两套紧固件连接，每套包括螺栓、碟形弹垫各 1 个，螺母、平垫各 2 个。普通防爬器的螺栓防松是通过采用碟形弹垫和双螺母保证的。普通防爬器每个铝块上都已钻好 2 个 $\phi 17\ mm$ 的孔，用不锈钢螺栓紧固在轨腰上，与接触轨连接采用两套 M16 不锈钢螺栓。

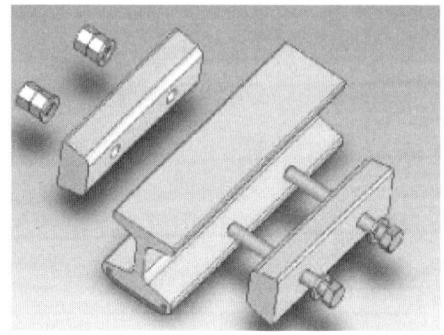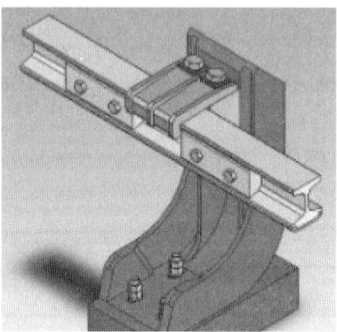

图 4.2.6　中心锚结安装效果图及组件图

2. 大坡度中心锚结

大坡度中心锚结一般有两种：斜拉绝缘子式中心锚结和双组普通中心锚结式。

图 4.2.7 所示为大坡度中心锚结示意图，图 4.2.8 所示为大坡度中心锚结实物图。

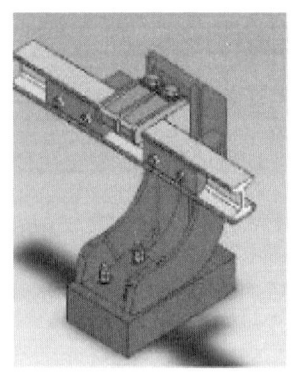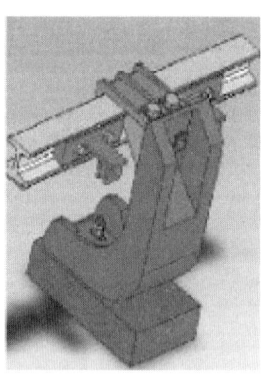

图 4.2.7　大坡度中心锚结示意图　　　　图 4.2.8　大坡度中心锚结实物图

双组普通中心锚结式的大坡度中心锚结结构形式与普通中心锚结的结构基本相同，由于两组普通中心锚结的间距较小，一般间距为 600～700 mm，因此中间两组防爬器一般为单孔形式的防爬器。

检修更换中心锚结时要注意：

（1）将所有配合表面清理干净，并在防爬器本体的界面连接表面处涂上一层极薄的接触油脂。

（2）将防爬器本体安装到接触轨已经钻好孔的轨腹处，并将两根螺栓拧紧。

（3）用扭矩扳手拧紧螺栓，螺栓紧固至规定力矩。

六、绝缘支座

绝缘支座是接触轨系统中支撑接触轨并起绝缘作用的装置,接触轨按照标定距离(3~5 m)置于绝缘支座的上面,绝缘支座又通过相配套的底座安装固定在道床上。绝缘支座一般分为绝缘子式绝缘支座和整体绝缘支架式绝缘支座。

早期北京地铁 1 号线接触轨系统的绝缘支座采用绝缘子式。绝缘子式绝缘支座由三部分组成:瓷件、下座、上帽。其中瓷件材料为电磁材料,工作电压 1 000 V,抗弯 800 kg;下座材料为 HT15-33 灰铸铁;上帽材料为 HT15-33 灰铸铁;另外,瓷件与下座间还设有 1~5 层的油毡纸垫片。瓷质绝缘子式绝缘支座易碎,不利于安装和维护。随着技术的发展,出现了复合材料绝缘子式绝缘支座和整体绝缘支架型的绝缘支座。

1. 复合材料绝缘子式绝缘支座(图 4.2.9)

复合材料绝缘子采用玻璃纤维增强不饱和聚酯树脂膜塑料经高温模压制成型,颜色为灰色,主体为圆柱形空心结构,带环状防污槽,下部为方形法兰盘。安装技术与传统绝缘子基本相同,绝缘子上部通过螺钉连接金属头和两个接触轨卡子将接触轨抱住定位;绝缘子下部通过带大垫圈的螺栓将下部绝缘子压盖固定在槽钢底座上,再将底座同道床或轨枕连接。金属头嵌入绝缘体中,带防脱、防转动槽。接触轨卡子左右各一件,鸭嘴结构,外侧带 2 条竖肋,螺钉通过中间开孔与金属头连接。绝缘子压盖是带有孔边加强的固定孔的盖状结构,绝缘体柱状主体与压盖一体成型。

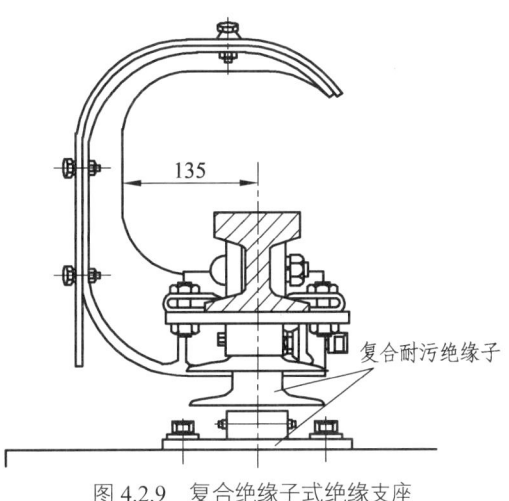

图 4.2.9 复合绝缘子式绝缘支座

玻璃纤维增强不饱和聚酯树脂膜塑料具有质轻、绝缘、高强、吸水率低、变形小、具有良好的耐候性等许多优点,且具有很强的可设计性,易于根据线路使用要求进行结构设计,使绝缘支撑具备良好的受力性能,满足各种负荷受力要求。

2. 整体绝缘支架型的绝缘支座

整体绝缘支架由玻璃纤维增强树脂(玻璃钢)采用模压工艺制造。接触轨托架和支架本体通过各自接触面的齿槽咬合,经螺栓连接成为一体,齿槽咬合起到了垂直限位的作用,同时接触轨安装时可进行上下微调;接触轨托架与接触轨扣件也经螺栓连接成为一整体,接触轨扣件具备特殊结构,可以防止接触轨扣件沿接触轨敷设方向左右摆动;绝缘支架的长孔,可使整体绝缘支架在水平方向有 30 mm 的调整余量,在垂直方向有 40 mm 的调整余量,从而保证接触轨的相关安装距离。

根据复合接触轨安装方式的不同,绝缘支架可分为上接触授流绝缘支架、下接触授流绝缘支架、侧接触授流绝缘支架。上接触授流绝缘支架由绝缘支座本体、接触轨压件两部分组成,如图 4.2.10 所示。下接触授流绝缘支架由三部分组成:支架本体、接触轨托架(支座)、接触轨扣件(卡爪),如图 4.2.11 所示;支座本体和支座通过两套 M12 螺栓连接,支座与卡爪通过一套 M16 螺栓连接。

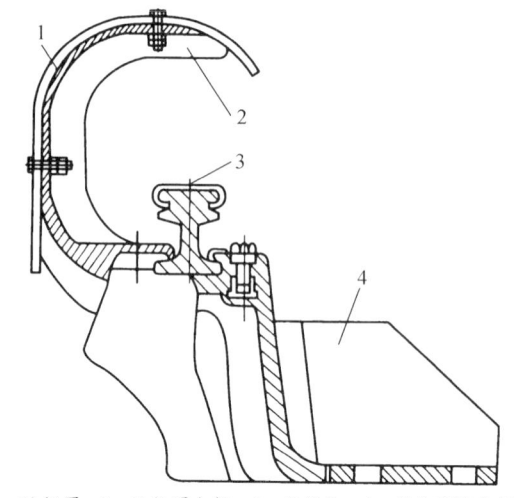

1—防护罩；2—防护罩支架；3—接触轨；4—整体绝缘支架。

图 4.2.10 上接触式整体绝缘支架式绝缘支座

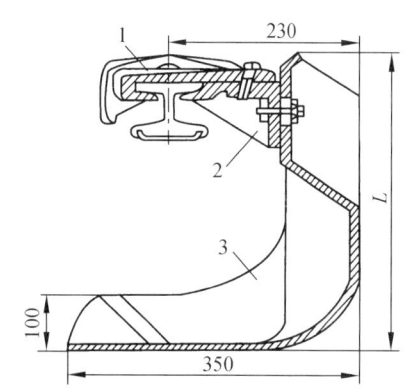 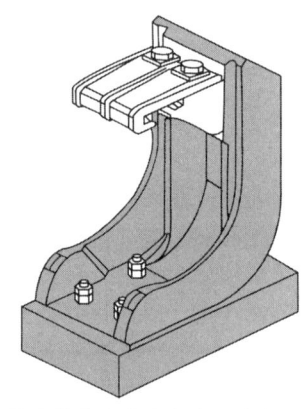

（a）下接触式整体绝缘支架式绝缘支座结构图　（b）下接触式整体绝缘支架式绝缘支座效果图

1—卡爪；2—托架；3—支架本体。

图 4.2.11 下接触式整体绝缘支架式绝缘支座

整体绝缘支架应能承受气温变化及空气污染，室外应用时应能够耐受紫外线。整体绝缘支架表面自洁性好，可用一般的清洁剂清洗，并且对盐溶液有抗腐蚀能力，不易溶入酒精、苯、碳氢化合物等有机溶剂。由于道床结构有多种，如整体道床、板式道床、碎石道床等，绝缘支座也通过相配套的底座安装固定在道床上。

更换检修绝缘支架时要注意：采用道尺检查，调整使竖向安装垂直于轨面，整绝缘支架安装牢固，部件安装正确齐全紧固，各螺栓使用扭矩扳手按规定力矩紧固。高度、平行度、侧面限界初调：采用道尺初步调整整体绝缘支架的竖向铅垂中心线与轨面垂直，绝缘支架外缘至轨道中心线的水平距离，支架托块调至孔位中间。

七、防护罩

防护罩的作用是防雨雪并对接触轨进行隔离，防止人或其他动物触碰到带电设备。防护罩一般采用玻璃纤维增强树脂材质制成，采用拉挤工艺制造，具有阻燃或自熄功能，在火焰或高温条件下不会释放有毒气体。防护罩的形状及尺寸满足接触轨系统的安装要求，机车运行时不会影响受流器通过，并具有一定的弹性，便于工作人员安装或拆卸。

防护罩根据复合轨安装方式不同,可分为上接触授流复合轨防护罩(图 4.2.12)和下接触授流复合轨防护罩(图 4.2.13)。上接触授流复合轨防护罩只有一种构造,可以通过改变防护罩支架的形状以适应不同位置的安装防护;上接触复合轨用防护罩支架采用 SMC 模压工艺制作。下接触授流复合轨防护罩安装时,通过安装在复合轨本体上的支撑垫块起到支撑防护罩的作用,支撑垫块采用注塑成型工艺制造。防护罩支撑垫块每隔大约 500 mm 安装一个,在绝缘支架处需要对称安装。

图 4.2.12　上接触授流复合轨防护罩

图 4.2.13　下接触授流复合轨防护罩

防护罩根据安装位置的不同,又可分普通防护罩、绝缘支架处用防护罩、电连接处用防护罩、端部弯头处用防护罩和膨胀接头处用防护罩。

八、学习链接

序号	资料名称	二维码	序号	资料名称	二维码
1	接触轨结构、材料、类型及优缺点		5	接触轨绝缘支座维护	
2	接触轨中间接头维护		6	接触轨中心锚结的维护	
3	接触轨端部弯头的维护		7	接触轨防护罩的维护	
4	接触轨电连接的维护		8	接触轨接地线的维护	

★ 任务单：接触轨中间接头维护

项　目	任务清单内容
任务情境	某段线路轨间的普通中间接头处过热
任务目标	1. 了解接触轨中间接头的类型； 2. 找出普通中间接头过热的故障原因并处理
任务问题	1. 接触轨中间接头的类型有哪些？ 2. 接触轨中间接头在维护时需要注意哪些方面？
任务实施要求	1. 实地观察； 2. 小组讨； 3. 分组检修
任务完成效果	1. 小组分工清晰合理； 2. 检修质量符合标准规定； 3. 检修操作符合规程
任务完成耗时	1 h
实施人员	全体学生
任务点评	小组互评、教师点评

★ 活页笔记：接触轨中间接头维护

项　目	内　容
学习笔记	重点： 难点： 学习收获：
任务问题答案	
任务完成过程	（由学生描述具体的作业分工和作业过程中任务完成的步骤）
任务完成 实际耗时	
任务完成 实际效果	

★ 任务单：清扫绝缘子，检查各定位点导高及拉出值

项　目	任务清单内容
任务情境	刚性接触网上，需要对绝缘子进行清扫，同时检查各定位点导高及拉出值是否符合标准
任务目标	按照一次作业标准化流程进行检修
任务问题	1. 城市轨道交通接触网检修一次作业标准化流程有哪几个步骤？ 2. 简述验电接地的流程及注意事项
任务实施要求	1. 按照任务一的工作票，分小组进行标准化作业； 2. 作业步骤完整，绝缘子清扫干净，各定位点导高、拉出值符合标准要求
任务完成效果	作业步骤完整，绝缘子清扫干净，各定位点导高、拉出值符合标准要求
任务完成耗时	2 h
实施人员	全体学生
任务点评	小组互评、教师点评

★ 活页笔记：清扫绝缘子，检查各定位点导高及拉出值

项　目	内　　容
学习笔记	重点： 难点： 学习收获：
任务问题答案	
任务完成过程	（由学生描述具体的作业分工和作业过程中任务完成的步骤）
任务完成 实际耗时	
任务完成 实际效果	

★ **任务单：接触轨端部弯头检修维护**

项 目	任务清单内容
任务情境	对某段线路端部弯头进行更换
任务目标	1. 掌握端部弯头的结构和作用； 2. 更换端部弯头
任务问题	1. 简述端部弯头的结构和作用； 2. 更换端部弯头时需要注意哪些方面？
任务实施要求	1. 实地观察； 2. 小组讨论； 3. 分组检修
任务完成效果	1. 小组分工清晰合理； 2. 检修质量符合标准规定； 3. 检修操作符合规程
任务完成耗时	1 h
实施人员	全体学生
任务点评	小组互评、教师点评

★ 活页笔记：接触轨端部弯头检修维护

项目	内容
学习笔记	重点： 难点： 学习收获：
任务问题答案	
任务完成过程	（由学生描述具体的作业分工和作业过程中任务完成的步骤）
任务完成实际耗时	
任务完成实际效果	

★ 任务单：接触轨中心锚结检修维护

项　目	任务清单内容
任务情境	对某段接触轨线路中心锚结进行更换
任务目标	1. 掌握接触轨中心锚结的结构和作用； 2. 更换接触轨普通中心锚结
任务问题	1. 简述接触轨中心锚结的结构和作用； 2. 更换接触轨中心锚结时需要注意哪些方面？
任务实施要求	1. 实地观察； 2. 小组讨论； 3. 分组检修
任务完成效果	1. 小组分工清晰合理； 2. 检修质量符合标准规定； 3. 检修操作符合规程
任务完成耗时	1 h
实施人员	全体学生
任务点评	小组互评、教师点评

★ 活页笔记：接触轨中心锚结检修维护

项　目	内　　容
学习笔记	重点： 难点： 学习收获：
任务问题答案	
任务完成过程	（由学生描述具体的作业分工和作业过程中任务完成的步骤）
任务完成实际耗时	
任务完成实际效果	

项目五 城市轨道交通接触网检修一次标准化作业

知识目标

1. 申请作业令的流程；
2. 工作票的填写；
3. 工作票的审批流程；
4. 检修作业的流程(出工前准备、分工预想会、作业中的请/销点流程、作业结束后的收工会)；
5. 接触网检修记录及设备台账填写。

技能目标

1. 能够正确填写工作票、熟悉工作票的审批流程；
2. 能够按照一次作业标准化流程进行检修作业；
3. 能够正确填写接触网检修记录及设备台账。

素质目标（德育目标）

1. 培养学生的民族自豪感和爱国情怀；
2. 培养学生对检修作业标准的敬畏感；
3. 培养学生吃苦耐劳、乐于奉献和精益求精的工匠精神。

项目任务

1. 工作票的填写与审批；
2. 如何进行一次标准化作业。

任务一　工作票的填写与审批

★ 知识学习

一、接触网工作票基础及请/销点流程

1. 接触网工作票制度

① 凡在接触网上作业，应执行工作票制度。工作票是在接触网上进行作业的书面依据，要字迹清楚、正确，不得涂改或用铅笔书写。

② 工作票应指明作业地点、作业组成员、作业内容、工作票有效期和安全措施。

③ 一张工作票只能发给一个施工负责人，一个施工负责人或作业组只能同时接受一张工作票。

④ 作业结束后，施工负责人应将工作票交由专人统一保管，工作票保管时间不少于12个月。

⑤ 抢修事故时，可以不使用工作票，但必须有调度命令。遇有人身及设备安全的紧急情况下，可不开工作票，但应向调度报告事故概况，听从调度指挥；作业前必须按规定做好安全措施。

⑥ 工作票签发人安全等级不得低于四级，并且取得供电车间工作票签发人资格。

2. 接触网工作票分类

根据性质不同，工作票分为两种：

① 接触网停电作业工作票：用于在接触网停电设备上进行作业，如表5.1.1所示。

② 接触网远离作业工作票：用于在距接触网带电部分 1 m 以外的设备上进行的高空作业和较复杂的地面作业。如表5.1.2所示。

3. 施工计划的分类

按施工作业地点及影响程度的施工计划分类如表5.1.3所示。

4. 请/销点流程

1）A1类施工组织程序

① 请点登记：施工负责人提前到车站进行登记，车站施工登记本格式见表5.1.4。

② 请点预审核：车站确认施工负责人登记信息后，在车站施工登记本该项施工前预列举该项施工的条件，分别为作业区域出清（途经列车已出清作业区域、作业区域内没有其他A1类施工安排）、供电要求（接触网实时供电状态满足作业供电安排）等，并根据条件达到后逐条打钩代表条件达到。

③ 车站向行调请点：车站确认所有施工条件达到后向行调请点。

④ 行调批准请点：行调确认符合条件后批准请点，需要封锁作业区时及时发布线路封锁命令。

表 5.1.1 接触网停电作业工作票

接触网停电作业工作票

填票单位：×××××接触网工班　　　　　　　　　工作票编号：××××××

作业地点				填票人	
工作内容				发票日期	
工作时间					
施工负责人	姓　名：（　）×××××××××××				
作业组成员	×××（　）	×××（　）	×××（　）	×××（　）	
	×××（　）	×××（　）	×××（　）		共计×人
需要停电设备					
接地线位置					
作业区防护措施					
针对性安全措施					
变更作业组员记录					
工作票结束时间	年　月　日　时　分				
施工负责人（签字）			签发人（签字）		
电调确认（签字）			时间：年　月　日　时　分		
工作票延长时间批准	延长至　年　月　日　时　分		电调批准人：		

表 5.1.2 接触网远离作业工作票

接触网远离作业工作票

填表单位：   工作票编号：

作业地点			填票人	
作业内容			发票日期	
工作票有效期				
施工负责人	×××（ ）			
作业组成员及安全等级	×××（ ）	×××（ ）	×××（ ）	
				共计×人
作业区防护措施				
针对性安全措施				
变更作业组员记录				
工作票结束时间				
施工负责人（签字）		签发人（签字）		

表 5.1.3　按施工作业地点及影响程度的施工计划分类

A类	影响正线行车的施工	A1	在正线，需要开行工程车、电客车的施工
		A2	在正线，不需要开行工程车、电客车的施工
		A3	在车站、主变电所、控制中心范围内，影响正线行车设备运行的施工
B类	影响车场线行车施工	B1	开行电客车、工程车的施工（不含车辆中心电客车、工程车检修）
		B2	不需要开行电客车、工程车，但需要进入车场线路限界内，或影响接触网、信号等设备运行，或在车场线路限界外3m内种植乔木、搭建相关设施，或需要动火等影响行车的施工
C类	在车站、主变电所、控制中心、车场等范围内不影响行车的施工	C1	大面积影响客运、影响消防设备正常使用、需要动火或设备设施维护检修等施工
		C2	局部影响客运但经采取措施影响不大；不影响设备运行的巡视检查、清扫、测试；动用简单设备（如动用220V及以下的电力、钻孔等，不违反安全规定）等施工

表 5.1.4　车站施工登记本

请　点											
日期	作业代码	施工单位	施工负责人及电话	施工内容	施工地点	施工时间 起　　止		施工负责人签名	行调承认时间	行调承认号	行调代码	行值签认

请点	销　点						
备　注	施工结果	结束时间	销点人签名	行调销点时间	行调代码	行值签认	备　注

⑤ 车站设置防护：车站确认行调批准请点后，组织相关车站设置红闪灯防护，确认红闪灯设置完毕后，由车站通知施工负责人请点已批准；需要交付线路封锁命令时，由车站及时交给工程车、调试车司机。

⑥ 接触网配合挂、拆地线：需要配合挂、拆地线时，施工负责人组织接触网配合人员挂接地线；施工负责人确认地线已经挂接后，方可开始作业。车站负责开启相应端墙门。

⑦ 施工完毕后，施工负责人组织接触网配合人员拆除接地线。

⑧ 销点登记：施工结束且施工负责人确认施工区域出清后，到销点站凭施工作业令进行销点登记。

⑨ 销点预审核：销点站负责检查施工作业令，核实施工区域出清情况。

⑩ 车站撤除防护：销点站确认销点预审核通过后，按规定组织相关车站撤除红闪灯防护。

⑪ 销点站向行调销点：销点站确认施工区域出清及防护撤除完毕后，向行调销点。

⑫ 行调批准销点：行调与销点站确认施工区域出清后批准销点，需要解除作业区封锁时及时发布线路开通命令。

⑬ 施工结束：销点站确认行调批准销点后，通知施工负责人施工结束。

2）A2、A3 类施工组织程序

① 请点登记：施工负责人、责任人提前到主站、辅站进行登记请点。

② 请点预审核：车站确认登记信息后，在车站施工登记本该项施工前预列举该项施工的条件，分别为作业区域出清（途经列车已出清作业区域、作业区域内没有其他 A1 类施工安排）、影响区域（A3 类作业判断影响区域，为信号影响时判断影响区域内无 A1 类施工安排且途经列车已出清，为供电影响时判断影响区域没有电客车施工安排且途经电客车已出清）、供电要求（接触网实时供电状态满足作业供电安排）等，并根据条件达到后逐条打钩代表条件达到。

③ 主站向行调请点：主站确认所有施工条件达到后向行调请点。

④ 行调批准请点：行调确认符合条件后批准请点，若该项作业涉及车辆段，行调须征得场调同意后方可批准请点。

⑤ 车站通知施工人员：行调批准请点后，主站通知施工负责人请点已批准；辅站向主站办理请点得到批准后，通知施工责任人请点已批准。

⑥ 接触网配合挂、拆地线：需要配合挂、拆地线时，施工负责人组织接触网配合人员挂接地线；施工负责人确认地线已经挂接后，方可开始作业，并通知辅站施工责任人可以开始作业，车站负责开启相应端墙门。

⑦ 辅站由施工责任人向施工负责人汇报施工完成情况，根据施工负责人安排是否撤离。所有辅站及主站的施工完毕后，施工负责人组织接触网配合人员拆除接地线。

⑧ 销点登记：施工结束且施工负责人、责任人确认施工区域出清后，分别到销点站、辅站凭施工作业令进行销点登记。

二、接触网工作票填写

接触网工作票流转流程如图 5.1.1 所示。

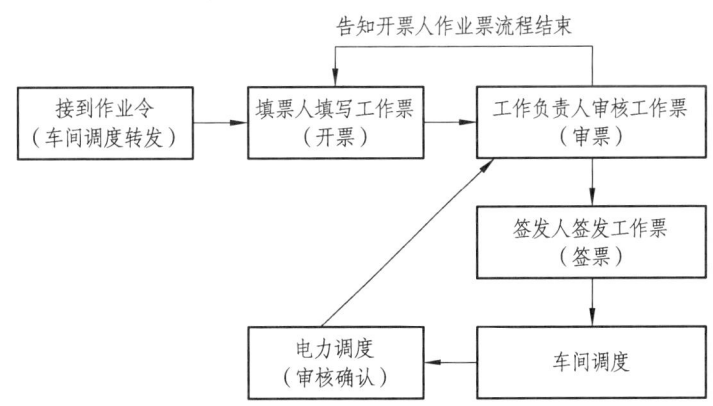

图 5.1.1　接触网工作票流转流程图

1. 接触网工作票填写内容

① 作业区域（在哪里干）；

② 作业内容（干什么）；

③ 作业时间（《施规》对时间有什么要求）；

④ 施工负责人（对负责人有什么要求）；

⑤ 需停电设备，特殊情况下怎么停电；

⑥ 接地线位置；
⑦ 作业区域防护措施；
⑧ 针对性安全措施。

2. 工作票填写实例

工作票填写实例如表 5.1.5 所示。

表 5.1.5　接触网停电作业工作票

填票单位：供电一车间接触网工班　　　　　　　　工作票编号：按照公司标准编号

作业地点	×××站—×××站上下行线			填票人	
工作内容	安全等级　接触网绝缘子清扫			发票日期	×××.××.××
工作时间	自×年×月×日×时×分至×年×月×日×时×分止			电话号码	
施工负责人	姓　名：苗斌　（4）××××××××××××				
作业组成员	×××（3）	×××（3）	×××（3）	×××（3）	
	×××（3）	×××（3）	×××（3）		共计7人
需要停电设备	1. 正线 A5、B5 供电分区停电； 2. ×××站上网隔离开关 2131、2141 断开，×××上网隔离开关 2111、2121 断开； 3. ×××站越区隔离开关 2113、2124 保持断开，×××越区隔离开关 2113、2124 保持断开； 4. ×××站隔离开关 GJ2 保持断开				
接地线位置	1. ×××站上行线 1M132-14、××1M131-17 各封挂地线一组； 2. ×××站上行线 1M140-18、××1M139-17 各封挂地线一组。 共计 4 组地线				
作业区防护措施	作业人员穿荧光衣、穿劳保鞋、戴安全帽，作业区域两端地线杆距地面 1.5 m 处设置红闪灯防护				
针对性安全措施	1. 全体成员认真听读工作票、明确本次作业的地点、安全措施以及各自分工；按规定穿戴好劳保用品、荧光衣，备齐合格的工具、材料，如有疑问及时提出，坚持安全作业。 2. 作业人员、所持机具时刻保持与有电设备 1 m 以上安全距离，严禁人员进入未封锁区域。作业过程中，作业人员、机具、材料不得越过接地线。 3. 作业人员严禁从站侧跳入轨行区。 4. 接地线人员做好验电器的自检，确认接地位置，按程序操作，地线不得触及人体，各部连接良好，接地端必须接在靠站台侧的钢轨上，拆挂地线不得简化操作。 5. 隧道内作业组成员注意戴好防护口罩。 6. 高空作业人员，在作业过程中系好安全带，安全带高打低用，检修设备时按工艺标准进行检修。 7. 作业完毕后，确认施工的人员、工具、材料全部撤至安全地带，确认接触网状态良好，方可销令				
变更作业组员记录					
工作票结束时间	年　　月　　日　　时　　分				
施工负责人（签字）			签发人（签字）		
电调确认（签字）			时间：　年　月　日　时　分		
工作票延长时间批准	延长至　　年　　月　　日　　时　　分		电调批准人：		

★ 思政链接

用脚步丈量地铁接触网线路，地铁青年守护列车一路畅行

高温酷暑，不少西安地铁青年坚守岗位，守护地铁线网平稳运行，助力市民安全出行。

在这群人中，地铁接触网工显得最为与众不同，与其他地铁工作者相比，他们除了要在地下隧道工作外，还需要接受烈日"烤"验，为车辆段的室外接触网开展巡查作业。下面，让我们跟随吴勋（图 5.1.2）的脚步，体验地铁接触网检修的工作。

图 5.1.2　工作中的吴勋

巡检当天，吴勋和他的同事进入线路作业时，渭河车辆段的室外温度已超过 35 ℃。接触网工们全副武装，头戴安全帽、身穿长袖防护服、脚踩绝缘鞋，这身日常巡视作业中必不可少的劳动防护用品，在烈日下却成了最不透气的"保温层"，还未走到设备区段，吴勋一行人已大汗淋漓。

从运用库到出入场线共 4 个供电分区，吴勋的工作任务是完成这 4 个供电分区接触网设备的状态巡视。顶着烈日，他举起望远镜仔细查看高处的接触网线夹、螺母、定位装置等外露设备的状态。设备金属部件在阳光下特别刺眼，极易影响观测，一个角度看不清，吴勋就多走几步变换角度，或蹲或站，确保准确掌握接触网设备状态。

露天的接触网设备由于长期暴晒，金属设备表面温度直逼 40 ℃。虽然巡检时的炙烤感迎面而来，但吴勋和同事们仍坚持以标准化巡视流程完成每一个巡检项目……4 h 后，巡视记录本上已写满数据，工装则被汗水浸透。

从刚进入地铁工作的初生牛犊到如今的技术能手，吴勋用汗水为西安地铁每一天的平安运营提供坚实有力的供电保障。"我能做的，就是时刻把控好接触网设备的正常运行，为列车提供安全可靠的电力动能。虽苦虽累，但这就是我的职责。"在这个岗位上工作了 4 年的吴勋如是说。

★ 任务单：停电作业工作票填写

项　目	任务清单内容
任务情境	刚性接触网上，需要对绝缘子进行清扫，同时检查各定位点导高及拉出值是否符合标准，在作业前，需要填写停电检修工作票
任务目标	正确填写停电检修工作票
任务问题	1. 接触网作业按照性质分为哪两类？ 2. 简述检修作业的请/销点流程； 3. 简述工作票的流转流程
任务实施要求	1. 工作票干净整洁、无涂改痕迹； 2. 各小组进行角色扮演，展现工作票的流转流程
任务完成效果	工作票填写符合要求
任务完成耗时	2 h
实施人员	全体学生
任务点评	小组互评、教师点评

★ 活页笔记：停电作业工作票填写

项目	内容
学习笔记	重点： 难点： 学习收获：
任务问题答案	
任务完成过程	（由学生描述具体的作业分工和作业过程中任务完成的步骤）
任务完成实际耗时	
任务完成实际效果	

任务二 如何进行一次标准化作业

★ 知识学习

一、一次作业标准化流程

（一）预想会

① 检修作业前一天由工作领导人组织作业组全体人员召开预想会，时间宜定在 18:00—20:00 点。

② 预想会要全过程录音并做好记录，录音带保存期为 7 天。

预想会前，工作领导人、发票人、安全员要做好如下工作：

① 核实工作票作业地点及作业内容的可行性和必要性。

② 工作领导人填写分工表和《作业用料、工具清单》，明确作业组成员分工。

③ 发票人在黑板上画出作业现场简图，图上标明作业地点、作业内容、停电设备、封闭区段及带电设备。

④ 工作领导人、安全员熟悉和审查工作票。

（二）预想会开始

① 工作领导人点名并宣读工作票，发票人向作业组人员介绍次日作业的地点、作业内容、安全措施、现场的地理环境、重点设备等情况。由工作领导人提问作业组成员，使作业成员必须明确：

a. 作业地点、范围及作业内容；

b. 需停电的设备；

c. 装设接地线的位置；

d. 封闭和占用线路范围；

e. 作业地点附近带电的设备。

② 全体作业组成员复查工作票，提出有疑问和不明确的处所，如无异议，正式定票。

③ 工作领导人进行作业分工，同时明确：

a. 作业中岗位职责；

b. 各岗位的安全措施；

c. 作业所需携带的工具、材料；

d. 作业出乘车巡视的分工。

④ 分工后，按分工表（派工单）顺序，作业组成员依次进行本岗位安全措施、可控措施的预想，司助人员进行安全预想。之后，各自在分工表（派工单）上签名。

⑤ 明确作业材料、工具，宣读《作业用材料、工具清单》并进行讨论确定，材料员审核材料、工具的项目和数量是否能满足作业需要。

⑥ 工作领导人和作业组人员讨论整个施工方案及工艺要求，必要时学习有关规定和检修工艺，工作领导人最后确定作业方案，无疑问后预想会结束。

⑦ 预想会后，工作领导人将《作业用材料、工具清单》交材料员。材料员根据清单进行备料，并检查材料、工具状态，确保良好使用。

（三）作业前

① 作业前 1 个小时，全体作业组成员列队点名，工作领导人宣读工作票，明确分工，强调安全措施，提问作业有关的内容。安全员认真做好"三查"，即作业组成员工具是否齐全，着装、标志、安全帽穿戴是否合乎要求，绝缘防护用品是否良好。

② 座台人员提前 30 min 到指定的处所，与车站值班员办理作业登记和线路封闭手续（作业地点距邻站 5 km 以内时，须在邻站座台防护），双方确认后签字，将封闭范围、时间通知工作领导人。

③ 座台人员负责作业车出入库和办理封闭手续，集中精力时刻监视控制盘的显示情况和车站值班人员的操作，认真填写座台防护记录，做好全过程操作录音。作业车进入封闭区间后，座台人和车站值班人员做好互控，严禁将其他车辆放入封闭区段。

④ 站场作业时，认真监视控制盘的光带显示，与司助人员做好互控。

⑤ 作业车司助人员在出工前，应着车检查车辆状态，确认良好方可动车。

⑥ 作业组成员凭分工表（派工单）领取材料、工具，领料人和材料员互检确认。工作领导人试验对讲机的状态。

⑦ 作业车行驶途中，作业组成员按照乘车巡视分工，对接触网设备进行巡视并做好记录。

⑧ 到达作业现场后，除有关人员做准备工作外，其他人员不得在线路上逗留。

（四）作业中

① 要令人向电调申请作业命令，说明作业有关内容。作业命令下达后，进行复诵，确认无误，将命令编号和批准时间通知工作领导人，工作领导人复诵。

② 验电接地程序：

a. 停电前检查验电器状态，符合要求方准使用。验电接地人员接到验电接地命令后进行验电接地，验电接地时操作人必须戴好绝缘手套，登杆接地线时系好安全带。验电和装设、拆除接地线必须由 2 人进行，1 人操作、1 人监护。

b. 工作领导人接到作业区两端验电人员验明无电的通报后，通知接地线人员在作业地点两端和作业地点相连、可能来电的停电设备上装设接地线。

c. 装设地线时，将地线的一端先行接地；再将另一端与被停电的导体相连。拆除时顺序相反。接地线要连接牢固，接触良好。

d. 装设接地线时人体不得触及接地线，接好的接地线不得侵入侧面限界。连接或拆除接地线时，操作人要借助绝缘杆进行。绝缘杆要保持清洁、干燥。

e. 接地线要用截面面积不小于 25 mm^2 的裸铜绞线做成，并不得有断股、散股和接头。

③ 地线监护及行车防护人员要认真坚守岗位，正确使用防护旗和防护喇叭，时刻和工作领导人保持联系。

④ 地线全部接好后，工作领导人方可宣布开工作业，安全员摘下作业车爬梯上"高压危险，禁止攀登"标示牌后，作业人员方可登上作业平台进行作业。

⑤ 工作领导人检查作业车工作台与司机室之间的联系装置,该装置必须处于良好状态。作业时,要关好工作台的防护门;在防护栅外作业时,必须系好安全带。作业平台升降、回转操作须由工作领导人或指定专人负责;车辆移动时,严禁升降、回转作业平台。作业中,作业车的移动应听从工作领导人(或指定专人)的指挥,作业车移动的速度不得超过 10 km/h,且不得急剧起停车。

⑥ 进行停电作业时,作业人员(包括所持的机具、材料、零部件等)与周围带电设备的距离:110 kV 时不得小于 1 500 mm;27.5 kV 和 35 kV 时不得小于 1 000 mm;10 kV 及以下时不得小于 700 mm。

(五)作业结束

① 作业人员全部下网后,工作领导人确认作业人员、机具、材料撤至安全地带,不影响送电、行车后,方可消除作业命令。

② 安全员悬挂作业车爬梯上"高压危险,禁止攀登"标示牌。

③ 作业组人员要坚持同去同归。

④ 作业车回到车站,座台人员取消封闭命令,并联系作业车返回车库。作业组安全员待作业车做好防溜、防滑措施后,方可返回工区。

(六)收工会

① 工作领导人在作业结束后,召集作业组成员开收工会,详细总结工作票执行的情况、安全措施的落实情况及岗位任务完成情况。

② 作业班组把作业情况填写到相应的记录。

二、学习资料

城市轨道交通接触网检修一次作业标准化流程

★ 思政链接

地铁医生的工作

喧嚣了一天的郑州地铁 1 号线列车收工,陆续驶入郑东车辆段。空荡的站台与隧道显得异常宁静,这个时候,有一群人就要开始一天的工作了,很多人称他们为地铁"蜘蛛侠",每天昼伏夜出,倔强地守护着自己的网。一天凌晨,记者夜访郑州地铁接触网检修工,体验这些地铁"医生"不为人知的苦与乐。

"我们的工作就是给地铁接触网'体检',必须等车辆结束运营返场才能开工,所以工作时间都是从深夜到凌晨 4 点左右,夜班的辛苦不言而喻,但也都习惯了。"当晚带班的地铁检修工班班长吕治鹏说。

前一天晚上 11 点，当记者到达地铁 1 号线碧沙岗站时，站内只剩下值班人员和清洁工，而当晚值班的接触网检修班已开始做相关的准备工作。

吕治鹏告诉记者："每次作业前都要在站厅层内提前召开班前会，并准备好本次作业所需的工具材料。班前会上会对晚上作业的作业区域、作业内容、现场安全防护措施及作业所涉及的危险源、作业分工进行详细安排。开工前我们会仔细检查每一样工具，作业组材料员对所需工具材料进行清点。"准备工作就绪，记者跟随检修工一起正式进入了碧沙岗站至绿城广场站上行区间，这时，已经是凌晨 12 点半。

虽已入夏，但还算凉爽。记者按照规定，不仅佩戴了安全帽，也穿上了正规的工装。从地铁的站台层穿行到区间，也就是平时地铁运行的隧道，这里的空气散发着阵阵金属味，湿气也在加重。继续往里走，这种压抑的感觉更甚，并且头戴沉重的安全帽，再加上已经进入凌晨时分，记者已经略感疲惫。

"一套工装穿在身上，即使不动也是满头大汗。"吕治鹏笑着说道，这天儿还算凉快，虽说每天都是凌晨工作，但一晚上都在冒汗。

"每次检修都要对作业区域设置安全防护措施,在作业区域两端以及可能来电的停电设备上接挂地线，并设置红闪灯防护，我们的施工负责人正在联系组织人员进行验电接地。"吕治鹏介绍称，"接触网是高压设备，每次检修，我们的高空人员都要直接与设备接触。"

吕工告诉记者，接触网的高度是 4 m，所以他们每次检修作业需要借助梯车进行高空作业，这个是我们检修用的梯车，我们检修用的梯车高度是 3 m，平台长 1.1 m 宽 1 m，可以供 2 个人在平台上进行检修作业。每天夜晚，都有 2 名检修工在下面稳住梯车，协助上面作业的 2 个伙伴。

"对设备检修前，首先要测量受检设备的各项技术参数。"吕治鹏告诉记者，"根据设备参数对超限部位进行调整，确保设备处于最佳状态投入运营。同时，我们的高空作业人员会过来检查设备的外观及状态，看弓网过渡是否平滑，有无撞击或打火现象。"

接触网是年检设备，检修周期是一年，每次检修都会用力矩扳手对螺帽的力矩进行紧固，不同型号的螺丝紧固的力矩大小不一样，这就需要检修人员能够熟练地记住每种螺丝的型号及紧固力矩，并能够快速地调整力矩扳手，提高工作效率。

螺栓紧固完成后，我们会用画线笔在螺栓上进行标记，便于下次检修发现问题，同时步巡作业时，螺栓若有松动现象，便于我们巡视人员发现。

"接触网看似都是大件的设备，但检修时，我们测量的数据都是精确到毫米。"吕治鹏自豪地说，"对于一名接触网检修工来说，每次的调整都要精确到毫米，所以理论知识要扎实，现场的工作经验也是很重要的。别看只是紧固一颗螺丝，这可不是件简单的事。"

★ 任务单：城市轨道交通接触网检修一次作业标准化流程

项　目	任务清单内容
任务情境	刚性接触网上，需要对绝缘子进行清扫，同时检查各定位点导高及拉出值是否符合标准
任务目标	按照一次作业标准化流程完成检修任务
任务问题	1. 城市轨道交通接触网检修一次作业标准化流程有哪几个步骤？ 2. 简述验电接地的流程及注意事项
任务实施要求	1. 按照任务一的工作票，分小组进行标准化作业； 2. 作业步骤完整，绝缘子清扫干净，各定位点导高、拉出值符合标准要求
任务完成效果	作业步骤完整，绝缘子清扫干净，各定位点导高、拉出值符合标准要求
任务完成耗时	2 h
实施人员	全体学生
任务点评	小组互评、教师点评

★ 活页笔记：城市轨道交通接触网检修一次作业标准化流程

项目	内容
学习笔记	重点： 难点： 学习收获：
任务问题答案	
任务完成过程	（由学生描述具体的作业分工和作业过程中任务完成的步骤）
任务完成实际耗时	
任务完成实际效果	

参考文献

[1] 上海申通地铁集团有限公司轨道交通培训中心. 城轨接触网检修工（二级）[M]. 北京：中国劳动社会保障出版社，2017.

[2] 中国国家铁路集团有限公司工电部. 铁路接触网[M]. 北京：中国铁道出版社有限公司，2022.

[3] 林毓梁，马成禄. 城市轨道交通接触网[M]. 北京：机械工业出版社，2022.

[4] 王艳荣，赵芳. 城市轨道交通接触网维护[M]. 北京：人民交通出版社股份有限公司，2020.

[5] 詹思阳，张灵芝. 城市轨道交通接触网设备结构与检修[M]. 成都：西南交通大学出版社，2018.

[6] 李晓红，赵春园. 城市轨道交通接触网技术[M]. 北京：北京理工大学出版社，2016.

[7] 中国城市轨道交通协会. 城市轨道交通接触网（轨）检修工[M]. 北京：西南交通大学出版社，2018.

[8] 赵国伟，董昭德. 城市轨道交通接触网系统及其运维技术[M]. 成都：西南交通大学出版社，2019.

[9] 张灵芝，李经智. 城市轨道交通接触网维护与检修[M]. 北京：人民交通出版社股份有限公司，2021.

[10] 王元厚. 城市轨道交通接触网检修工[M]. 北京：人民交通出版社股份有限公司，2017.